LE PAPE

LES CATHOLIQUES

ET

LA QUESTION SOCIALE

LE PAPE

LES CATHOLIQUES

ET

LA QUESTION SOCIALE

PAR

LÉON GRÉGOIRE

DEUXIÈME ÉDITION, REFONDUE

Précédée d'une lettre de S. Em. le Cardinal LANGÉNIEUX
Archevêque de Reims

PARIS

LIBRAIRIE ACADÉMIQUE DIDIER

PERRIN ET Cie, LIBRAIRES-ÉDITEURS

35, QUAI DES GRANDS-AUGUSTINS, 35

1895

Tous droits réservés

ARCHEVÊCHÉ

de

REIMS

Reims, le 15 juin 1895.

Cher Monsieur,

J'ai tenu, malgré les occupations et les fatigues d'une tournée de confirmations, à lire en entier votre beau livre : *Le Pape, les catholiques et la question sociale*, et je ne veux pas tarder plus longtemps à vous envoyer mes remerciements et mes félicitations.

Vous dites fort bien ce qu'a fait le Pape, ce que veulent les catholiques entièrement soumis à ses enseignements ; vous exposez, avec une rare intelligence du sujet, la question sociale, les maux actuels, les remèdes qu'on y doit apporter dès maintenant, et les moyens de faire régner un jour la justice sociale. L'œuvre répond donc parfaitement au titre que vous avez choisi.

Votre livre, fortement pensé, met en un puissant relief la parole du Pape dans l'Encyclique *Rerum Novarum*, et il montre bien que Léon XIII, avec le génie qui lui est propre, ne fait qu'appliquer, à des besoins nouveaux, les principes de la morale traditionnelle de l'Église en ce qui con-

cerne les rapports des hommes entre eux et les
devoirs de la société envers ses membres. Grâce
au soin particulier que vous avez mis à cette
étude, non moins qu'à marquer clairement le
progrès des idées sociales et comme leurs différentes étapes dans notre siècle et dans les divers
pays d'Europe, on comprendra mieux, en vous
lisant, que nous ne sommes pas en face d'une
simple « question à la mode », ni de simples opinions, mais qu'il y a, d'une part, une question
sociale à résoudre, et qu'il y a, d'autre part, une
doctrine sociale de l'Église, trop méconnue
aujourd'hui, qu'il faut remettre en lumière pour
en tirer bientôt les conséquences pratiques si l'on
veut éviter les excès du socialisme et les catas-
trophes dont il nous menace.

Je vous félicite, en particulier, d'avoir rappelé
qu'il y a des limites au droit de propriété, qu'il y
a une obligation de respecter la vie domestique
et religieuse de l'ouvrier, non moins que sa vie
physique, que l'homme appartient à sa famille
et à sa patrie avant d'appartenir à une usine, et
qu'enfin on doit fonder, encourager, aider les
associations professionnelles pour arriver à une
représentation des professions auprès des pouvoirs publics.

Je souhaite que votre livre soit lu par tous les
hommes de bonne foi qui sont préoccupés de la
question sociale, persuadé qu'ils y trouveront la

vraie doctrine du Pape et l'esprit catholique dans lequel elle doit être entendue et appliquée.

Agréez, cher Monsieur, avec ce vœu bien sincère, l'assurance de mes sentiments dévoués en Notre-Seigneur.

B. M. Card. LANGÉNIEUX,

Archevêque de Reims.

PRÉFACE

Il y a une question sociale.

Pour caractériser la situation dont elle est issue, il suffit de rassembler quelques passages de l'encyclique *Rerum Novarum* :

« La violence des révolutions politiques a divisé le corps social en deux classes et a creusé entre elles un immense abîme. D'une part, la toute-puissance dans l'opulence : une faction qui, maîtresse absolue de l'industrie et du commerce, détourne le cours des richesses et en fait affluer vers elle toutes les sources, faction d'ailleurs qui tient en sa main plus d'un ressort de l'administration publique. D'autre part, la faiblesse dans l'indigence : une multitude, l'âme ulcérée, toujours prête au désordre.

« Les hommes des classes inférieures sont pour la plupart dans une situation d'infortune et de misère imméritée.

« Le dernier siècle a détruit, sans rien leur substituer, les corporations anciennes, qui étaient pour eux une protection; tout principe et tout sentiment religieux ont disparu des lois et des institutions publiques, et ainsi, peu à peu, les travailleurs isolés et sans défense se sont vus avec le temps livrés à la merci de maîtres inhumains et à la cupidité d'une concurrence effrénée.

« Une usure dévorante est venue ajouter encore au mal. Condamnée à plusieurs reprises par le jugement de l'Église, elle n'a cessé d'être pratiquée sous une autre forme par des hommes avides de gain, d'une insatiable cupidité.

« A tout cela, il faut ajouter le monopole du travail et des effets de commerce, devenus le partage d'un petit nombre de riches et d'opulents, qui imposent ainsi un joug presque servile à l'infinie multitude des prolétaires. »

Voilà le mal défini par Léon XIII.

Quel remède l'Église y prétend-elle apporter? Quel bien y prétend-elle substituer ?

Tel est l'objet de cette étude.

LE PAPE, LES CATHOLIQUES

ET LA QUESTION SOCIALE

PREMIÈRE PARTIE

LA GENÈSE DE L'ENCYCLIQUE *RERUM NOVARUM*
ESQUISSE DU MOUVEMENT SOCIAL CATHOLIQUE

I. Définition du mouvement social catholique. — II. Les précurseurs : Lamennais, Buchez, Huet, Le Play. — III. L'initiateur : Ketteler. Le mouvement social catholique en Allemagne et l'histoire du centre allemand. — IV. Le mouvement social catholique en France. *L'Œuvre des Cercles* et le *Conseil de l'Œuvre des Cercles*. Le comte Albert de Mun. — V. Le mouvement social catholique en Autriche : le baron de Vogelsang. Caractère aristocratique de ce mouvement : les *féodaux*. — VI. Le mouvement social catholique en Suisse. Puissance du démocrate Decurtins parmi les ouvriers et parmi les catholiques. — VII. Groupements internationaux d'études sociales catholiques : groupe de Rome, Union de Fribourg. — VIII. Les idées sociales catholiques sont rattachées par leurs interprètes de Fribourg aux enseignements de saint Thomas d'Aquin, réhabilités par l'Encyclique *Æterni Patris*. — IX. Les idées sociales catholiques sont une réaction contre le droit romain et contre le droit moderne, traités en ennemis par l'Eglise. — X. Comment le Vatican, qui les voyait avec faveur, fut conduit à les approuver solennellement. Importance des pèlerinages ouvriers. — XI. Importance de l'affaire des Chevaliers du Travail. — XII. Originalité de la genèse de l'Encyclique *Rerum Novarum* : deux réactions apparentes, l'une politique, marquée par le *Syllabus*, l'autre scientifique, marquée par l'Encyclique *Æterni Patris*, ont préparé cette œuvre de progrès. — XIII. L'encyclique *Rerum Novarum* est issue des vœux du monde chrétien. Conséquences inattendues de la proclamation de l'infaillibilité pontificale : puissance des initiatives particulières dans l'Église catholique actuelle.

I

Léon XIII, par l'encyclique *Rerum Novarum*, a convié tous les membres de l'Église à s'associer à ce « mouvement social catholique » dont quelques-uns d'entre eux furent naguère les initiateurs. Ce mouvement mérite une étude.

Il est trop facile, et partant il est banal, de remonter à l'Évangile, aux Pères du IVe siècle, ou aux Franciscains du XIIIe, pour en retrouver les lointaines origines : ces enquêtes rétrospectives auraient leur raison d'être, si l'on observait, dans son ensemble, l'histoire sociale du catholicisme. Le mouvement social catholique est un épisode de cette histoire, nettement délimité.

Il est contemporain d'un très grand fait, qui remplit la seconde moitié de notre siècle : l'avènement de la « question sociale ». Lorsqu'apparut cette redoutable « question », les hommes d'État commencèrent par la nier : à cet égard

Thiers, Cavour, Gambetta furent également aveugles [1]. Certains hommes d'Église, en revanche, commencèrent à la vouloir résoudre : le premier d'entre eux fut Ketteler, évêque de Mayence.

Du jour où l'on reconnut les injustices et les misères résultant du régime actuel de l'industrie, et du jour où, pour faire régner la justice et protéger la faiblesse, on se proposa de réhabiliter dans les codes et de restaurer dans les mœurs les principes du christianisme, le mouvement social catholique avait acquis l'existence.

Il exista, dès lors, partout où des catholiques, non contents d'apporter aux misérables les consolations de la charité, firent entendre en leur faveur les protestations de la justice, et substituèrent les plans d'une réforme et d'une législation sociales, inspirés par l'esprit de l'Évangile, aux soulagements arbitraires et provisoires proposés par la philanthropie.

A proprement parler, les multiples créations de la bienfaisance chrétienne sont étrangères au mouvement social catholique : elles le précèdent, l'accompagnent, mais ne le constituent pas.

En définissant ainsi la nature et l'essence du mouvement social catholique, nous avons par

---

1. « La société actuelle, reposant sur les bases les plus justes, ne saurait être améliorée. » (THIERS, *Rapport sur l'assistance publique*, 1850). L'opinion de Gambetta, au sujet de la question sociale, est connue par le discours du Havre, du 18 avril 1872, et par quelques souvenirs de Mme Edmond Adam, *La patrie hongroise*, p. 192. Pour ce qui concerne Cavour, voyez *Nuova Antologia*, XXIV, 1889, p. 226.

avance laissé pressentir, et ce qu'on trouvera dans ce livre, et ce qu'on n'y doit point chercher.

II

L'abbé de Lamennais fut en notre siècle le premier qui, préoccupé de rasseoir la domination de l'Eglise sur la Société, jetait à ses pieds toute une clientèle de souffrants et de misérables, et sollicitait l'Église de les protéger par un droit social chrétien. En un temps où les souverains de la Sainte-Alliance poursuivaient à la fois le « libéralisme » et la démocratie, il était difficile à l'abbé de Lamennais de ne point confondre ces deux notions. Dans son rêve d'une communion prochaine et perpétuelle entre l'Église et les masses, se glissaient certaines thèses que l'Église ne pouvait accepter ; il présentait, comme souhaitables en soi, l'existence et le développement de plusieurs libertés que l'Église consent seulement, dans certains cas, à tolérer en fait. Sa vie eut deux périodes : dans la première, il voulait concilier un idéal du moyen âge avec la réalité révolutionnaire ; dans la seconde, il renonça à cet idéal et ne demeura fidèle qu'à cette réalité. L'histoire, pourtant, n'aurait point à enregistrer cette seconde période de la vie de Lamennais, s'il n'avait sollicité Rome de parler, quand la question n'était pas mûre : contrainte de rompre le silence, Rome blâma l'*Avenir*. A l'égard du mouvement social catholique, Lamennais, avec ses théories dangereuses, est un devancier trop compromettant et trop lointain pour être un précurseur efficace [1].

Buchez, Huet, aux environs de 1848, rêvaient aussi le règne social du christianisme. M. Joly [2], qui trace un tableau sarcastique du « socialisme chrétien » durant cette période, aurait dû s'arrêter avec respect devant ces deux penseurs : Buchez [3], à la fois ultramontain et libéral, comme Lamennais, réunissant à quelques audaces voulues beaucoup d'audaces inconscientes, dévoué aux maximes de l'Évangile, rêvant d'un clergé qui dominerait le monde en prenant la tête de la Révolution, et si pieusement chrétien, par l'esprit, qu'il se croyait, à la lettre, parfait catholique ; Huet [4], chrétien et révolutionnaire, lui aussi,

1. On devra consulter sur LAMENNAIS, non d'ailleurs sans quelques réserves, le livre extrêmement suggestif de M. le sénateur SPULLER (Paris, Hachette, 1892), les deux volumes de M. ROUSSEL (Rennes, Caillière, 1893), et le livre du R. P. MERCIER (Paris, Lecoffre, 1894).

2. Henri JOLY, *Le socialisme chrétien* (Paris, Hachette, 1892).

3. Je renvoie particulièrement au livre de BUCHEZ intitulé : *Introduction à l'étude de l'histoire* (Paris, Guillaumin, 1842, 2 vol.) ; j'aurai l'occasion d'en citer quelques passages. Je signale aussi l'*Atelier*, que rédigeaient, de 1840 à 1848, sous l'inspiration de BUCHEZ, d'honnêtes ouvriers, et qui pourrait être à bien des égards, en dépit d'un *anticléricalisme* tout à fait superficiel, le modèle du journal chrétien démocratique.

4 Voyez en particulier : *Le règne social du christianisme*, par François HUET (Paris, Didot, 1853).

mais gallican implacable, et voulant confier à des clergés nationaux la direction du mouvement social, au lieu de la proposer, comme Buchez, à un nouvel Innocent III.

Un personnage singulièrement différent, Le Play [1], mérite une place, aussi, parmi ces ancêtres. Il apporta deux idées nouvelles, dont les résultats furent considérables. Il osa, le premier, découvrir la source du mal social. Il est besoin de quelque courage, aujourd'hui, pour hasarder, sans aucunes réserves, une apologie des principes de 1789 ; il fallait du courage, il y a trente ans, pour apporter quelques réserves à l'apologie dont ils étaient l'objet. Le Play eut ce courage : dans un édifice qu'on disait immortel, il donna le premier coup de pioche [2].

Il eut un second mérite : celui d'indiquer une excellente méthode pour l'étude des questions

1. Les principales œuvres de Le Play sont : *Les Ouvriers Européens*, en 6 volumes ; *la Réforme sociale en France, déduite de l'observation comparée des peuples européens*, en 3 volumes ; *l'Organisation du travail selon la coutume des ateliers et la loi du Décalogue* (Tours, Mame). On peut consulter : Paul Ribot, *Exposé critique des doctrines sociales de M. Le Play* (Paris. Plon, 1882) ; De Ribbe, *Le Play d'après sa correspondance* ; Claudio Jannet, *L'organisation du travail d'après Le Play* (extrait de la *Réforme Sociale*) ; enfin le volume d'extraits de Le Play publié par M. Auburtin dans la petite collection Guillaumin.

2. De Mun, dans un de ses discours, « salue comme un maître Le Play, qui, le premier, a démontré par les faits et l'expérience, l'inanité des principes de la Révolution ». (DE MUN, *Discours*, I, p. 367. Paris, Poussielgue).

sociales. C'est toujours avec fruit qu'on étudie ses monographies, et qu'on les imitera.

Seulement, Le Play témoignait une confiance excessive dans son rêve du *patronage;* dupe de cette confiance, il n'estimait pas nécessaire, et redoutait peut-être la réalisation absolue de la justice sociale par le moyen d'institutions publiques et par la force de la loi. Ne serait-ce pas aussi la conséquence de son plan ? S'il plaçait dans le Décalogue le fondement de la « constitution essentielle de l'humanité », il s'abstenait d'en déterminer les grandes lignes à la lumière des enseignements du Christ, et de chercher dans l'Evangile la charte fondamentale du véritable ordre social.

III

J'ai signalé tout à l'heure, comme le premier et véritable initiateur du mouvement social catholique, le baron Guillaume-Emmanuel de Ketteler [1], curé de Holsten en 1846, député de Teck-

1. On peut consulter sur Ketteler : Kannengieser, *Ketteler* (Paris, Lethielleux, 1894), et Greiffenrath, *Bischof Wilhelm Emmanuel Freiherr von Ketteler und die deutsche Social-reform* (Francfort-sur-Main, Foesser, 1893). Gaspard DECURTINS a publié à Bâle en 1892 (imprimerie du *Basler Volks-blatt;* en dépôt à la librairie Alphonse Picard à Paris), sous le titre : *Œuvres choisies de Ketteler,* la traduction française de trois sermons de Ketteler sur la propriété et la question ouvrière : il a mis en tête de cette traduction une

lenbourg à la diète de Francfort en 1848, évêque
de Mayence en 1850.

Les circonstances, ses études, ses relations, pré-
parèrent Ketteler à cette mission. Il exerçait son
ministère parmi des populations industrielles : il
voyait leurs misères de près, au temps où d'autres les niaient sans les voir, ou ne les regar-
daient point afin de pouvoir les nier. Sans être
fort subtil en théologie, il se souciait conscien-
cieusement des applications pratiques de cette
science. Il possédait bien saint Thomas, et con-
frontait les enseignements du vieux docteur avec
les mœurs et avec les lois du XIXe siècle. Dès
1848, dans un sermon qu'il prêchait à Mayence,
il combattait, avec la même vigueur, les doctrines libérales et les doctrines communistes
concernant la propriété : au-dessus d'elles et
contre elles, il faisait « resplendir » la doctrine
chrétienne, expliquée par la *Somme*.

Enfin Ketteler connaissait des socialistes, Lassalle, Fritsche. Connaître un socialiste et surtout
l'écouter, cela nous paraît, aujourd'hui, tout
naturel; il n'en était pas ainsi à l'époque où
vivait Ketteler. La demi-expérience de 1848, châ-
tiée bientôt par le 2 décembre, avait fait s'éva-

biographie du prélat. Il faut lire, avec ces sermons, l'opuscule du même KETTELER intitulé : *La question ouvrière et
le christianisme*. De Mun a dit de Ketteler : « Le premier, il
a donné aux catholiques leur programme économique. »
(*Discours*, I, p. 423). Le P. Pfülf, S. J., prépare une monographie détaillée sur Ketteler.

nouir les rêves communistes. Louis Reybaud, en 1853, écrivait, dans le *Dictionnaire d'économie politique*, qu'en France le socialisme était mort; ailleurs, on ne se doutait même pas qu'il fût né. A vrai dire, en face de la bourgeoisie endormie, le socialisme ne faisait que sommeiller. L'Allemand Ketteler ne fut ni complice du sommeil des bourgeois, ni dupe du sommeil des socialistes.

Avec une activité que volontiers on appellerait prophétique, il devança les protestations de Lassalle et de Karl Marx contre certaines iniquités du régime économique moderne. L'Allemagne est peut-être le seul pays du continent où, de lui-même, le clergé catholique a vigoureusement critiqué ces abus, sans attendre les impérieuses sollicitations du péril socialiste.

Le remède que proposait Ketteler, à l'origine, était l'établissement d'associations coopératives de production : au moment où il exposa cette idée, elle était énoncée, déjà, dans les écrits de Lassalle. Pour créer ces groupements, Lassalle s'adressait à l'État; Ketteler invitait les riches à faire les frais de cette fondation : telle était la différence. Au reste, sous aucune de ces deux formes, le remède ne fut sérieusement appliqué. Ketteler, vers la fin de sa vie, suivit ses nombreux disciples du Parlement, qui mettaient tout leur espoir dans la codification d'un *droit ouvrier* et dans la protection de la loi [1].

1. Voyez Rudolf Meyer, *Der Emancipations Kampf des vierten Standes*, 1, p. 347-368 ; LAVELEYE, *Le socialisme*

L'histoire du mouvement social catholique, en Allemagne, est intimement liée à l'histoire du Centre allemand. Au premier regard, on n'aperçoit pas toujours, dans l'attitude du Centre de 1871 à 1892, une fort exacte unité. De parti d'opposition, il s'est fait, peu à peu, parti de gouvernement. Dans ces deux phases de son histoire, il afficha toujours un même programme social, dont Ketteler fut jadis l'inspirateur; les lois protectrices des ouvriers, que possède aujourd'hui l'Allemagne, émanent de l'initiative du Centre[1], et, généralement, eurent pour rapporteur l'abbé Hitze[2]. Tant que l'État allemand regarda l'ultramontanisme comme son principal ennemi, le Centre put lutter, grâce à son programme social, contre le gouvernement. Lorsque, au contraire, le socialisme devint en Allemagne le premier sujet d'inquiétude, le ministère, natu-

contemporain, p. 140-161 (Paris, Alcan); NITTI, Le socialisme catholique, p. 119-135 (Paris, Guillaumin); KANNEN-GIESER, Catholiques allemands, p. 291-319 (Paris, Lethielleux).

1. Un résumé méthodique précieux de l'activité sociale du Centre depuis 1870 jusqu'en 1893 a été donné par Wenzel, Arbeiterschutz und centrum (Berlin, impr. de la Germania, 1893).

2. L'abbé Hitze, chargé par l'empereur d'Allemagne, en 1893, d'un cours de philosophie sociale à l'Académie de Münster, a inauguré à München-Gladbach, en 1892, l'institution du Praktisch-sozialer Cursus, série de conférences sur la question sociale, qui rassemblent chaque année, dans une ville d'Allemagne, trois jours durant, un auditoire de prêtres et de laïques épris d'action sociale. On doit lire, sur cet enseignement, Kannengieser. Ketteler, p. 255-326.

rellement, se rapprocha du Centre, qui seul, grâce à ce même programme, pouvait combattre le socialisme avec quelques chances de succès.

Le mouvement social catholique a créé en Allemagne un puissant groupe politique ; ce groupe conservera son influence et son intégrité, s'il ne se laisse pas détourner du mouvement social catholique par la politique même. Des symptômes récents ont montré qu'en cessant d'être un « parti populaire », le Centre verrait diminuer sa clientèle électorale. Dans la catholique Bavière s'est formé le « parti des paysans », pour la défense exclusive et immédiate de certaines revendications sociales, que plusieurs membres du centre voulaient écarter de l'ordre du jour. Le Centre a eu ses crises intérieures ; il est tel personnage de l'Allemagne catholique, dont ses coreligionnaires politiques ne savaient trop, à certaines heures, s'ils devaient le considérer comme un schismatique ou comme un homme d'avant-garde. La discussion du projet de loi militaire au Reichstag eut pour résultat une scission du Centre : cette scission fut à peu près terminée par l'effacement volontaire ou la défaite électorale de certains notables du groupe, favorables au projet. Sous les auspices du démocrate catholique Lieber, l'unité du Centre allemand paraît à présent restaurée. Il reprendra son ancien ascendant sur la masse des électeurs, s'il s'inspire fidèlement des enseignements de Ketteler, qui marquèrent jadis aux catholiques allemands la voie du devoir et du succès. Ses chefs y semblent résolus : en février 1894, l'interpellation au gouvernement de l'Empire sur la nécessité d'organiser rapidement une représentation des classes ouvrières eut pour initiateurs Lieber et l'abbé Hitze [1].

IV

Le premier chef du mouvement social catholique en France fut le comte Albert de Mun [2]. Officier français pendant la guerre de 1870, de Mun fut fait prisonnier avec son ami La Tour du Pin Chambly. Ils lurent et méditèrent l'ouvrage d'Émile Keller sur l'*Encyclique de* 1864 *et les principes de* 1789 : ainsi s'écoula leur captivité. Elle dura peu, du reste. Ils revinrent en France assez tôt pour participer à la répression de la Commune. Ce double spectacle, de la guerre et de l'insurrection, les émut profondément.

Ils éprouvaient, alors, ce besoin d'initiative et d'effort personnel, que développe douloureuse-

1. Le parti du Centre, en février 1895, s'est constitué en Wurttemberg pour la première fois ; il a conquis vingt sièges au Landtag wurttembergeois ; il présentait aux électeurs un programme chrétien social, net et hardi. — Voir sur le Centre : Kannengieser, *Catholiques allemands, Le Réveil d'un Peuple, Ketteler* (Paris, Lethielleux).

2. Les *Discours et écrits* du comte de Mun (5 vol., Paris, Poussielgue) et spécialement les pages intitulées *Quelques mots d'explication* (IV, p. 314-353) serviront à l'étude de son rôle.

ment une stérile réclusion. Leur activité cherchait une orientation. C'est par la question sociale qu'elle fut sollicitée. Une occasion les y conduisit, qui leur parut providentielle.

Au boulevard Montparnasse existait, depuis de longues années, un cercle d'ouvriers : M. Maignen, qui l'avait fondé, recommanda cette œuvre aux deux amis. Ils décidèrent, sur-le-champ, de généraliser l'institution. C'est durant la nuit de Noël 1871 qu'eut lieu cette nativité de l'*Œuvre des Cercles*.

Les fondateurs de l'*Œuvre des Cercles* avaient alors plus de dévouement que d'idées [1], plus d'activité que de plans, plus d'ambition que de connaissances : c'étaient des apprentis qui demandaient du travail; M. Maignen leur en avait fourni. Seuls, livrés à leurs propres forces, ces apprentis devaient chercher leurs maîtres.

Durant leur captivité récente, ils avaient été les hommes d'un seul livre : le *Syllabus* commenté. En quelques jours, ils s'étaient formé, grâce à ce livre, tout un code de droit politique : ils se soumirent à ce code. Parmi toutes les incertitudes de croyance et d'action qui les entouraient, cet exclusivisme fut une force [2]. Cherchez au len-

---

1. « En 1871, nous n'avions pas encore d'idées bien déterminées, excepté celle du ralliement autour du signe de la croix. » (DE MUN, *Discours*, I, p. 359). — Le discours de M. de Mun à Saint-Brieuc (*Discours*, V, p. 370 et sq.) est à consulter sur les origines et les tendances de l'*Œuvre des Cercles*.

2. « Quel rapport il y a entre l'*Œuvre des cercles* et le

demain de la guerre les différents efforts individuels qui furent dépensés pour le relèvement de
la patrie : le premier en date fut la fondation de
l'Œuvre des Cercles par le lieutenant de Mun et
le capitaine de La Tour du Pin.

On ne peut dire que cette œuvre ait réussi ; on
ne peut dire, non plus, qu'elle ait échoué. Pour
apprécier sainement les résultats, il faut distinguer l'Œuvre elle-même et le Conseil de l'Œuvre.

L'Œuvre était destinée à grouper des ouvriers :
c'était comme un patronage d'hommes faits. Ses
directeurs n'étaient point des hommes politiques[1] : elle fit l'effet, pourtant, d'un bureau électoral au service de la monarchie. Certains professaient alors que la domination légitime de Dieu
devait avoir pour conséquence logique la domination légitime du roi, et espéraient que la domination légitime du roi aurait pour conséquence
historique la domination légitime de Dieu. On
crut que l'Œuvre des Cercles était au service de
ces espérances : victime d'une telle renommée,
elle ne devint pas cette œuvre de conquête évangélique que ses chefs avaient rêvée.

Cependant le Conseil de l'Œuvre travaillait : là
se réunissaient des catholiques désireux d'étudier

Syllabus ? Mais le rapport qu'il y a entre le produit et le
principe, entre l'effet et la cause, entre l'enfant et la mère. »
(*Association catholique*, 1882, I, p. 246).

1. Le discours de M. de Mun, à Vannes : *Dieu et le roi*,
est postérieur de huit ans à la fondation de l'Œuvre des
Cercles.

le problème social. Leurs études, au témoignage d'un socialiste, eurent « un côté sérieusement économique, par leur pénétrante critique du monde capitaliste [1] ». A partir de 1875, une revue riche en documents, *l'Association catholique*, leur servit d'organe [2].

Il nous faut observer, ici, ce qui fait tout à la fois la faiblesse et l'originalité du mouvement social catholique en France. C'est d'ordinaire le spectacle des misères industrielles qui suscite les réformateurs sociaux : Ketteler, Vogelsang, Decurtins en sont la preuve. C'est le spectacle d'une grande misère patriotique, la guerre, et d'une grande misère morale, la Commune, qui conduisit de Mun à étudier la question du travail. En Allemagne, en Autriche, en Suisse, les chefs du mouvement catholique social ont d'abord parcouru les fabriques, lu les économistes, entendu les socialistes : forts de cet apprentissage, ils échafaudaient ensuite leurs systèmes : ils sont savants avant d'être chefs d'école. De Mun fut

1. BENÉDICT, *Revue socialiste*, 1885, II, p. 1013. — Il faut consulter, sur l'Œuvre des Cercles : l'*Exposé de l'Œuvre des Cercles catholiques d'ouvriers* (Paris, 1874) ; *Questions sociales et ouvrières : Régime du travail* (Paris, Lecoffre, 1883) : l'*Instruction sur l'Œuvre* (Paris, 1887); et, dans un esprit hostile : Arvède BARINE, *Jésus ouvrier* (Paris, 1879). Un art. de M. de La Tour du Pin (*Assoc. cathol.*, 1895, I, p. 107), est intitulé : *De l'état actuel des études sociales dans l'Œuvre des Cercles* ; c'est le travail le plus récent qu'on puisse lire au sujet de l'Œuvre.

2. Depuis 1891, l'*Œuvre des Cercles* et l'*Association catholique* ont repris leur indépendance réciproque.

chef d'école avant d'être savant. Pour rallier des disciples, il dut tout d'abord inventer des mots d'ordre ; ensuite seulement, il se fit et leur donna des idées.

Dix ans durant, ces mots d'ordre furent au nombre de deux, l'un trop précis : *la contre-révolution au nom du Syllabus* [1] ; l'autre trop vague : *la corporation*. Ces deux formules semblaient être des devises de réaction, non des devises de progrès.

Dans les récentes législatures, lorsqu'à la Chambre de Mun prenait la parole, il faisait l'effet d'un progressiste plutôt que d'un rétrograde. Son éloquence admirable s'est enrichie de faits, de chiffres, de textes et de documents, elle préconise une solution nette par des arguments nets. Cette généreuse conscience appelle la science à son renfort : de Mun a beaucoup étudié. Depuis quelques années, il parle en économiste ; on n'entendait, jadis, lorsque de Mun parlait, qu'un homme de cœur et un chrétien. Mais faut-il blâmer cet homme de cœur et ce chrétien de s'être bruyamment révélé, avant que l'économiste ne fut né ? Le courage manque pour émettre un tel blâme :

1. DE MUN, *Discours*, I, p. 234. — DE LA TOUR DU PIN, *Association catholique*, 1893, I, p. 135, a dit très justement : « Ce n'est pas à une contre-révolution qu'il faut songer pour guérir les maux de la Révolution, mais bien à une action en sens inverse, c'est-à-dire tendant à reconstituer les organismes sociaux essentiels sur lesquels la Révolution a exercé son action dissolvante : la société religieuse, la société domestique et la société professionnelle. »

osera-t-on regretter plusieurs beaux discours et
un bel exemple ?

V

On vient de voir qu'en France le mouvement
social catholique ne fut pas le résultat d'une élaboration savante, mais, tout simplement, un élan
spontané. Il en est autrement en Autriche : l'étude
y précéda l'action parlementaire et l'action populaire.

Aux origines du mouvement social catholique
autrichien, nous trouvons certains personnages
qui, par leur naissance, étaient étrangers à l'Autriche et même au catholicisme. Le baron de
Vogelsang, Mecklembourgeois d'origine, protestant converti, fut salué, de son vivant, comme
l'initiateur, comme le chef incontesté : en 1888,
on fêta son jubilé avec une vénération enthousiaste [1]. Il mit au service de ses idées un ancien
journal, le *Vaterland*, et une revue nouvelle, la

---

1. Les discours prononcés à cette occasion, et qui permettent de se rendre bien compte de la nature et de la portée du
mouvement social catholique en Autriche, sont publiés dans
l'*Association catholique*, 1889, I, pp. 20 et suiv. — Voyez
aussi NITTI, *Le socialisme catholique*, p. 215-242. —
M. Klopp vient de publier à Saint-Pölten (Chamra, 1894)
une série d'écrits de Vogelsang sous le titre : *Die socialen
Lehren des Freiherrn Karl von Vogelsang*.

Monatschrift für christliche Sozialreform [1]. Deux autres Allemands, Maxen et Rudolf Meyer [2], le premier catholique, le second protestant, l'un et l'autre exilés politiques, apportèrent dans la suite, leur concours à Vogelsang.

En Autriche comme partout ailleurs, ce sont les misères du travailleur qui tout d'abord retinrent l'attention de ces révolutionnaires évangéliques. Mais, tandis qu'en France et en Suisse la question ouvrière est toujours demeurée au premier plan, les catholiques autrichiens, sans la négliger, ont rapidement entrevu et développé toutes les conséquences de leurs idées sociales. A leurs yeux, le régime du travail est mauvais, parce que le régime social actuel est tout entier mauvais : les misères du paysan, le fléau de l'usure, l'exploitation juive en Galicie ou en Moravie, sont d'autres épisodes d'une seule et même maladie, profonde, universelle. Il faut donc extirper cette maladie. — Mais elle est comme inhérente à notre société actuelle ; elle en est presque

1. Depuis la mort du baron de Vogelsang, la *Monatschrift* est dirigée par Mgr Josef Scheicher, professeur au grand séminaire de Saint-Poelten.

2. Les principaux ouvrages de Rudolf Meyer sont : *Der Emancipations-Kampf des vierten Standes* (Berlin, 1882), classique pour l'histoire du socialisme ; — *Ursachen der amerikanischen Concurrenz* (Berlin, 1883) ; — *Heimstätten und andere Wirtschaftsgesetze der Vereinigten Staaten von Amerika, von Canada, Russland, China, Indien, Rumanien, Serbien und England* (Berlin, 1883) ; — *La question agraire* (en collaboration avec Gabriel Ardant. Paris, Retaux, 1886) ; — *Der Capitalismus fin de siècle* (Vienne, 1893).

l'essence ! — C'est une raison de plus, ripostent les chrétiens « socialistes » d'Autriche, pour apporter un remède radical.

S'étonnera-t-on que, grâce à la bravoure d'un tel programme, ils aient acquis, assez vite, un renom de révolutionnaires? Ils remontaient jusqu'aux principes des doctrines et des faits [1]; ils jugeaient nécessaire de renverser de fond en comble, immédiatement, l'édifice « libéral », pour constituer la société nouvelle. De prime abord, par cette intransigeance, ils sembleraient rappeler nos politiciens de la Constituante. L'analogie est superficielle, et couvre une différence profonde : les architectes sociaux de la Révolution française n'avaient sous les yeux aucun modèle concret; les architectes sociaux de la catholique Autriche-Hongrie, au contraire, invoquent sans cesse la tradition et reprochent à la Révolution de l'avoir brisée [2].

On a dit que l'ordre social rêvé par eux, et qui requiert la « résurrection des classes », était un retour au moyen-âge, et l'on a cru médire de ces catholiques autrichiens en les appelant *féo-*

---

1. Certains écrits de VOGELSANG, publiées dans sa *Monatschrift für christliche Sozialreform*, sont de précieuses études théoriques d'économie sociale chrétienne.

2. Voyez à ce sujet une brochure du prince Aloys de LIECHTENSTEIN, publiée à Vienne dès 1875 : *Ueber Interessenvertretung im Staate;* il y revient sans cesse sur cette idée : continuer la tradition historique.

daux [1]. Ils ne sont pas hommes, je crois, à s'inquiéter beaucoup de cette médisance.

Si vous m'appelez partisan de *l'ancien régime*, vous me portez vraiment préjudice; car, dans l'ancien régime, tout est mauvais, et les maximes absolutistes, qui fournissent à l'arbitraire une légitimation anticipée, et les abus de l'absolutisme : le principe, ici, est générateur de l'abus. Il en est autrement à l'égard de la féodalité. Ce qu'on appelle, vulgairement, les abus féodaux, ce sont les usurpations de la force brutale, les excès de pouvoir, violences, iniquités de toutes sortes, que commirent certains seigneurs. Que si nous cherchons, en revanche, les principes du régime féodal, nous pouvons les énoncer à peu près ainsi : C'est par l'accomplissement continu d'un certain devoir social que se doit acheter l'exercice continu du droit individuel; on n'est seigneur qu'afin de servir ceux qui ne le sont pas [2]; la protection du faible est la condition de la puissance et la rançon de la grandeur; la propriété, enfin, est moins une richesse qu'une fonction [3]. Je n'ai pas besoin de démontrer que

1. L'expression est de M. Claudio JANNET, *Le Socialisme et la Réforme sociale*, p. 140 (Paris, Plon).

2. « Avec le christianisme, a dit LAMENNAIS, le titre de serviteur devient la définition même du pouvoir » (*Affaires de Rome*, p. 5).

3. Il faut toujours se rappeler le mot profond de DISRAELI : « Le principe fondamental du régime féodal, que la possession du sol entraîne l'accomplissement de devoirs, est l'essence d'un bon gouvernement » (*Association catholique* 1891, I, p. 123).

les principes de la féodalité sont la condamnation des abus féodaux, et que ces abus sont la violation de ces principes.

Or le baron de Vogelsang, aujourd'hui disparu, les comtes Kuefstein, Blome et Belcredi, le prince de Liechtenstein, professent ces principes; et c'est en ce sens qu'ils sont *féodaux*. Ils ne veulent pas restaurer la société du moyen-âge, mais réaliser l'idéal social du moyen-âge. Au moment où la « banqueroute de la Révolution[1] » détruit notre idéal social, nous aurions mauvaise grâce à railler leurs efforts. Après cent ans d'épreuve, on s'aperçoit que le régime moderne est partout chancelant, partout à la merci d'une crise; après mille ans de mépris ou d'oubli, on peut se demander s'il ne faut pas chercher, dans les conceptions du haut moyen-âge, la nouveauté du lendemain[2].

On se tromperait, du reste, si l'on croyait que la contemplation de l'idéal passé éloigne ces aristocrates de la réalité présente : ils sont, en général, hommes fort pratiques. Vogelsang, par une première enquête personnelle sur la situation des ouvriers, dans laquelle il fut secondé par un curé de Moravie, provoqua la grande enquête

---

1. L'expression est de M. Émile MONTÉGUT.

2. « Le mouvement vers le pôle socialiste est si irrésistible que bien des regards se reportent, au grand scandale de plusieurs et à la surprise de tous, sur l'époque de l'histoire qui s'est le plus rapprochée de ce pôle, sur le moyen-âge. » (VOGUÉ, *Heures d'histoire*, p. 309. Paris, Colin).

qu'ordonna le gouvernement autrichien; il lisait les statistiques existantes, dressait lui-même des statistiques nouvelles [1]. Kuefstein, un des premiers, se préoccupa de grouper les études et les efforts des « socialistes chrétiens » des divers pays. Belcredi mena d'actives campagnes en faveur de la corporation obligatoire et du rétablissement de la preuve de capacité. Étudiant avec un zèle minutieux l'existence de plusieurs catégories de travailleurs, le curé Eichhorn fit redresser bien des petits abus [2]. Enfin Liechtenstein ne craignit pas d'accoupler, avec cette aristocratie historique qu'il accompagnait dans les luttes parlementaires, les hommes nouveaux, démocrates antisémites, qui se qualifiaient de chrétiens unis.

VI

En Suisse, le mouvement social catholique se développa plus tardivement. Une originale per-

---

1. Le résultat des enquêtes ouvrières du baron de Vogelsang fut exposé par lui-même, dans une série d'articles de la *Monatschrift für christliche Social-Reform* (années 1883 et 1884), sous ce titre : *Die materielle Lage des Arbeiterstandes in Oesterreich.*

2. On trouvera dans la *Monatschrift* de Vogelsang, 1885, p. 233-272 et 426-439, les articles du curé Eichhorn, sur la situation des employés des tramways de Vienne, qu'il appelle « les esclaves blancs des tramways. »

sonnalité lui a enfin donné l'impulsion : je veux parler du Dr Gaspard Decurtins, « érudit, éloquent, énergique, doué d'une incomparable puissance de travail et d'une incomparable puissance de volonté [1] ».

A dix-sept ans, Decurtins sentit en lui-même quelques doutes sur la légitimité de la propriété. Un tel scepticisme est rare, surtout chez les riches : celui qui l'éprouve, et qui l'avoue, n'est point un homme banal. Il voulut sortir de ce doute provisoire. Il lut, concurremment, les Pères et les socialistes, et conclut à une doctrine sociale, qui était celle de la *Somme*. Il sortit de ces lectures catholique fervent, ennemi non moins fervent du libéralisme économique.

Jeune encore, il entra dans la mêlée politique. Effrayant certains ultramontains par ses aspirations démocratiques et beaucoup de démocrates par ses convictions ultramontaines, il dissipa l'épouvante de l'un et de l'autre groupe en les rapprochant l'un de l'autre : et, scellant leur union par sa propre personnalité, il fut, si j'ose dire, un membre catholique du parti ouvrier.

Membre du parti ouvrier : Decurtins, certes, ne repousserait pas cette qualification, que jus-

---

1. Charles BENOIST, *Revue de Famille*, 1893, I, p. 434. Il faut consulter, au sujet du Dr DECURTINS, les deux articles de M. PICTET, parus dans la *Bibliothèque universelle* de Lausanne, en mai et juin 1892. — Voy. aussi Georges RENARD, *Nouvelle Revue*, décembre 1888, et Charles BENOIST, *Revue des Deux Mondes*, 15 janvier 1894.

tifie la nature spéciale de son activité. Cherchez, un instant, quel est l'auditoire naturel du comte de Mun : c'est un cercle de jeunes gens étrangers à la classe populaire, auxquels de Mun recommandera les intérêts de cette classe. Les plus beaux discours du comte de Mun ne sont pas ceux où il enseigne le peuple, mais ceux qui concluent : « Allez au peuple ! » Le peuple, au contraire, voilà l'auditoire favori du Dr Gaspard Decurtins. Il est fait pour parler aux masses, comme de Mun pour parler en leur faveur. Il escalade, s'il le faut, la tribune parlementaire, mais préfère les tribunes populaires. Il domine, de son abrupte et chaude éloquence, ces immenses conciles annuels où le monde ouvrier suisse envoie ses représentants ; il a fait créer le secrétariat ouvrier, sorte de syndicat gigantesque des fédérations de travailleurs suisses.

Dans les réunions ouvrières, en France, les catholiques sont venus trop tard : lorsqu'ils s'y aventurent, la réunion prend immédiatement l'aspect d'un champ clos ; l'orateur catholique, quoi qu'il dise, est toujours réputé l'avocat exclusif des intérêts religieux, un bourgeois envoyé par un curé ; et les orateurs socialistes contre lesquels il s'escrime sont toujours réputés les seuls avocats des vrais intérêts ouvriers.

Gaspard Decurtins a conquis une autre situation parmi les travailleurs suisses. *Ich bin ultramontan durch und durch,* leur dit-il avec aplomb ; et, malgré cela, au lieu d'être noté comme l'adversaire de leurs chefs, il est salué comme un de ces chefs.

Il devient, en même temps, le chef des catholiques suisses. Et ce mélange mérite de nous frapper.

En 1872, le Chesnelong suisse s'appelait M. Segesser; il disait textuellement : « Aucun État n'a encore eu l'idée de chercher la solution du problème social dans la législation; et aucun ne tentera de le faire, car ce serait remettre en question les principes sur lesquels toute la vie sociale du monde civilisé repose aujourd'hui [1]. » Veuillez lire, sous cette dernière phrase : *les immortels principes;* et veuillez observer, aussi, que les lois ouvrières de l'Angleterre et de l'Amérique étaient inconnues à M. Segesser.

Decurtins a travaillé si bien et si vite que la Suisse, à l'heure présente, est peut-être le pays de l'Europe où la législation ouvrière s'est le plus audacieusement développée [2]. Il engagea même la Suisse à prendre l'initiative de cette conférence internationale, que l'empereur Guillaume II transféra à Berlin [3].

1. Cité par PICTET, *Bibliothèque universelle*, 1892, p. 507.

2. On peut consulter, sur la législation ouvrière en Suisse, le livre de M. JAY (Paris, Larose, 1893).

3. Nous reviendrons sur ce point dans notre troisième partie. C'est après ces démarches que DECURTINS reçut de MANNING l'approbation suivante : « Vous êtes le premier qui ayez exposé à la conscience du public européen la condition de milliers de gens dont toute la vie n'est que labeur » (*Association catholique*, 1890, II, p. 96).

Sa personnalité, d'abord isolée, a cessé d'être une exception. En France, le « parti conservateur », que ses origines orléanistes ou bonapartistes attachent aux principes antichrétiens du « régime moderne », ménagea M. de Mun, tant que celui-ci fut royaliste, et ne ménage plus ses idées sociales, depuis qu'il est républicain. Decurtins, en Suisse, eut une meilleure fortune : après quelques résistances, les conservateurs catholiques du *Piusverein* se sont associés aux démocrates catholiques, dont Decurtins est le chef.

VII

En étudiant le mouvement social catholique dans quatre pays d'Europe [1], nous venons de

1. En Belgique, c'est surtout depuis l'Encyclique que le mouvement social chrétien s'est développé par l'initiative de M. le professeur Pottier, de MM. Helleputte, Levie et Verhaegen. Nous reviendrons sur le mouvement belge en divers endroits de ce livre. Les démocrates chrétiens de Hollande ont pour chef le docteur Schaepman, orateur puissant, pour lequel il est permis de rêver une activité internationale.

En Espagne, le cardinal Sancha, naguère évêque de Madrid, maintenant archevêque de Valence, a publié des pages importantes sur la question sociale ; et les congrès catholiques espagnols commencent à se préoccuper sérieusement de la misère ouvrière.

Enfin, l'encyclique *Rerum Novarum* a provoqué en Italie une vraie renaissance des études sociales, qui s'est traduite par les délibérations du congrès de Gênes en 1892, du congrès de Rome en 1894, et par la création de la *Rivista Interna-*

voir qu'il n'a point suivi partout une direction uniforme, et parcouru partout des étapes semblables. En Allemagne, il eut un évêque pour initiateur ; partout ailleurs des laïques. En Autriche, il fut plutôt aristocratique ; en Suisse, extrêmement démocratique. Dans chaque État, l'histoire de son développement présente des traits particuliers et un intérêt spécial. Les idées sociales catholiques n'ont pas émigré d'un pays dans l'autre, par une sorte d'apostolat international ; elles ne sont nullement, comme certains de leurs adversaires voudraient le faire croire en France, un produit d'origine allemande, exporté sous l'étiquette romaine. Chez les divers peuples, elles ont, si l'on peut ainsi dire, trouvé une expression indigène.

Un jour vint, pourtant, où les catholiques des différents pays, épris de justice sociale, et, par conséquent, hostiles au régime économique actuel, songèrent à se faire connaître mutuellement leurs plans ou leurs incertitudes, et à s'éclairer entre eux : alors un grand progrès s'accomplit. L'action sociale catholique, dans chaque contrée, conserva son originale autonomie ; mais les études que comportait cette action même, et qui la développaient, devinrent internationales.

C'est à Rome qu'elles furent tout d'abord entre-

zionale delle *Scienze sociali*, organe désormais indispensable pour l'étude du christianisme social. L'étude de ces divers faits serait à sa place dans un livre sur les résultats de l'encyclique ; ils ne peuvent, ici, qu'être indiqués.

prises. Mgr Dominique Jacobini, aujourd'hui nonce à Lisbonne, et le futur cardinal Mermillod, les dirigeaient. Des Italiens et des Autrichiens y collaboraient. Un membre du groupe, spécialement chargé d'un rapport, présentait ses conclusions aux discussions de l'assemblée; ces conclusions, une fois admises, étaient imprimées, sans ambition, sans fracas, et plutôt à titre de document qu'à titre de manifeste. Les écrits de ce groupe de Rome furent des écrits ésotériques; il travaillait dans l'ombre; il n'a pas d'histoire, mais il tient une place dans l'histoire.

En octobre 1884 se fonda l'*Union de Fribourg* [1]. Le groupe de Rome avait rassemblé des personnalités catholiques, et ne représentait que ces personnalités même. L'*Union de Fribourg* prétendit servir de centre et de lien entre les associations d'études sociales chrétiennes qui s'étaient formées dans les divers pays. Le régime du travail, le régime de la propriété, la possibilité d'une organisation corporative, furent sérieusement discutés dans les réunions annuelles de Fribourg. Les rapports préparatoires demeuraient confidentiels; on ne publiait que les conclusions, résumées en quelques brèves formules, et cette publicité même était fort restreinte.

Parmi les thèses qu'accepta l'*Union de Fri-*

---

1. Beaucoup de nos renseignements sur cette *Union de Fribourg*, et sur le rôle qu'elle a joué dans la préparation de l'Encyclique, sont empruntés à des documents imprimés, mais non mis dans le commerce.

bourg, je relève les trois propositions suivantes :

« 1° Le travail engendre pour le travailleur un droit moral, et par conséquent pour la société le devoir correspondant de veiller à ce que, en thèse générale, le travailleur puisse, par un labeur modéré, se procurer une subsistance suffisante pour lui et les siens ;

« 2° En thèse générale, les pouvoirs publics (corporations, communes, États) doivent s'abstenir d'une intervention directe et favoriser plutôt le partage équitable et juste par une bonne organisation du travail. Partout où le contrat libre entre patron et ouvrier entraîne, soit l'oppression, soit le danger d'oppression de celui-ci par le premier, les pouvoirs publics peuvent et doivent même, suivant les circonstances, exercer leur action, afin que les travailleurs reçoivent au moins la subsistance nécessaire pour eux et leurs familles, et pour porter remède à la misère ;

« 3° Le régime corporatif est le mode d'organisation sociale qui a pour base le groupement des hommes d'après la communauté de leurs intérêts naturels et de leurs fonctions sociales, et pour couronnement nécessaire la représentation publique et distincte de ces différents organismes. Le rétablissement de la corporation professionnelle est une des applications partielles de ce système. »

Ces diverses propositions, lentement élaborées par l'*Union de Fribourg* [1], étaient transmises à

---

1. Les diverses décisions de l'*Union de Fribourg*, relatives au régime du travail, de la propriété, du crédit, au rôle

Rome. L'audace et la modestie paraissent d'ordinaire incompatibles : elles se rencontrèrent, l'une et l'autre, chez les initiateurs du mouvement social catholique. Après avoir beaucoup travaillé, ils souhaitaient, pour toute récompense, que quelque dignitaire ecclésiastique, ouvrier de la dernière heure, fût réputé, non-seulement le patron, mais l'inspirateur de leur travail.

Entre Fribourg et le Vatican, Mermillod servait d'intermédiaire : il informait le pape et les congrégations romaines, et leur demandait, suivant les termes mêmes d'un document émané de l'*Union*, « la plus grande somme possible de directions et de bénédictions ». Avant de réclamer des « directions », les catholiques réunis à Fribourg s'étaient, de leur propre initiative, « dirigés » dans une certaine voie : trop discrets pour inviter Rome à les y suivre, ils avaient assez de hardiesse pour souhaiter qu'elle les y précédât.

En 1877, dans un mandement qu'il adressait à ses fidèles, l'archevêque de Pérouse avait signalé, en termes énergiques et précis, l'erreur inhumaine de l'économie politique moderne, le « colossal abus de la pauvreté et de la faiblesse », l'horrible existence des enfants dans les fabriques, enfin la nécessité « d'une législation qui

des pouvoirs publics et à l'organisation corporative, ont été récemment réunies en brochure sous le titre : *Union de Fribourg* (Paris, impr. Levé, 1893.

mît un frein à ce trafic sans humanité[1]. » Le pape Léon XIII imiterait-il les évangéliques audaces du cardinal Joachim Pecci ? Telle était la question.

VIII

Un souvenir historique pouvait rendre Rome indécise : mainte hérésie, au moyen âge, avait été la conséquence de certaines idées sociales chrétiennes qui, de prime abord, paraissaient inoffensives. Mais un pape infaillible, suffisamment armé pour évincer les dangers, résiste à de semblables craintes.

Les idées mûries à Fribourg étaient assurées du succès, pour deux raisons décisives.

D'abord, on les appuyait sur l'autorité de Saint-Thomas, qui précisément, à cette époque, redevenait grande dans l'Église. Moins de deux ans après son avènement, Léon XIII, par une importante encyclique, avait recommandé l'étude attentive du vieux docteur. Professant, à leur insu, ce sceptique axiome : « Autres temps, autres doctrines, » beaucoup de chrétiens furent surpris. On ouvrit pourtant ce testament d'un autre âge, et l'on y trouva certaines idées sur

1. L'*Église et la civilisation*, lettres pastorales du cardinal Pecci. Traduction française, p. 20 (Paris, librairie de la Société bibliographique).

la propriété, la richesse, les droits des petits et les devoirs des grands. Il énonçait les principes d'un droit social, que l'époque contemporaine avait cessé de connaître et d'appliquer. La *Somme*, ainsi révélée, devint le volumineux bréviaire des catholiques de bonne volonté, qui, pour guérir la misère humaine, coalisaient leurs excusables inexpériences et leurs admirables intentions. Dans la première adresse que l'*Union de Fribourg* avait remise au cardinal Mermillod, on lisait cette phrase caractéristique : « La philosophie de Saint-Thomas d'Aquin, remise en honneur par la parole suprême du Pape, fournit tout particulièrement sa lumière à nos travaux, dont l'observation des faits historiques et de leurs résultats forme la base, et dont l'application aux conditions actuelles de la société civile sera le couronnement. » Ainsi disaient et travaillaient les catholiques de Fribourg ; ils présentaient leurs études comme l'application perpétuelle et le commentaire docile de cette parole de Léon XIII : « Les argumentations de Saint-Thomas sur l'amour mutuel que se doivent tous les hommes ont une force immense et invincible pour détruire ces principes du droit nouveau, qui sont évidemment périlleux pour le maintien de la paix et pour le salut public. »

Ces lignes pontificales, extraites de l'encyclique *Æterni Patris*, avaient signalé la nécessité d'une restauration et la nécessité d'une destruction. Les auteurs du mouvement social catholique, en rappelant au monde actuel les enseignements de la *Somme*, opéraient la restauration demandée.

Ils travaillaient, aussi, à la destruction désirée, et telle devait être, auprès du Vatican, la seconde raison de leur succès. Il convient d'expliquer ce nouvel aspect de leur œuvre.

IX

Le mouvement social catholique peut être regardé comme une double réaction, d'une part contre le droit romain, d'autre part contre la philosophie dont sont issus les principes de 1789, et contre certaines applications pratiques de ces principes.

A la base du droit romain, et à la base du droit moderne, subsiste la notion, abstraite et exclusive, de l'individu pris en soi. Le légiste de l'ère ancienne, le philosophe de l'ère nouvelle se mettent en présence de cet individu; ils examinent ses droits et les codifient. Cet individu n'a pas de nom; il peut être désigné par un chiffre, par une étiquette de convention; il est détaché de tout milieu ambiant, de toute société environnante; on considère son essence, on néglige son existence. On regarde la société comme n'étant rien de plus qu'une addition quelconque d'individus : tous ont des droits, qui sont positifs, et qui n'ont d'autre limite que le droit du voisin; tous ont des devoirs, qui sont négatifs, et qui n'ont d'autre objet que le respect de cette limite. Sur ces fondements, il s'agit d'édifier un droit social : le problème est difficile. Observez, en effet, la déduction même du droit individualiste; il y a un élément concret, dont on n'a pas tenu compte : c'est à savoir la vie sociale elle-même; et il y a un sentiment auquel on a refusé toute satisfaction : c'est le sentiment de la solidarité. L'idée de fraternité, troisième terme de la devise révolutionnaire, est à l'avance annulée par le sens qu'on donne à l'idée de liberté, premier terme de cette devise. On entend trop souvent par liberté le développement absolu, et poussé jusqu'à leurs extrêmes conséquences, des droits individuels. Cette notion de la liberté est une notion antisociale : elle a pour corollaire le droit absolu du propriétaire sur la chose qu'il possède, affirmé par le jurisconsulte romain sous le nom de *jus abutendi*, et codifié par l'article 544 du Code civil. En vertu de ce droit, je puis, capricieusement, gâter ou détruire ce que je possède; autour de moi, certains membres de la société auraient besoin de ce que je gâte ou de ce que je détruis; et peut-être meurent-ils de ce besoin; mais le légiste païen et le légiste napoléonien négligent ces considérations-là. Lorsque, au contraire, on prend pour point de départ, non plus une entité, l'individu, mais un fait concret, la société, on restaure, par là même, à côté de la notion égoïste du droit, la notion altruiste du devoir social.

C'est un premier avantage, et voici le second : immédiatement on reconnaît, par une très courte expérience, qu'il ne suffit pas de proclamer le droit souverain de tous les hommes pour que cette souveraineté se réalise dans les faits. En pratique, quelques individus, souverains de droit, seront également souverains de fait; et le plus grand nombre — souverains de droit, eux aussi — seront, de fait, opprimés. La « liberté du travail » ne profite qu'au patron : car la faim, qui menace, empêche l'ouvrier d'exercer cette liberté [1]. S'il en est ainsi, la reconnaissance des « droits de l'homme » sert exclusivement à quelques-uns, dont elle justifie l'arbitraire aux dépens de tous les autres : de cette minorité de privilégiés font partie ceux-là seuls qui possèdent la vigueur ou la richesse nécessaires pour faire valoir leurs droits [2].

Si l'on admet les critiques qu'on vient de lire, on comprendra que le mouvement social catholique a pris une allure contre-révolutionnaire par la force même des choses, non par des fantaisies de gentilshommes ou par des représailles de sacristie. Il n'eut pour but ni de ramener

1. Dans notre seconde partie, nous développerons certaines de ces idées, que nous ne faisons qu'indiquer ici.

2. Cf. R. P. Weiss, *Apologie du christianisme*, trad. Collin, VII, p. 256.

l'ancien régime, ni de restaurer les principes que ce régime affichait [1] : car, sous le nom d'ancien régime, on entend les abus de la monarchie absolue, et le principe de ces abus, énoncé par le Tiers en 1302, fut une maxime antipapale : « Le roi n'a nul souverain, fors Dieu. » A l'égard du droit social, entre les légistes de la royauté et ceux de la Révolution, il n'y a pas scission, mais continuité : Pierre Dubois et Portalis sont les deux termes d'une même lignée. De Mun, Vogelsang, Schorlemer-Arlst ne flétrissent nullement les « conquêtes révolutionnaires », si l'on entend par là certaines destructions qu'opéra la Constituante au détriment de l'absolutisme royal. Cette partie de l'héritage révolutionnaire est éternelle : en l'attaquant, ils briseraient leurs forces. Mais ils flétrissent certaines destructions que l'absolutisme royal avait commencées et que la Révolution consomma : je veux dire la destruction de toute association libre, de tout corps autonome, de toute hiérarchie protectrice, bref d'une société organisée.

L'expression du droit chrétien, dans les faits, est un organisme social, où l'exercice des droits de chacun, surveillé chez le riche, protégé chez le pauvre, soit subordonné, chez l'un et chez l'autre, à l'accomplissement de certains devoirs sociaux, et où l'observation de ces principes soit garantie par les institutions mêmes de la société.

---

1. DE MUN, dans ses discours, a fréquemment repoussé cette accusation ; voyez en particulier, tome I, p. 371-373.

L'expression du droit païen et du droit napoléonien, dans les faits, est la mise en contact de l'individu, puissant à l'excès s'il est riche, impuissant à l'excès s'il est pauvre, avec une bureaucratie omnipotente. Enumérant naguère les besoins de l'heure présente, M. de Vogüé les définissait ainsi : « Besoins d'ordre, de hiérarchie, de liens sociaux, de garanties mutuelles, de symboles communs, besoins de stabilité pour les familles et leurs biens dans une assiette plus équitable de ces biens, besoins de groupement entre les cellules de la ruche, en dehors de la tyrannie de l'État [1]. » L'idéal vers lequel tendent ces besoins est un idéal contre-révolutionnaire ; relisez, pour vous en convaincre, la célèbre page de Renan sur « l'expérience manquée » (ainsi qualifie-t-il la Révolution). « Elle ne laisse debout, dit-il, qu'un géant, l'État, et des milliers de nains... Elle crée une nation où la richesse seule a du prix... Son code de lois semble avoir été fait pour un citoyen idéal, naissant enfant trouvé et mourant célibataire [2]... »

Ainsi, pour restaurer, dans les mœurs et dans les lois, les idées réparatrices de justice et de devoir social, il importe, en premier lieu, d'édifier ces idées et ces lois sur un fondement qui n'est ni celui du droit romain ni celui du droit révolutionnaire ; il importe, en second lieu, de les étayer solidement en faisant revivre, en dépit de la tra-

1. DE VOGÜÉ, *Heures d'histoire*, p. 308 (Paris, Colin).
2. RENAN. *Questions contemporaines*, p. III (Paris, Lévy).

dition jacobine, l'esprit d'association, et en mettant à leur service cette force ressuscitée. De là résulte la portée du mouvement social catholique.

Comment le Vatican n'en eût-il pas été satisfait? Le droit romain fut toujours suspect à l'Église [1]; elle lui adressait ce double reproche, de fournir aux légistes des armes contre elle, et de fournir aux riches les éléments d'une législation d'où l'esprit chrétien était exclu. Une réaction contre ce droit païen est un hommage à l'Évangile. Et quant au droit moderne (*jus novum*), un certain nombre de ses maximes sont l'objet des anathèmes du *Syllabus*. Les auteurs du mouvement social catholique reprenaient une guerre que l'Église elle-même avait jadis déclarée; comment Rome eût-elle pu les désavouer [2]?

1. Sur la question délicate de l'accueil fait par l'Église au droit romain, on trouvera dans Janssen. *L'Allemagne à la fin du moyen-âge* (Paris, Plon, 1887), p. 459-461, les indications et la bibliographie nécessaires. — Deux articles de la *Monatschrift für Gesellschafts-Wissenschaft* (1880, p. 337-347, et p. 560-571), première revue du groupe Vogelsang, établissent que « le droit public romain a frayé la voie au libéralisme d'aujourd'hui ».

2. Voir un art. de Vogelsang (*Oester. Monatschrift*, 1888, p. 141 et sq.), dans lequel il établit, en réponse au P. Ludovic de Besse, le rapport qui existe entre les catholiques hostiles aux idées chrétiennes sociales et le faux libéralisme condamné par le Syllabus,

X

Ils sentirent, bien vite, qu'ils étaient à l'abri de toute désapprobation, et purent espérer, même, une solennelle approbation. En mars 1885, un membre de l'*Œuvre des Cercles de l'Union de Fribourg* exposait à Léon XIII, dans une audience, que les idées sociales chrétiennes étaient regardées, par beaucoup de catholiques, comme le pire des socialismes. « Eh non, répondit le pape, ce n'est pas du socialisme, c'est du christianisme... Ah ! vos ennemis ne savent pas ce que c'est que l'ordre social chrétien. Eh bien, ne craignez rien ; attendez ma prochaine encyclique ; le pape dira qu'il y a un ordre social chrétien. » Ainsi la question sociale était remise à l'ordre du jour de l'Eglise, suivant l'expression du cardinal Langénieux.

Cependant on chargeait les travailleurs eux-mêmes de la maintenir à l'ordre du jour et d'en bien marquer l'urgence. Dans ce nouvel effort, la France eut une grande part : les principaux pèlerinages de la démocratie ouvrière furent des pèlerinages français.

Lorsqu'ils se présentèrent aux portes du Vatican, une grande partie de l'opinion mondaine les accueillit par des sarcasmes. On railla le pape Léon XIII, qui voulait jouer au Boniface VIII ;

on railla les infortunés champions du pouvoir temporel, qui, délaissés par la diplomatie, allaient quérir dans les faubourgs les interprètes de leurs rêves. Dans ces pèlerinages ouvriers, on ne voulait voir qu'une manifestation factice en faveur du passé ; on n'y voyait pas la manifestation, prophétique et spontanée, d'une alliance prochaine entre l'Église et les démocraties, c'est-à-dire de l'avenir [1]. Devant ces ambassades du menu peuple chrétien, les portes de Saint-Pierre s'ouvraient toutes grandes, comme jadis devant les rois ; « le Pape s'abandonnait aux hommes du peuple en costume de travail ; sur les marches de l'escalier royal, étonné de cette majesté nouvelle, la foule des travailleurs prenait la place du cortège ancien des souverains du passé » [2].

Un jour pourtant (en 1891), on découvrira l'importance de ces cortèges : aux sourires, alors,

---

1. M. le sénateur SPULLER, dans ses articles de la *République française*, saisissait avec une grande netteté la portée de ces pèlerinages et les desseins du cardinal LANGÉNIEUX. Voyez son livre sur l'*Évolution politique et sociale de l'Église*, pp. 162-178 (Paris, Alcan). Mais M. le sénateur SPULLER possède une intelligence du catholicisme qui n'est pas commune parmi ses amis.

2. De Mun, *Discours*, V. p. 180-181. — « Le vieillard du Vatican saluait ainsi et consacrait une royauté nouvelle, la royale Démocratie baptisée par l'Église de Dieu » (Naudet, *La Démocratie chrétienne*, Liège, 1893, p. 24). — En ces jours-là, le *decorum* classique des Sacrés Palais Apostoliques subissait d'étranges affronts : la « toilette de soirée » n'était point requise, et l'accoutrement de certains ouvriers pouvait à peine passer pour une « toilette de ville ».

succéderont les colères ; ces objets de dérision deviendront soudainement importuns ; et, pour les faire disparaître, des incidents seront créés. Ces incidents surviendront assez tard : ils témoigneront au monde chrétien que le palais du pape est une prison ; et ce sera leur unique effet. Le pèlerinage ainsi troublé sera un pèlerinage d'actions de grâces. Touché par les instantes requêtes des précédents pèlerinages, Léon XIII, en mai 1891, aura solennellement appuyé les légitimes réclamations des classes ouvrières. En octobre 1891, on pourra bien étouffer les remerciements des travailleurs ; on ne pourra déchirer l'acte qui méritait ces remerciements.

Je veux apporter un texte, pour justifier l'importance que j'accorde aux pèlerinages ouvriers : je l'emprunte au discours du cardinal Langénieux, prononcé le 20 octobre 1889, en présence de Léon XIII et de plusieurs milliers d'ouvriers.

Le cardinal disait au pape : « Comprenant que leurs souffrances ne tiennent pas principalement au mauvais vouloir des individus, mais aux causes profondes qui ont désorganisé la société, ces ouvriers en appellent à la justice des pouvoirs publics, auxquels il appartient de sauvegarder les intérêts des citoyens et particulièrement des petits et des faibles. Et, regardant encore plus loin et plus haut, ils élèvent respectueusement les mains vers vous, Très Saint-Père, répétant le cri suppliant des Apôtres : *Domine, salva nos, perimus...* Vos enfants osent supplier Votre Sainteté de ne point se lasser, malgré les difficultés spéciales à notre temps, de rappeler au monde le respect des lois de la justice et du droit dans les rapports nécessaires des hommes entre eux, afin de garantir à l'ouvrier, dont le travail est la seule ressource, la stabilité de son foyer, la facilité de nourrir sa famille, de l'élever chrétiennement et de faire quelque épargne pour les mauvais jours [1]. »

Et le souverain pontife répondait :

« Aux détenteurs du pouvoir il incombe, avant toutes choses, de se pénétrer de cette vérité, que, pour conjurer le péril qui menace la société, ni les lois humaines, ni la répression des juges, ni les armes des soldats ne sauraient suffire : ce qui importe par-dessus tout, ce qui est indispensable, c'est qu'on laisse à l'Église la liberté de ressusciter dans les âmes les préceptes divins, et d'étendre sur toutes les classes de la société sa salutaire influence ; c'est que, moyennant des réglements et des mesures sages et équitables, on garantisse les intérêts des classes laborieuses, on protège le jeune âge, la faiblesse et la mission toute domestique de la femme, le droit et le devoir du repos du dimanche, et que, par là, on favorise, dans les familles comme dans les individus, la pureté des mœurs, les habitudes d'une

1. Le discours du cardinal Langénieux a été publié dans l'*Association catholique* du 25 novembre 1889.

vie ordonnée et chrétienne. Le bien public, non moins que la justice et le droit naturel, réclame qu'il en soit ainsi.

« Aux patrons, il est prescrit de considérer l'ouvrier comme un frère, et surtout de ne se départir jamais, à son égard et à son détriment, des règles de l'équité et de la justice, en visant à des profits et à des gains rapides et disproportionnés [1]. »

Sans doute, à la générosité bruyante de certains patrons qui leur offraient la charité, beaucoup de ces ouvriers, agenouillés alors aux pieds de Léon XIII, avaient jadis répondu par un simple mot : « Justice ! » Ce cri des masses souffrantes n'était pas resté sans écho, puisque en présence de leurs ambassades il était répercuté par la grande voix de Léon XIII.

Ainsi parlait le pape, devant les longs cortèges d'ouvriers de l'ancien mode ; et ceux-ci lui demandaient d'affirmer au monde chrétien tout entier ce qu'il disait à quelques-uns, et de faire retentir aux oreilles des riches cette approbation paternelle, qu'il accordait aux vœux plaintifs de la pauvreté.

---

1. Le discours du Souverain Pontife est reproduit au tome III des *Acta Leonis XIII*, p. 280-285 (Lille, Desclée et Brouwer).

XI

Vers la même époque, par l'organe de leurs évêques, les ouvriers de l'Amérique appuyaient leurs camarades du vieux continent. L'affaire des Chevaliers du Travail commanda l'attention de la cour de Rome.

Le Noble Ordre des *Knights of Labour* prétendait fédérer en un groupement imposant les masses ouvrières des États-Unis. Il n'apportait pas la paix, mais la guerre. Son président, M. Powderly, avait dit à la Convention de Richmond, le 4 octobre 1885 : « Cette guerre doit déterminer qui régnera : le monopole ou le peuple américain, l'or ou l'homme... Quand sera clos le règne du monopole, plus un anarchiste ne naîtra sur notre sol; car l'anarchie est son enfant légitime. » Il engageait le combat contre tout capitaliste qui ne faisait pas servir ses richesses à l'allégement des souffrances. Il réclamait, entre autres exigences, que la journée de l'ouvrier fût limitée à huit heures, que le même travail, quel qu'en fût l'auteur, fût récompensé par le même salaire, qu'il fût possible à l'ouvrier congédié de ne quitter son patron qu'au bout de trente jours, et de soumettre à une enquête, puis à un arbitrage, les motifs du renvoi, et qu'une taxe enfin frappât les terres non cultivées lorsque leur superficie dépassait cent soixante acres. Dans toutes les régions des États-Unis, le Noble Ordre existait avec ses assemblées savamment hiérarchisées; il tenait, chaque année, une convention générale. Cette force immense répudiait alors tout usage de la force brutale [1]; les demi-violences même, grèves ou boycottages, ne devaient être employées que comme pis aller. Les Chevaliers du Travail rêvaient une sorte de révolution industrielle, et ne voulaient réaliser ce rêve par aucune révolution.

Ils n'étaient pas pour l'Église, ils n'étaient pas contre elle. L'épiscopat canadien demanda que leurs constitutions fussent examinées à Rome; ils possédaient, dans le Dominion, une organisation spéciale, qui les exposait aux condamnations ecclésiastiques dont les sociétés secrètes sont l'objet. Alors aux États-Unis, l'émotion fut grande. En octobre 1886, douze archevêques se réunirent; deux seulement votèrent la condamnation des Chevaliers. Et tel est le respect de la chrétienté américaine pour toute association, qu'un évêque ne peut condamner dans la province confiée à ses soins un groupement qui se ramifie dans les diocèses voisins : il est indispensable que le consentement unanime de ses collègues autorise une semblable rigueur.

1. Nous parlons de l'ordre tel qu'il existait en 1887, au moment de la décision du Saint-Office ; la mention des grèves de 1894, où les Chevaliers sont intervenus, serait ici un anachronisme.

Or la majorité des prélats d'Amérique ne voulaient prendre contre les chevaliers aucune mesure préventive, et suppliaient Léon XIII, à qui l'affaire fut déférée, de ne commander aucune mesure coercitive. Le cardinal Gibbons écrivit au cardinal Simeoni, préfet de la Propagande [1], un mémoire que bientôt on rendit public. Avec une impérieuse générosité, il plaidait pour les chevaliers attaqués. Il justifiait la raison d'être du Noble Ordre : « On ne saurait nier avec vraisemblance l'existence des maux, le droit de résistance légitime, et la nécessité d'un remède [2]. » Il énumérait les effets déplorables qui résulteraient d'une condamnation. « A parler franchement, écrivait-il, cela serait regardé par le peuple américain comme aussi ridicule que hardi [3]. » Ainsi, parlait-il, « franchement », tout le long de son mémoire. « La condamnation serait impuissante pour forcer à l'obéissance nos ouvriers catholiques, qui la regarderaient comme fausse et injuste... Elle pousserait les fils de l'Église à se révolter contre leur mère, et à se ranger parmi les sociétés condamnées, qu'ils ont jusqu'ici évitées... Elle serait presque ruineuse pour le soutien financier de l'Église chez nous, et pour

1. Les lettres de GIBBONS et MANNING, au sujet des *Chevaliers du Travail*, sont traduites et publiées en leur entier dans l'*Association catholique* des 15 mai et 15 juin 1887; elles furent réunies en une brochure à part, sous le titre : *Les Chevaliers du Travail*.

2. *Les Chevaliers du Travail*, p. 4.

3. *Les Chevaliers du Travail*, p. 10.

le denier de Saint-Pierre... Elle tournerait en soupçon et hostilité le dévouement insigne de notre peuple envers le Saint-Siège... Le seul danger grave viendrait d'un refroidissement entre l'Église et ses enfants, que rien n'occasionnerait plus sûrement que des condamnations imprudentes [1]. »

Ces raisons avaient du poids, et ce ton avait un sens. Lorsque le cardinal Gibbons écrivait ainsi, il avait derrière lui presque tout l'épiscopat des États-Unis, c'est-à-dire les chefs naturels de dix millions de catholiques. Ces évêques demandaient à Rome de ne pas infirmer leur jugement; ces catholiques demandaient à Rome de ne pas contrarier leurs vœux, et le jugement des uns satisfaisait aux vœux des autres. En faveur des masses populaires, les évêques américains avaient, si l'on peut ainsi dire, compromis leur autorité : par un acquiescement, Rome consolidait cette autorité; par un anathème, elle la détruisait. Le pape Léon XIII allait-il engager les prélats dans une impasse, d'où ils sortiraient diminués, et mettre les fidèles dans une alternative dont la rébellion serait l'un des termes ?

En son archevêché de Westminster, le vieux cardinal Manning s'alarma : il écrivit en faveur des Chevaliers une lettre au cardinal Simeoni, un article dans le *Tablet*. Manning était un vétéran de l'ultramontanisme : on le connaissait

1. *Les Chevaliers du Travail*, p. 12.

comme tel à Rome. En 1869, quittant cette Angleterre dont la religion officielle a pour devise : *No popery*, il était venu au concile du Vatican défendre les droits du pape avec une vigueur acharnée. Il fut au premier rang parmi ceux qui consommèrent la grandeur de Pie IX en proclamant l'infaillibilité. En 1887, il se tournait vers cette papauté, qu'il avait puissamment contribué à rendre grande, et lui demandait de se laisser en quelque façon faire violence par les humbles et les petits. Manning n'eût pas toléré qu'un souverain de la vieille Europe parlât au Vatican comme parlaient les Chevaliers par la voix de Gibbons, avec des instances qui faisaient l'effet d'une sommation. Mais il écrivait au cardinal Simeoni : « J'ai lu, avec un assentiment complet, le document du cardinal Gibbons sur la question des Chevaliers du Travail. Le Saint-Siège sera, j'en suis sûr, convaincu de sa justesse [1]. »

Derrière M. Powderly, président du Noble Ordre des Chevaliers du Travail, se dressaient Gibbons, Manning, toute la chrétienté anglo-saxonne. Cette chrétienté fut satisfaite, le Noble Ordre fut toléré [2].

Dans l'histoire du pontificat actuel, cet épisode fut décisif [3]. Il fut la marque la plus bruyante de

1. *Les Chevaliers du Travail*, p. 14.

2. Le texte de la décision de Rome au sujet des *Chevaliers* est publié dans l'*Association catholique*, 1888, II, p. 729.

3. Sur cet épisode, et sur l'importance du catholicisme américain dans l'histoire contemporaine de l'Église, il faut

ce que M. Paul Desjardins appelait naguère
« la conversion de l'Église [1] ». Il fit connaître
à l'Europe la situation spéciale de la chrétienté
américaine. Il prépara l'opinion publique à comprendre l'esprit qui devait inspirer l'Encyclique.
Il avança, d'autre part, l'apparition de cette
Encyclique. Des deux côtés de l'Océan, l'humanité souffrait : les pèlerinages des ouvriers français, le pèlerinage de l'Américain Gibbons attes-
taient au pape ces misères. On réclamait une
expression nouvelle de la doctrine sociale de l'É-
glise, appropriée aux besoins des temps nouveaux. Ketteler, de Mun, Vogelsang et les modes-
tes disputeurs de Fribourg avaient préparé et
mûri ce travail.

Les temps étaient accomplis : il importait, au
plus tôt, qu'au-dessus de ces sociétés émiettées
et disloquées, en présence de cette misère internationale, l'Église de Rome élevât sa forte voix [2].
N'est-ce pas la seule voix qui se propage aisément, d'un bout du monde à l'autre, la seule

---

lire les réflexions intéressantes de M. Max LECLERC, *Choses
d'Amérique*, p. 213 et suiv. (Paris, Plon). On consultera également avec fruit le livre du vicomte de Meaux : *L'Église
catholique et la liberté aux États-Unis* (Paris, Lecoffre).

1. Voy. *Journal des Débats*, novembre 1892.

2. Ajoutons que certaines discussions très vives, qui s'é-
levèrent aux deux congrès catholiques de Liège, invitaient
Rome à défendre au plus tôt les auteurs du mouvement
social catholique contre certaines timidités réactionnaires.
Nous reviendrons sur ces discussions dans notre troisième
partie.

aussi dont l'écho se prolonge, sans expirer jamais, dans l'infini de la durée?

XII

Les pages qu'on vient de lire redisent la genèse d'une encyclique; je voudrais insister sur l'originalité de cette genèse. En aucun siècle, peut-être, l'histoire de l'Église catholique ne fut plus féconde en surprises et plus remplie de contrastes apparents.

Sous les pontificats de Grégoire XVI et Pie IX, l'Église catholique, avec cette audace déconcertante que donne la certitude de l'immortalité, entra en lutte ouverte contre les principes révolutionnaires. De malveillants penseurs s'indignèrent; de bienveillants penseurs se lamentèrent. « L'Église, par cette imprudence, avançait l'heure de sa mort. Elle semblait proscrire toute liberté religieuse, toute liberté politique; gardant le silence en face de la Révolution, elle eût vécu par l'équivoque; rompant le silence, elle allait succomber à sa propre franchise. Elle attaquait les bases indestructibles et parfaites de la société présente et future : la société présente la répudiait, la société future ne la connaîtrait plus. » Obstinément, la vieille Église continuait ses attaques : « Elle a donc soif de suicide? » demandait-on.

Et cette mère, qu'on disait provocatrice, avait des fils plus provocateurs encore : ils s'en allaient, follement, traquant le « libéralisme » sur tous les terrains, même sur le terrain économique ; ils n'épargnaient même point ce régime du travail, issu de la Révolution, et qu'une bourgeoisie éclairée se plaisait à croire éternel. Alors, dans les camps ennemis, beaucoup applaudirent, avec une ironie bruyante, à ces tentatives nouvelles ; ils s'empressèrent d'en conclure qu'on ne faisait pas sa part au *Syllabus*, et que l'Église du pape Pie IX était vouée à toute les réactions, même à la réaction commerciale et industrielle. De Mun subit ces imprudents sarcasmes, qu'il provoquait, du reste, par des imprudences de langage. Et dans leur marche, qu'on disait rétrograde, ces enfants perdus du cléricalisme, à un tournant du chemin, se rencontrèrent avec le peuple. La foule, qui travaille et qui souffre, se plaignait de l'état de choses actuel, de l'isolement des individus, de l'absence de syndicats ouvriers, de ce manque de groupement qui la laissait sans défense : par instinct, elle trouvait que tout n'était point parfait dans l'édifice social ébauché par la Constituante, achevé par Napoléon ; « l'illusoire liberté que lui assurait l'individualisme révolutionnaire, elle semblait prête à la sacrifier pour obtenir de l'appui mutuel socialiste plus de garanties pour son bien-être et sa dignité [1]. » A ces

1. DE VOGÜÉ, *Heures d'histoire*, pp. 308-309. — Sur la portée contre-révolutionnaire de ces réclamations, il faut con-

réclamations des masses, les libéraux optimistes, fils de la Révolution, hommes du XIXᵉ siècle, opposaient une barrière d'hésitations et de préjugés. Au contraire, par l'effet même des sentiments contre-révolutionnaires dont ils se targuaient, les « syllabisants » dont je parle, comprenaient, tout naturellement, les plaintes et les désirs de la foule. Réactionnaires par orthodoxie et souvent aussi par tempérament, attachés au passé par conviction et souvent aussi par goût, méprisant le XVIIIᵉ siècle et n'aimant guère le XIXᵉ, il leur en coûtera peu, je crois, pour se mettre à l'unisson du XXᵉ : car ils lui ont ouvert les voies.

Longtemps ils n'eurent qu'une charte, le *Syllabus*, charte négative, ordre de destruction ; ils en ont une autre aujourd'hui, l'encyclique *Rerum Novarum*, charte positive, ordre de construction. Lorsque parut cette encyclique, des journaux déclarèrent que Léon XIII se rapprochait du monde moderne, dont Pie IX s'était séparé. Un tel langage est plein d'impropriétés. Il paraît impliquer que le *Syllabus* condamne la démocratie, et que l'encyclique *Rerum Novarum* canonise le « libéralisme » : l'une et l'autre

sulter un récent discours de M. Léon SAY ; il déclare que la liberté du travail est incessamment menacée, que l'avenir en est incertain ; et il ajoute : « Elle est la pierre angulaire de la Révolution française. *Si elle est détruite, le monument tout entier de la Révolution s'écroule* » (*Journal des Économistes*, novembre 1892, p. 289).

affirmation sont fausses. L'encyclique du pape Léon XIII sur la question sociale est un progrès issu d'une réaction : il fallait que le *Syllabus* opérât la réaction, afin que le progrès s'accomplît ensuite. Pie IX eut la tâche ingrate, et Léon XIII a la belle tâche [1].

Le XIXe siècle était en train de s'adorer ; les principes qu'il avait reçus de 1789 lui paraissaient des dogmes indéfectibles et éternels [2]; il deve-

---

1. Mgr John Keane, évêque de Richmond, a dit à ce sujet :

« Quelques-uns pourraient être tentés de conclure que Léon XIII accepte et approuve cet esprit du siècle que Pie IX a si solennellement condamné. Ce serait une grande erreur. Pie IX a condamné ce faux « esprit du siècle », qui prend sa règle et ses lois en lui-même, affirme la pleine suffisance de l'homme, rejette la révélation divine, et conclut que les droits ne viennent pas de Dieu, mais de l'homme ; nous les recevons de la loi, de la société, de l'État. Cet « esprit du siècle », Léon XIII l'a combattu avec autant de fermeté que Pie IX. Mais il sait très bien que ce n'est pas là le véritable esprit du siècle, mais plutôt son pervertissement et sa caricature. Notre siècle est le siècle de la liberté, le siècle de l'affirmation des droits inaliénables de l'homme, des droits qui lui sont inaliénables parce qu'il ne les a pas reçus de l'homme, et que l'homme par conséquent ne peut lui enlever, mais qui lui ont été conférés, comme le proclame notre Déclaration d'indépendance, par la main de son Créateur, droits par conséquent qui ont leur base dans les relations de l'homme avec Dieu. » *La mission providentielle de Léon XIII*, Rome, 1888, p. 22-23).

2. C'est une croyance qu'il serait bien difficile de conserver aujourd'hui. Dès 1871, M. MONTÉGUT écrivait dans la *Revue des Deux-Mondes* : « La banqueroute de la Révolution française est désormais un fait accompli, inévitable. Il n'est pas une seule de ses promesses que la Révolution n'ait été impuis-

naît la plus orgueilleuse de toutes les époques : mauvaise condition pour le progrès ! Un peu brutalement, Pie IX écorcha l'idole. S'ils étaient des idolâtres du siècle finissant, le pape de quatre-vingts ans et la génération de vingt ans, qui chaque jour grandissent l'un et l'autre, prépareraient-ils un autre ordre de choses, pour le siècle commençant ?

Ils remontent au-delà de l'empirisme du XVIIIe siècle, au-delà de l'humanisme du XVIe : et ce pape moderne, ce pape « recommencement de monde [1] », cherche une loi dans la *Somme* [2].

santé à tenir, il n'est pas un seul de ses principes qui n'ait engendré le contraire de lui-même, et produit la conséquence qu'il voulait éviter » (MONTÉGUT, *Libres opinions morales et historiques*, p. 291. Paris, Hachette). En 1889, M. FERNEUIL, un sociologue de l'école positiviste, fît tout un livre pour établir « la stérilité des principes de 1789. » On sait la vigoureuse critique d'ensemble à laquelle M. TAINE a soumis ces principes ; et M. Charles BENOIST, dans son brillant et spirituel volume : *Sophismes politiques de ce temps* (Paris, Perrin, 1893) a minutieusement épluché la fameuse *Déclaration des Droits*. On a vu plus haut les citations de M. RENAN et de M. DE VOGUÉ. Citons encore l'article de M. Anatole LEROY-BEAULIEU sur les mécomptes du libéralisme, reproduit dans son volume : *La Révolution et le libéralisme* (Paris, Hachette). Après avoir subi, en 1864, l'assaut de l'orthodoxie, certains principes révolutionnaires subissent, à cette heure, l'assaut de la philosophie et de l'histoire. « Une vaine superstition à l'égard des principes de 1789, a dit Ferneuil, ne les soustraira pas aux investigations de la critique » (*Les principes de 1789 et la science sociale*, p. 19 (Paris, Hachette).

1. Cette magnifique expression est de M. Charles BENOIST, *Souverains et hommes d'État*, p. 118 (Paris, Lecène).

2. Son appel a été entendu, si nous en croyons M. DE VOGUÉ : « La renaissance thomiste, écrit-il, dont M. GARDAIR

Son encyclique *Æterni Patris* sembla marquer le signal d'une réaction intellectuelle. Comment l'encyclique *Rerum novarum*, signal d'une ère nouvelle, est en quelque façon la fille de l'encyclique *Æterni Patris*, je crois l'avoir expliqué.

Par l'effet même de ces réactions apparentes, scientifique, économique, politique, dogmatique, qui semblaient l'éloigner à jamais de la réalité présente, l'Église catholique se trouvait toute prête, entièrement armée, pour donner un avis sur ce qu'il y a de plus actuel, de plus urgent, de plus immédiatement nécessaire à régler : la question sociale [1].

XIII

Mais, si nous regardons plus attentivement encore la naissance de cette encyclique, nous ne sommes pas au terme de nos étonnements. Arrêtons-nous sur une dernière considération.

s'est fait l'apôtre en pleine Sorbonne, excite une attention croissante parmi les jeunes gens curieux d'idées *nouvelles* » (*Heures d'histoire*, p. 310, n. 1).

1. « On ne répète point assez, disait récemment Mgr Ireland, que les principes qui servent de point d'appui au mouvement social de notre époque, dans tout ce qu'il a de légitime, sont des principes constamment enseignés par les écoles de théologie catholique » (Discours prononcé dans la cathédrale de Baltimore, le 18 octobre 1893).

Il semblait, naguère, que le concile du Vatican donnait au pape le droit de s'isoler de l'Église, de légiférer sans elle et malgré elle ; on craignait que les successeurs de Pie IX ne perdissent avec le monde chrétien toute communication : leur pensée serait conduite, leur main serait guidée par deux ou trois favoris, — des jésuites sans doute, ajoutait-on. Saint-Simon nous donne un récit, aussi piquant que mensonger, du pape Clément XI écrivant la bulle *Unigenitus* sous la dictée de deux jésuites qui s'accordent à le fourvoyer : on eût dit, à entendre certains prophètes de malheur, que cette légende de la bulle *Unigenitus* serait l'histoire de toutes les bulles futures.

Léon XIII a démenti ces prévisions. Perpétuellement, le pape et le monde chrétien sont en contact. Jamais pape, peut-être, n'a plus consulté que Léon XIII ; il appelle les princes de l'Église, et il appelle les laïques. Dans les conseils du Vatican, à côté du théologien, un nouveau personnage est entré : l'opinion. Le pape Léon XIII interroge et éclaire l'opinion. C'est une nouveauté, elle ne scandalise que ceux à qui elle peut nuire ; dans l'espèce, ils sont quantité négligeable et de qualité négligeable.

Ce sont les besoins du monde chrétien qui ont suscité l'encyclique *Rerum Novarum*, et je dirais volontiers que le monde chrétien y a travaillé. Cette église catholique, qu'on disait asservie par le dernier concile, multiplie au contraire les initiatives individuelles [1], elle encourage et sollicite les efforts personnels; guidée par une infaillible pensée, elle ne s'abstient pas elle-même de penser. Il existe à l'heure présente, dans le sein du catholicisme, un mouvement extraordinaire des esprits et des œuvres; il n'y a plus de catholiques émancipés, il y a toujours des catholiques qui s'aventurent; leur témérité résulte de la ferveur et n'entraîne pas la révolte. Ils vont de l'avant, pour que la vieille Église les suive, et pour qu'elle les devance à son tour; et le pontificat de Léon XIII est pour eux un perpétuel encouragement. Ces dévouements aventureux ne déplaisent pas à la papauté. Avant qu'on l'eût proclamée infaillible, elle les redoutait : elle sait, maintenant, qu'elle peut à son gré les discipliner où les promouvoir. Depuis le concile du Vatican, la papauté a recouvré je ne sais quelle sécurité, qui lui manquait auparavant; elle se sent trop forte pour avoir besoin d'être ombrageuse [2]. On craignait

1. « L'initiative particulière est sans cesse agissante dans cette Église si fortement disciplinée. » (OLLÉ-LAPRUNE, *Les sources de la paix intellectuelle*, p. 103. Paris, Belin).

2. Cette conséquence inattendue du dogme de l'infaillibilité était annoncée par MALLOCK, il y a douze ans, dans son livre : *La vie vaut-elle la peine de vivre ?* « La doctrine de l'infaillibilité, écrivait-il, a un aspect qui est juste l'opposé de celui qu'on suppose d'ordinaire comme le seul possible... Elle enchaîne et elle délivre... Pour tout observateur impartial, elle est au moins autant un gage de liberté qu'un frein... C'est une chaîne; c'est aussi une corde de sauvetage : et ceux qui la tiennent peuvent, explorateurs hardis, s'élancer sans crainte dans les courants. » (Trad. FORBES, p. 284. Paris, Pedone).

que ce dogme nouveau n'étouffât toute vie dans l'Église, et qu'il n'en fût du catholicisme de la Rome nouvelle comme de ces armées de la vieille Rome, où le soldat qui avait bien agi sans l'ordre de ses chefs était puni. L'inverse est advenu précisément.

Ecoutez, dans l'Église catholique, le langage des chefs : ils demandent au soldat de collaborer avec eux, non de leur obéir servilement, de marquer le pas quelquefois devant eux, non de l'emboîter toujours derrière eux : ils sollicitent des requêtes avant de requérir eux-mêmes une soumission.

En Allemagne, j'entends Mgr Korum, évêque de Trèves : « Le prêtre, dit-il, préside d'ordinaire les associations ouvrières, mais cette présidence n'exclut pas la collaboration de l'ouvrier, tout au contraire ! Il faut absolument que l'ouvrier travaille avec nous, que nous réglions ensemble ses intérêts, et que nous débattions avec lui les conditions de son existence. » En France, Mgr Langénieux, archevêque de Reims, dit aux membres du Congrès de Liége, en 1887 : « L'Église, c'est la société des fidèles sous le gouvernement des pasteurs légitimes. Vous en êtes donc l'élément essentiel et nécessaire : les pasteurs, ils ne sont que pour vous et à cause de vous [1]. » Lorsqu'une Église s'exprime de la sorte,

1. *Association catholique*, 1887, II, p. 406. — Le cardinal Langénieux a développé cette même idée dans un mande-

elle n'aspire pas à perdre les racines qui l'attachent au monde; elle ne se considère pas comme un de ces organismes où la tête seule transmet la pensée. Il y a dans l'Église actuelle un flux et reflux d'idées et de désirs entre le pape et les fidèles, entre les fidèles et le pape, entre l'évêque et le prêtre, entre le prêtre et l'évêque, et le pape possède sur la société chrétienne une influence si incontestée qu'il peut se soumettre lui-même à l'influence de la société chrétienne, ce qui ne s'était vu depuis longtemps. « Le laïque n'a pas besoin d'attendre le prêtre, ni le prêtre d'attendre l'évêque, ni l'évêque d'attendre le pape, pour suivre sa voie propre. Lorsque des efforts combinés sont requis, soyons toujours prêts et en tout temps prompts à obéir aux ordres donnés; mais en ces dispositions il y aura encore un vaste champ pour l'action individuelle, et un grand bien peut être accompli par elle [1]. » Ainsi parlait Mgr Ireland en 1889.

Pendant quinze ans, sur le terrain des questions sociales, évêques, prêtres et laïques, sans « attendre le pape », ont « suivi leur voie propre » : certains se fourvoyèrent : l'Église les avertit; certains s'égarèrent : l'Église les retrancha. Et tous les autres continuaient de suivre

ment de 1887 sur la *Dignité du peuple chrétien*, suite d'une série de lettres pastorales dans lesquelles il définissait, avec une lumineuse simplicité, la vraie notion de l'Église.

1. Mgr. Ireland, *L'Église et le siècle*. Trad. Klein (Paris, Lecoffre, 1894, p. 95).

leur route. Ils marchaient toujours, avec une prudente hardiesse, lorsque, le 15 mai 1891, ils trouvèrent Léon XIII à leur tête : l'encyclique *Rerum Novarum* venait de paraître [1].

1. « C'est un grand évènement dans l'histoire des sociétés modernes », écrivait quelques jours après M. SPULLER (*L'évolution politique et sociale de l'Église*, p. 162).

DEUXIÈME PARTIE

LE DOGME SOCIAL DE L'ÉGLISE
ET LA SITUATION ÉCONOMIQUE ACTUELLE

I. L'Église affirme le droit de propriété privée. — II. Elle fonde ce droit de propriété sur le droit de vivre. Conséquence : ce droit de propriété a des limites et ne comporte pas le *jus abutendi*. Doctrine de saint Thomas : le moment de la gestion et le moment de la jouissance. — III. Règles pratiques résultant de cette doctrine. Donner son superflu est un devoir de charité ; lorsque celui qui demande est dans une extrême nécessité, donner son superflu est un devoir de justice. La *prise par nécessité* est licite. — IV. Autres règles pratiques, relatives au moment de la gestion : défense de laisser une terre non cultivée ; loi des fermages. — V. Rapports du travail et du capital. Il faut que le travailleur soit en mesure de vivre. Il faut que sa vie physique, domestique et religieuse, ne soit pas endommagée. — VI, Théorie du juste salaire. — VII. Obligation de respecter la santé physique de l'ouvrier. — VIII. Obligation de respecter la vie domestique de l'ouvrier. — IX. Obligation de respecter la vie religieuse de l'ouvrier. — X. Si l'ouvrier consent librement un contrat de travail qui dispense le patron de ces obligations, ce contrat n'est pas valable. — XI. Prétendue liberté de l'ouvrier : son droit théorique, son impuissance effective. Retour sur la théorie du juste salaire : un salaire insuffisant, consenti par la prétendue liberté de l'ouvrier, n'est pas un salaire juste. — XII. Apologies imprudentes de la liberté du contrat. Leurs conclusions pratiques : égoïsme des riches, reproche de maladresse pesant sur tous les pauvres, morale du succès. — XIII.

Divergence de points de vue entre l'Église et l'économie politique. L'ouvrier-machine et l'ouvrier-homme. — XIV. Les lois économiques naturelles sont-elles inviolables ? La philosophie du XVIII° siècle les jugeait bonnes par essence ; le darwinisme les avoue cruelles et les déclare immuables. L'Église repousse ces conclusions. — XV. L'homme, plus important que la richesse, appartient à une famille et à une patrie avant d'appartenir à une usine. Importance attachée par Manning à la vie domestique de l'ouvrier, par Decurtins à la vie civique de l'ouvrier. — XVI. Conclusion.

I

Léon XIII déclare, dans l'encyclique *Rerum Novarum*, que la propriété privée et personnelle est pour l'homme de droit naturel. Le cardinal Manning, s'entretenant avec Henry George, le socialiste américain, lui faisait naguère la déclaration suivante : « La loi de propriété est fondée sur la loi naturelle, sanctionnée par la révélation, proclamée par le christianisme, enseignée par l'Église catholique ; elle fait partie intégrante de la civilisation de toutes les nations [1]. » C'est là un principe sur lequel l'Église ne transigera pas.

II

Le droit de vivre et de faire vivre les siens, telle est, d'après la doctrine de l'Église, le fon-

1. *Association catholique*, 1887, I, p. 191.

dement du droit de propriété privée [1]. Les biens de la terre sont destinés à faire vivre l'humanité : dès lors, tel membre de l'humanité, propriétaire de ces biens, ne peut les employer au gré de ses caprices.

Les considérations mêmes, en vertu desquelles l'Église reconnaît à l'homme le droit de posséder, imposent des limites à l'exercice de ce droit. C'est ce que fera comprendre un bref exposé de la doctrine de saint Thomas [2].

Dieu seul a sur toutes choses un droit absolu de propriété. L'homme doit user des biens de la terre suivant les desseins de Dieu. Ces desseins se résument ainsi : que tous les hommes puissent tirer des biens de la terre ce qui est nécessaire à leur vie. Ils se réaliseront de deux façons : ou

1. Il faut lire, sur la notion chrétienne de la propriété, un article du P. de Pascal (*Assoc. cathol.*, 1894, I, p. 378 et sq.). fragment du traité de *Philosophie morale et sociale* dont il a entrepris la publication à la librairie Lethielleux. A cette doctrine s'oppose la théorie individualiste du droit absolu de propriété. Elle fonde le droit de propriété sur la liberté de l'homme. M. Fouillée la formule ainsi : « Le libre arbitre de l'homme introduit dans le monde extérieur quelque chose d'absolument nouveau, qui peut être considéré comme étant encore le libre arbitre en action, le *prolongement de la liberté*. L'individu devient donc propriétaire des objets extérieurs par la même raison qu'il est propriétaire de soi-même. » Ces arguments, objecte M. Fouillée, « ne font qu'établir la propriété de la forme, non celle du fond » (*La propriété sociale et la démocratie*, pp. 12-14. Paris, Hachette).

2. Cette doctrine est clairement résumée par Ketteler dans un sermon qu'il prononça à Mayence en 1848 (*Œuvres choisies*, trad. Decurtins, pp. 1-18).

bien les hommes exercent en commun l'usufruit de ces biens, les administrent en commun, en partagent les fruits : c'est ce que veut le communisme; ou bien chaque homme possède un droit de propriété sur une partie déterminée de ces biens, avec le droit d'user des fruits qu'il en recueille.

Saint Thomas discute ces deux systèmes. Deux points de vue, dit-il, sont à distinguer : d'une part, on fait fructifier les choses, on développe leurs virtualités productrices; d'autre part, on affecte et on emploie les fruits de ce travail et de ce développement [1].

Si l'on se place au premier point de vue, le droit de propriété individuelle sur les biens de la terre est incontestable, pour trois raisons : d'abord, si ce droit n'était pas reconnu, l'administration de ces biens serait mal réglée, et dès lors impossible; puis ce désordre même engendrerait une confusion nuisible à la fécondité du travail; enfin cette confusion provoquerait entre les hommes des dissentiments et des inimitiés. Ces trois arguments comdamnent le communisme [2].

---

1. Les termes dont se sert ici saint THOMAS paraissent à peine susceptibles d'une traduction adéquate : « Circa rem exteriorem duo competunt homini, quorum unum est *potestas procurandi et dispensandi...; aliud usus ipsarum.* » (*Somme*, 2a 2æ, *quæst* LXVI, *art.* 2).

2. Il est intéressant d'observer les termes qu'emploie saint Thomas pour désigner ce premier pouvoir de l'homme sur les choses, dont la meilleure condition d'exercice est la propriété individuelle; il dit : *potestas procurandi et dispen-*

A l'égard de l'affectation et de l'emploi, les idées de saint Thomas sont aussi contraires à la théorie moderne du droit de propriété qu'elles étaient contraires, tout à l'heure, aux négations communistes. *Jus utendi, fruendi, abutendi :* ainsi les jurisconsultes romains définissaient la propriété. Les légistes de la Renaissance leur empruntèrent cette conception : lentement, depuis trois siècles, elle a conquis droit de cité dans la société chrétienne. Or, les mots *jus abutendi* signifient : droit de faire de la chose tout ce que l'on veut, de la faire fructifier ou de la laisser sans emploi, d'en exploiter la fécondité ou de la stériliser, d'en développer la vitalité ou de la laisser mourir, de la conserver ou de la détruire. La proclamation du *jus abutendi*, que nous trouvons dans notre Code civil, est incompatible avec la doctrine de saint Thomas.

« Au point de vue de l'usage des biens, écrit-il, l'homme ne doit pas tenir les choses extérieures pour privées, mais bien pour communes, de telle sorte qu'il en fasse part facilement aux autres dans leurs nécessités[1]. » Les fruits de la terre sont destinés par Dieu à la nourriture de tous. Le propriétaire qui récolte ces fruits nourrira

---

sandi. Les deux particules *pro* et *dis* ont, si j'ose dire, un sens altruiste, qu'aucune traduction ne peut rendre, et que les latinistes saisiront.

1. LÉON XIII, introduisant cette citation dans l'encyclique *Rerum Novarum*, l'annonce par cette phrase significative : *Ecclesia sine ulla dubitatione respondet.*

d'abord lui-même et sa famille ; il se tiendra prêt, ensuite, à en faire participer les autres hommes, suivant leurs besoins. Le superflu des riches appartient aux indigents [1] : tant qu'il y aura des pauvres, le *jus abutendi* sera *antinaturel* et *antichrétien*.

Il convient d'admirer l'unité profonde et l'irréprochable cohésion de ces enseignements de saint Thomas. La raison d'être du droit de propriété est comme éclipsée, si l'on conteste les limites que saint Thomas prétend imposer à l'exercice de ce droit. C'est parce que vous avez le droit de vivre que votre propriété doit être respectée, c'est parce que les autres ont ce même droit que votre superflu leur est dû.

Or ce droit est sacré, incontestable ; il ne résulte pas d'une déclaration humaine, mais d'une proclamation divine ; et il est corrélatif d'un devoir imposé par Dieu. « L'homme doit conserver sa vie, lit-on dans l'encyclique *Rerum Novarum*, pour obéir aux ordres irréfragables de la nature. » L'obligation de vivre entraîne le droit de vivre : parce que Dieu vous défend le suicide, vous devez, au nom de Dieu, protester contre la faim.

« A peine est-il besoin de faire remarquer, disait Ketteler dans la cathédrale de Mayence, de quelle hauteur cette doctrine domine les deux

---

1. « C'est le *patrimoine* du pauvre », a dit saint JEAN CHRYSOSTOME. — Voir, sur le *jus abutendi*, R. P. Weiss. *Apologie du christianisme*, VII, p. 206, 207, trad. Collin (Paris, Delhomme).

théories contradictoires et irréconciliables qui se disputent l'attention du monde. La fausse théorie du droit absolu de propriété [1] est un crime perpétuel contre la nature; car elle trouve parfaitement juste de détourner pour la satisfaction d'une insatiable cupidité et d'une sensualité effrénée ce que Dieu a destiné à la nourriture ou au vêtement de tous les hommes [2]... Le mot fameux : la propriété, c'est le vol, n'est pas purement un mensonge; il contient, auprès d'un grand mensonge, une féconde vérité.

« On ne peut plus aujourd'hui s'en débarrasser par de simples plaisanteries... Comme l'abîme appelle l'abîme, de même un crime contre la nature appelle un autre crime. C'est du droit faux de propriété qu'est née la fausse théorie du

1. Certains sociologues contemporains de l'école positiviste condamnent cette théorie, tout comme le fait KETTELER : « Le droit de propriété, écrit M. FERNEUIL dans son livre sur les *Principes de* 1889, ne saurait avoir un caractère absolu et inconditionnel » (P. 197).

2. M. Emile Ollivier, *Solutions sociales et politiques*, p. 40-41, (Paris, Bellier), critique vivement ce passage de Ketteler. « Prenez un acte quelconque de la vie du riche, écrit-il ; loin d'y trouver un détournement, vous y verrez une distribution faite au profit de celui qui n'a rien par celui qui a tout. Ses indigestions font vivre les médecins et les pharmaciens ; sa vanité sustente les parasites ; son luxe enrichit les artistes ; son indolence entretient de nombreux serviteurs ». Quand le riche sustentera autant de parasites qu'il y a de pauvres, nous prônerons, avec M. Emile Ollivier, la vertu sociale de ses indigestions. Provisoirement, nous estimons que Dieu en créant les fruits de la terre, ne proposait pas la dyspepsie à une catégorie de privilégiés, mais une nourriture à tous les hommes.

communisme. Elle aussi est un crime contre la nature. La vérité de l'Eglise catholique se dresse resplendissante au-dessus de ces contradictoires mensonges [1] .»

Il est assez significatif d'entendre un évêque de l'Église Romaine chercher, dès 1848, ce que contenait de vérité, et même de vérité « féconde », le terrible axiome de Proudhon. Ce mot *propriété* est vague ; et de même qu'il y a, suivant la distinction de Ketteler, un vrai droit et un faux droit de propriété, de même il y a un exercice légitime et un exercice illégitime du métier de propriétaire. Par malheur, aujourd'hui, toutes ces notions sont brouillées. On connaît les moyens d'acquérir la richesse ; ils sont dans le Manuel des jeux de bourse. On sait les droits qu'elle confère, — ils sont dans le Code civil, — et la façon de faire respecter ces droits, — elle est au Code pénal. Là s'arrête la science de beaucoup de nos propriétaires, même chrétiens. Ils regardent la richesse comme étant à elle-même son propre but, ou comme un moyen de devenir plus riches encore : voilà tout. A quelle fin possèdent-ils ? Non seulement ils seraient incapables de répondre à cette question, mais la question même les surprendrait. Ils font fortune au plus vite, pour n'avoir plus à travailler, ou pour ménager à leurs enfants cette bienheureuse oisiveté ; et si quelque Krach financier les afflige, vous entendez dire autour d'eux : « N'est-ce pas triste ? Son

1. *Œuvres choisies*, trad. DECURTINS, p. 14-15.

fils sera obligé de travailler. » Couramment on tient ce langage, on l'écoute, on l'approuve ; et l'on ne se rend pas compte qu'il est l'expression, candidement cynique, d'une conception absurde et anti-chrétienne. Saint Thomas, nous l'avons vu, justifie la possession individuelle du sol en alléguant que cette organisation de la propriété rendra le travail plus aisé, plus rapide, plus fécond. A l'heure présente, on se félicite d'être propriétaire parce qu'on est dispensé de travail [1]. La fonction sociale du riche est, non seulement négligée, mais inconnue. Le prêtre, l'officier, le professeur, l'artiste, conservent toute leur vie l'amour de leur métier, le besoin de se rendre utiles à la société ; pour tel d'entre eux, l'heure qui sonne l'âge de la retraite est une heure de désespoir. Mais beaucoup d'honnêtes gens, qui gagnent honorablement leur vie dans l'exercice d'une profession commerciale ou industrielle, n'aspirent, eux, qu'à avancer l'heure de la retraite ; et cette heure est celle où ils diront : « J'ai assez, désormais, pour vivre oisif ; je puis être propriétaire. » Ils ne songent pas un seul instant que, profitant de cette richesse même, ils pourront et devront, à l'avenir, rendre à la société

1. Dans un très instructif article de l'*Economic Review* (juillet 1893), M. Francesco Nitti, étudiant les diverses formes du contrat de fermage dans l'Italie du Sud, montre que ces contrats, inhumains et tyranniques pour le peuple, ont cet unique but, d'assurer aux propriétaires le plus grand profit possible, et de les dispenser, autant qu'il se peut, non point seulement de tout devoir, mais de tout souci de gestion.

certains services, aussi précieux que ceux qu'ils lui rendaient naguère, et d'ailleurs d'un autre ordre. Inconsciemment ils considèrent leur propriété comme le royaume de leur égoïsme. On ne peut s'étonner qu'une telle conception, qui serait immorale si elle n'était enfantine, fléchisse et succombe devant les argumentations socialistes ; mais lorsque l'Église catholique défend la propriété, il ne s'agit nullement de cette conception-là. C'est ce qu'il importait de faire remarquer, aussi bien pour l'édification de certains chrétiens, qui pourraient s'y tromper, que pour celle de certains socialistes, qui auraient intérêt à faire durer l'erreur.

L'épanouissement du *moi*, souverain dans son domaine : voilà ce qu'est la propriété, pour la plupart de nos contemporains. D'habitude, ils n'en font pas la théorie ; mais c'est dans ce sens qu'ils la pratiquent. L'idée d'autrui ne tient aucune place dans cette conception de la propriété, et l'attention de celui qui possède est tout entière concentrée sur lui-même, sur sa propre jouissance, sur sa volupté personnelle. L'esprit ainsi orienté, un propriétaire ne peut envisager que ses droits ; il devient incapable, non pas seulement de connaître ses devoirs, mais même de comprendre qu'il en a.

Lorsque, dans les siècles passés, les grands propriétaires fonciers de la campagne Romaine négligeaient la culture de leurs domaines, un édit pontifical intervenait, pour les menacer de lourds

impôts, de fortes amendes, ou même de dépos-
session au profit de tout homme qui, s'installant
dans tel de leurs champs, l'ensemencerait, et pour
empêcher l'abusive extension des grandes propriétés, nuisible à la fécondité des terres, et par
suite au bien-être de tous. Ainsi les souverains
pontifes témoignaient à leurs sujets que, dans
l'exercice du droit de propriété, on ne doit pas
faire abstraction d'autrui ; et le *jus abutendi* était
condamné par les papes législateurs, comme il
l'était par les papes docteurs [1].

III

On vient de voir la théorie catholique de la
propriété. Que si nous recherchons les commandements et les défenses qui en sont les corollaires
pratiques, nous trouverons sans surprise les conséquences suivantes.

Première conséquence, dont nous empruntons
l'exposé à l'encyclique *Rerum Novarum :* « Nul
assurément n'est tenu de soulager le prochain
en prenant sur son nécessaire ou sur celui de sa
famille, ni même de rien retrancher de ce que
les convenances ou la bienséance imposent à sa
personne ; nul, en effet, ne doit vivre contraire-
ment aux convenances. Mais, dès qu'on a suffi-

1. Voyez Gabriel Ardant. *Papes et Paysans*, Paris, Gaume,
1891.

samment donné à la nécessité et au *decorum*, c'est un devoir de verser le superflu dans le sein des pauvres. C'est un devoir, non pas de stricte justice, sauf les cas d'extrême nécessité, mais de charité chrétienne. »

Seconde conséquence, impliquée par les dernières lignes que je viens de citer : dans les cas d'extrême nécessité, le riche qui refuse son superflu manque de justice. Il en résulte que le pauvre peut se faire justice en prenant, de ce superflu, ce dont il a absolument besoin pour vivre : au regard de la morale catholique, la « filouterie d'aliments » dont un affamé se rend coupable n'est pas délictueuse. « Toutes choses sont communes dans le cas de nécessité extrême, écrit saint Alphonse de Liguori : un riche est obligé en stricte justice à secourir le pauvre, de même que le pauvre a le droit de prendre le nécessaire même malgré la volonté du propriétaire[1]. Saint Thomas l'avait dit avant lui : « Qu'on prenne ce nécessaire manifestement ou en secret, peu importe : il n'y a là ni rapine ni vol[2]. »

Ces propositions de saint Thomas et de saint Liguori, aujourd'hui, ne sont plus réservées à un enseignement ésotérique : elles franchissent les murs des séminaires, tombent du haut des

1. Cité dans l'*Association catholique*, 1888, II, p. 66.
2. *Somme*, IIa IIae, *quæst.* LXVI, *art.* 7.

chaires, et sont même livrées à la presse catholique [1].

« La théologie enseigne que la propriété privée devient propriété commune quand l'inanition est à la porte [2]. » Ainsi parlait Mgr Ireland, en 1889, à Baltimore, devant soixante-treize archevêques et évêques des États-Unis. Il le répétait en 1893, dans la même cathédrale, et ajoutait : « Les catholiques se sont accoutumés depuis si longtemps à renfermer leur enseignement dans l'enceinte des temples et des séminaires que quand tout à coup ces enseignements apparaissent au grand jour, on ne les reconnaît plus; on les désavoue même et on a peur. » Manning, en 1888, écrivait dans la *Fortnightly Review* : « Un homme mourant de faim a un droit naturel au pain de son prochain [3]. »

IV

Ces deux obligations du riche, cette obligation de charité et cette obligation de justice, se rapportent à ce que saint Thomas appelle « le moment de la jouissance. » De l'enseignement

---

1. Voy. R. P. Weiss, *Apologie du christianisme*, trad. Collin, VII, p. 277-278.

2. Mgr Ireland, *L'Église et le siècle*, p. 88 et 44.

3. Cité dans l'*Association catholique*, 1888, II, p. 303.

catholique résultent pour le riche d'autres obligations relatives au « moment de la gestion et de l'entretien. »

« Les riches ne détiennent pas leurs terres pour leur seul bénéfice personnel, mais aussi pour en tirer les fruits nécessaires à l'existence de la nation. » Tel est le principe; je l'énonce une dernière fois, empruntant les termes de Mgr Bagshawe, évêque de Nottingham. Il en conclut, entre autres conséquences :

1° Qu'un propriétaire n'a pas le droit de laisser sa terre non cultivée, lorsque d'autres hommes, avec les fruits de cette terre, pourraient satisfaire à leurs besoins; car, s'il ne la cultive point, c'est qu'il n'en a que faire pour son propre usage; et, si néanmoins il la garde, il frustre ses semblables de la nourriture que cette terre devait leur fournir;

2° Que la loi des fermages doit être celle-ci : le fermier fait des avances, la justice veut qu'il les recouvre; le fermier travaille, la justice veut qu'il soit rémunéré; ce recouvrement des avances et cette rémunération du travail sont le premier relèvement à opérer sur le produit d'une ferme. C'est indiquer avec netteté que la terre n'existe pas exclusivement pour la jouissance personnelle du propriétaire [1].

---

1. Mgr BAGSHAWE, *Pitié et justice envers les pauvres, la vraie économie politique*. Traduit dans l'*Association catholique*, 1885. II, pp. 1-28. Voir, dans le même ordre d'idées, les résolutions votées en 1887 par l'Assemblée géné-

Il résulte de tout ce que nous venons de dire, que, d'après l'enseignement catholique, le riche a une mission à remplir. La jouissance de la propriété se justifie, parce qu'elle confère une fonction sociale à celui qui en est dépositaire, et ce but de la propriété est en même temps sa raison d'être.

V

L'homme qui possède plus qu'il ne lui faut pour vivre doit, avec ce superflu, faire vivre d'autres hommes. Deux moyens s'offrent à lui pour remplir ce devoir : ou bien il doit leur donner : alors, l'emploi qu'il fait de ce superflu s'appelle une aumône; ou bien il doit les faire travailler.

Au second terme de cette alternative se rattache la question délicate des rapports du travail et du capital.

Le résultat immédiat du travail doit être de nourrir le travailleur. L'enrichissement du capitaliste viendra par surcroît, s'il est possible.

rale de l'Union libre de politique sociale catholique, tenue à Mayence (*Association catholique*, 1888, I, pp. 150 et suiv.). Ces résolutions furent prises à la suite d'un Mémoire du comte de KUEFSTEIN, qui traitait en particulier la question suivante : « Comment et en quoi la propriété foncière doit-elle être l'objet d'une législation spéciale dans l'intérêt de la communauté et en tenant compte de sa nature ? » (*Association catholique*, 1887, I, p. 615, et II, p. 27).

Avant tout, d'après l'enseignement catholique, il faut que l'ouvrier soit mis en mesure de vivre.

Il convient de bien comprendre la portée de ce mot : *vivre*. Il y a « une vie sans espérance, qui est en quelque sorte une mort vivante [1] » : ce n'est pas celle qui convient à l'ouvrier. Il faut que le travail lui fournisse de quoi soutenir sa vie, dans le plus large sens de l'expression [2]. Il faut, en second lieu, que les nécessités imposées par ce travail ne portent pas un injuste préjudice au légitime développement de sa vie physique, de sa vie domestique, de sa vie religieuse, car tout homme a droit à l'intégrité de ce triple développement.

Je dois expliquer ces deux obligations et en déduire les conséquences.

VI

« Le salaire doit se mesurer au travail fait » : tel est le langage d'une certaine économie politi-

1. BAGSHAWE, *Pitié et justice envers les pauvres* (*Association catholique*, 1885, II, p. 13). — Telle, par exemple, la vie de l'ouvrière anglaise si admirablement décrite dans le *Chant de la Chemise* (Dehon, *Manuel social chrétien*, p. 35).

2. « Le langage de la foi chrétienne est celui-ci : Chaque enfant de Dieu, quel qu'il soit, est placé par Dieu sur la terre pour vivre de son travail ; par conséquent, celui pour qui il travaille doit lui donner les moyens de vivre. Chaque enfant de Dieu a donc des *droits*. » (IRELAND, *Questions actuelles*, XIV, p. 252).

que. « Le minimum de salaire doit se mesurer aux besoins du travailleur; on tiendra compte, ensuite de la nature et de la qualité du travail fait, pour apprécier dans quelle mesure le salaire effectif devra dépasser cet imprescriptible minimum [1]. » Il me semble que cette formule résume assez bien l'opinion de l'économie sociale catholique. La doctrine « libérale » ne tient compte que du travail, et l'Église tient compte du travailleur : tel est le principe de la divergence.

Une loi de justice naturelle existe, en vertu de laquelle l'ouvrier a droit à un minimum de salaire : il convient qu'il reçoive au moins ce qui lui est nécessaire pour vivre [2]. Léon XIII le dit expres-

---

1. « Ce minimum de salaire est la seule base morale et économique qui puisse servir de point de départ possible » (KUEFSTEIN, *La réglementation de la durée du travail*, rapport au Congrès de Liège, Saint-Pölten, 1891, p 10.) Cf. un autre écrit du même auteur : *Das Wirtschaftliche Wert in Theorie und Praxis* (Vienne, 1885), pp 22 et suiv.— Indiquons aussi, sur la question du salaire, une série d'articles, publiés par M. l'abbé Coste en 1894 dans la *Sociologie catholique* (Montpellier).

2. Cette loi de justice naturelle doit toujours être observée indépendamment de l'issue de l'entreprise à laquelle est associé l'ouvrier : « Si le résultat de l'entreprise est insuffisant, chacun aura à supporter l'insuccès en proportion du travail fourni, mais d'après les règles suivantes : en premier lieu, on tiendra compte des besoins *les plus indispensables* de tous les participants. Toutes les autres prétentions, si légitimes qu'elles puissent être en elles-mêmes, ne viendront qu'en second lieu : *La sustentation de la vie de tous doit être et rester le principe fondamental* » (KUEFSTEIN, *La réglementation de la durée du travail*, rapport au Congrès de Liège, p. 7). Quant à la participation aux bénéfices, sans être

sément dans l'encyclique *Rerum Novarum* :
« *Alendo opifici, frugi, quidem et bene morato,*
« *haud imparem esse mercedem oportere.* »
Tout salaire d'une journée de travail qui ne suffit
pas à nourrir l'ouvrier est un salaire contraire à
la justice [1].

commandée par la stricte justice, elle est jugée souhaitable
par le cardinal MANNING : « En face de profits énormes et
susceptibles d'augmentation (comme ceux de certains capitalistes), être content d'un salaire modique et fixe demande
une résignation surhumaine » (*La question ouvrière et
sociale*, trad. BOYER D'AGEN, p. 97. Paris, Tolra).

1 Depuis que l'Encyclique a rappelé cette doctrine, les
économistes catholiques ont porté leur attention, avec un
surcroît d'assiduité, sur le taux des salaires dans les divers
pays. En une série d'articles qu'a publiés l'*Association
catholique* en 1893 et 1894, M. Henri Bussoul a nettement
établi l'insuffisance des salaires dans un certain nombre de
métiers et d'industries de la Belgique ; l'examen minutieux
de la « progression des salaires dans le cours du dix-neu-
vième siècle », alléguée par les libéraux comme un argument
contre les revendications ouvrières, donne un grand prix au
travail de M. Henri Bussoul.

Au Congrès ouvrier régional de Reims, réuni en mai 1893
par l'initiative de M. Harmel, un rapport très précis a été
présenté, concernant le salaire des ouvriers rémois. La
conclusion du rapporteur était celle-ci : « Le budget d'un
ouvrier, calculé dans le sens le plus économique, s'élève à
un chiffre de dépenses de 1570 francs. » Et confrontant avec
ce chiffre la moyenne de salaire annuel des teinturiers, apprê-
teurs, tisseurs, fileurs, rattacheurs, maçons, manœuvres,
menuisiers, il établissait qu'aucun de ces salaires ne pouvait couvrir une telle dépense, et que leur insuffisance
entraînait, dans le budget de ces divers ouvriers, un déficit
notable : 220 francs pour les maçons, relativement bien payés ;
et 820 francs pour les teinturiers, qui ne gagnent en moyenne
que 750 francs par an ! (Voyez *Comptes-rendus du Congrès*,
Reims, 1893, p. 104-105). C'est ainsi que la statistique justifie

Cet enseignement de la théologie est ainsi commenté par Mgr Bagshawe : « Les ouvriers, aussi bien que les capitalistes, doivent être à même de vivre, et de vivre avec tout ce qui est nécessaire à une existence convenable, à la fois parce qu'il est monstrueux que l'ouvrier vivant puisse être plus maltraité que la machine toujours maintenue en bon état et en mesure de marcher, et parce qu'il est évidemment contraire à la Providence de Dieu que ceux qui travaillent puissent périr de faim, Dieu ayant placé l'homme sur la terre pour y pouvoir vivre convenablement lui et sa famille à la sueur de son front[1]. »

Lorsque l'ouvrier est père de famille, la justice est-elle satisfaite si le salaire suffit rigoureusement à la subsistance individuelle de l'ouvrier, ou bien exige-t-elle quelque chose de plus ? Sur ce point, les théologiens discutent, mais la seconde opinion paraît aujourd'hui plus en faveur. L'encyclique *Rerum Novarum* prévoit, en un endroit, que l'ouvrier percevra un salaire assez fort pour parer aisément à ses besoins et à ceux de sa famille : *Mercedem si ferat*

la vigoureuse protestation de Léon XIII contre la « misère imméritée » des travailleurs. Les ouvriers rémois dont s'occupait le rapport, sont privés, non pas seulement du juste salaire, mais même du salaire minimum. — Des études analogues ont été soumises en 1893, au congrès général de l'Œuvre des Cercles, et M. de Mun, dans son discours de clôture, a rappelé les principales conclusions de ces monographies de salaires (*Discours*, V, p. 344-346).

1. *Pitié et justice* (*Association catholique*, 1885, II, p. 23).

opifex satis amplam ut ea se uxoremque et liberos tueri commodum queat... « Un minimum de salaire équitable, dit Manning, sous-entend l'entretien d'un modeste intérieur [1]. » Mgr Bagshawe, le cardinal Sancha sont du même avis [2]. Dans ses *Principii di Economia politica*, le P. Liberatore écrit : « Le travail pour l'ouvrier est donc virtuellement ce qui lui est nécessaire pour son entretien et celui de sa famille. Si donc de ce travail il fait profiter le patron, il faut que celui-ci lui donne une rétribution équivalente, afin de maintenir l'égalité dans l'échange, c'est-à-dire la justice. Nous pouvons donc poser en principe que le prix naturel du travail est celui qui permet au travailleur de suffire à son entretien, à celui de sa femme et de deux ou trois enfants. Il y aurait à défalquer la quote-part de médiocre importance apportée par la femme, qu'absorbent presque exclusivement les soins du ménage [3]. » Ces théories sont dites théories du salaire familial [4]. Elles allèguent en leur faveur

---

1. *La question sociale et ouvrière*, p. 96.

2. *Pitié et justice* (*Association catholique*, 1885, II, p. 23). — Sancha, *La question social*, p. 52-63.

3. LIBERATORE, *Principii di economia politica*, trad. Silvestre de Sacy, p. 250 (Paris, Oudin).

4. En octobre 1892, le congrès catholique de Gênes, et en avril 1894, le congrès des associations ouvrières catholiques de Suisse, tenu à Fribourg, ont voté des décisions très formelles en faveur du salaire familial (*Association catholique*, 1892, II, p. 725-726, et 1894, II, p. 210). Des débats très vifs se sont élevés, qui durent encore, à propos d'une consultation du défunt cardinal Zigliara touchant cette question. Le

le langage du bon sens : on dit, journellement, que l'ouvrier acquiert, par son travail, le pain de ses enfants. Elles allèguent, surtout, que l'ouvrier célibataire est une exception : pour établir une règle de justice, il faut envisager la moyenne des cas, et tenir compte, par conséquent, des besoins de l' « homme-couple », comme dit encore le P. Liberatore. « Le salaire, écrit l'abbé Pottier, aura pour point de départ la somme de biens nécessaires pour répondre à la moyenne des nécessités de la vie humaine prise dans son ensemble, c'est-à-dire le même travail sera payé au même taux, qu'il soit accompli par un célibataire ou par un homme marié ; mais ce taux sera fixé de façon que, bien administré par l'ouvrier, il lui fournisse de quoi satisfaire aux exigences de sa vie aux différentes périodes de son évolution. Pour l'ouvrier célibataire, ce taux lui donnera plus qu'il ne lui faut pour vivre ; et, s'il reste seul à ses propres charges, il pourra économiser et même s'enrichir. Quand il entrera en ménage, il pourra y apporter déjà des éco-

P. Eschbach au nom des partisans du salaire familial, Mgr Turinaz et M. l'abbé Fichaux au nom des adversaires de ce salaire, ont échangé une série de lettres dans le journal l'*Univers*, en 1894 et 1895, sur le sens et la portée de cette consultation. Il est en tout cas certain qu'on ne lui doit pas accorder l'autorité d'un document émanant du Saint-Siège. On la trouvera publiée dans les *Questions Actuelles*, XIII, p. 194-199. Le Vatican, sur la question du salaire familial, a jusqu'ici réservé son jugement. — Voy. aussi Dehon, *Manuel social chrétien*, p. 13-15 (Paris, Maison de la Bonne Presse).

nomies, qui, ajoutées à ce salaire et mises avec un léger appoint que sa femme peut gagner, et dont il faut tenir compte, donneront plus qu'il ne faut pour vivre dans les premières années du mariage. Quand, avec la multiplication et l'éducation des enfants, arrivera la période culminante des nécessités, l'ouvrier devra, grâce aux économies réalisées, grâce à une vaillance répondant chez lui et chez sa femme aux exigences de cette période culminante, trouver dans de courageux labeurs de quoi s'en tirer rigoureusement par lui-même ; puis les nécessités diminuant par le fait que les enfants grandissent, puis apportent déjà quelques gains au budget familial, l'ouvrier, percevant toujours le même taux de salaire, pourra sagement économiser de quoi mettre ses vieux jours à l'abri de la nécessité, et, grâce à ses économies jointes aux bons soins de ses enfants, n'être point fatalement, *en vertu du régime du travail*, une ruine pour la bienfaisance publique ou privée [1]. »

1. La théorie du salaire, dont l'enseignement ecclésiastique donne les principes généraux, a été minutieusement développée par plusieurs économistes catholiques : entre autres, le P. LEHMKUHL, dans sa *Theologia moralis* ; le P. WEISS (voy. *Association catholique*, 1888, II, p. 190), DECURTINS. D'après ce dernier, le salaire satisfaisant doit réunir les trois conditions suivantes :

1° Procurer les moyens d'existence ;

2° « Offrir à l'ouvrier un équivalent au danger assumé par lui d'être estropié ou tué au service du patron et ainsi privé totalement ou en partie de sa force de travail, qui constitue tout son avoir ; »

3° « Lui garantir un équivalent pour l'exploitation nor-

VII

Le salaire du travail doit être tel que l'ouvrier puisse vivre à l'aide de son travail. En second lieu, les conditions qui régissent le travail de l'ouvrier doivent épargner tout dommage à sa santé physique, à sa vie domestique, à sa conscience de chrétien.

Entrons dans le détail. A l'égard de la santé physique, celui qui emploie l'ouvrier ne doit pas l'exploiter sans ménagement, comme une machine, qu'on remplace après usure : il est injuste que l'ouvrier doive acheter sa nourriture, aujourd'hui, par un excès de travail qui le rendra malade demain, et qu'il ne puisse soutenir sa vie, présentement, qu'au prix de fatigues qui abrégeront cette vie.

En 1860, Mgr de Ketteler disait en chaire : « En vertu des principes de l'économie sociale moderne, on demanda à la force humaine tout ce qu'elle pouvait donner, cette force n'étant considérée, dans l'esprit de ce système, que comme une pure machine. Dès lors, partout où le temps du travail est prolongé au-delà des

male, constante, de sa force. » Parce que ces deux derniers caractères manquent d'habitude au salaire, Decurtins a demandé au Conseil national suisse, en 1888, d'étendre la responsabilité des patrons en cas d'accidents de travail (*Association catholique*, 1888, I, pp. 294 et suiv.).

limites commandées par la nature et l'intérêt de la santé, les ouvriers ont un droit bien fondé de combattre par une action commune cet abus de la puissance capitaliste [1]. » « Le travail des enfants à la fabrique, ajoutait-il, est un assassinat à petit feu du corps et de l'âme de l'enfant... Je vous exhorte, chers ouvriers, à ne pas faire travailler dans les fabriques ceux de vos enfants qui sont encore en âge de fréquenter les écoles. » En 1889, le Dr Decurtins, dans un Mémoire présenté au département fédéral de l'Industrie et de l'Agriculture, établissait par de nombreux témoignages que le travail prématuré de l'enfant et le travail excessif de l'adulte sont comme « une dégradation méthodique des individus [2]. »

Ces citations, auxquelles pourraient être joints des discours entiers du comte de Mun, suffisent à prouver que depuis longtemps les évêques et les laïques catholiques [3] signalaient les attentats

---

1. *Œuvres choisies*, trad. DECURTINS, p. 59.

2. DECURTINS, *La question de la protection ouvrière internationale* (Berne, 1889, page 53. —. Cf. discours de Mgr DOUTRELOUX au Congrès de Liège, en 1887 : il signalait l'emploi par un industriel, durant seize heures par jour, de quatre-vingts enfants : « On oblige ceux qui travaillent la nuit à chanter, sans doute pour qu'ils ne s'endorment pas. »

3. Dès 1877, le cardinal PECCI, évêque de Pérouse, écrivait : « Quelles doléances répétées et solennelles ne nous est-il point arrivé d'entendre, même dans les pays qui ont la réputation de tenir la tête de la civilisation, sur la surchage des heures de travail imposées à qui doit gagner son pain à la sueur de son front ! » Il plaignait « ces pauvres enfants, conduits dans les manufactures où la phtisie les guette au

qui chaque jour se commettent contre la santé de l'ouvrier. Le cri d'alarme venu de Rome a ratifié leurs dénonciations et récompensé leur sollicitude.

L'encyclique *Rerum Novarum* défend de porter préjudice à la santé de l'ouvrier, soit par un travail excessif (cela concerne tous les travailleurs, même adultes), soit par un travail hors de proportion avec l'âge et le sexe de l'ouvrier (cela concerne les enfants et les femmes [1]). « Exiger une somme de travail qui, en émoussant toutes les facultés de l'âme, écrase le corps et en consume les forces jusqu'à l'épuisement, c'est une conduite que ne peuvent tolérer ni la justice ni l'humanité... Le nombre d'heures d'une journée de travail ne doit pas excéder la mesure des forces des travailleurs [2], et les intervalles de repos

milieu de leurs fatigues précoces » (*L'Église et la civilisation*, p. 20).

1. *Opere immodico, nec ad sexum ætatemve accommodato.*

2. Voici l'opinion de quelques économistes catholiques sur la durée maximale de la journée du travail. Le P. Liberatore déclare que les adultes « ne devraient être retenus et occupés dans aucune usine plus de neuf ou, au maximum, de dix heures par jour » (*Principes d'Économie politique.* Trad. de Sacy, p. 83). « Un travail pas trop fatigant de dix à onze heures pendant le jour est un maximum, qu'en règle générale on ne saurait dépasser sans danger direct pour la santé » (KUEFSTEIN, *La réglementation de la durée du travail*, p. 11). « La durée du travail ne pourra pas excéder dix heures par jour. Dans aucun cas, le travail ne devra être continué pendant plus de quatre heures sans interruption ». (Loescvitz, *Législation du travail*, deuxième partie, p. 117).

devront être mesurés d'après la nature du travail, d'après les circonstances des temps et des lieux, d'après la santé même des ouvriers. Il est juste, en outre, que la part soit faite des époques de l'année : le même travail, qui sera aisé dans une saison, deviendra souvent intolérable ou très pénible dans une autre... Enfin, ce que peut réaliser un homme valide et dans la force de l'âge, il ne serait pas équitable de le demander à une femme ou à un enfant. L'enfance, en particulier, — et ceci demande à être observé strictement, — ne doit entrer à l'usine qu'après que l'âge aura suffisamment développé en elle les forces physiques, intellectuelles et morales : sinon, il en sera fait de son éducation [1]. »

Ainsi l'homme adulte, la femme et l'enfant, ne sont pas faits pour l'usine ; mais l'usine est faite pour eux. Avant d'être ouvriers, ils sont hommes ; les exigences professionnelles deviennent illégitimes et condamnables, si elles contrarient le développement de l'être humain ou si elles nuisent à sa vitalité.

VIII

A l'égard de la vie domestique, la doctrine catholique n'admet pas « que les liens naturels

1. « Les paroles de LÉON XIII nous brûleront comme un fer rouge, écrit MANNING, jusqu'à ce que nous ayons décrété pour le travail des enfants dans les usines la limite de douze ans » (MANNING, *La question ouvrière et sociale*, p. 106).

de la famille se relâchent parmi les travailleurs» : *ut naturalia familiæ nexa apud proletarios relaxentur*, dit l'encyclique. De là résulte pour le maître cette obligation de ne pas soumettre le travailleur à des conditions telles qu'il ne puisse plus s'occuper de sa famille : *neque ullo pacto hominem a cura domestica abducere*. Un autre péril, qu'il importe de prévenir, est la promiscuité des sexes dans les usines.

Cette préoccupation de la société domestique amène le Souverain Pontife à la réflexion suivante au sujet du travail des femmes : « Il est certains métiers qui conviennent moins à la femme, créée pour les ouvrages domestiques : ce sont ces derniers ouvrages qui sauvegardent le mieux l'honneur de son sexe, et qui répondent, par leur nature, à ce que demandent la bonne éducation des enfants et la prospérité de la famille. »

C'est par l'effet des circonstances, par la force des choses, que l'ouvrier devient le rouage d'une fabrique ou l'instrument d'une entreprise : le droit naturel, antérieur à cette force des choses, destine l'ouvrier à être membre d'une famille. Devant ce droit naturel, la force des choses doit fléchir. Les catholiques de divers pays, qui, par leurs travaux et leurs prières, ont obtenu du pape qu'il rappelât au monde chrétien ces principes essentiels, insistent beaucoup, soit dans les chaires, soit à la tribune, sur le respect dû à la famille ouvrière. En 1869, au temps où M. Jules

Simon passait pour un radical dangereux, digne
des méfiances du clergé français, l'archevêque
Ketteler citait aux ouvriers catholiques d'Allemagne le livre de l'*Ouvrière* : il leur montrait, à
l'aide de ce livre, « les funestes effets qui se pro-
duisent lorsque la mère n'est plus une mère,
lorsqu'elle n'est qu'une ouvrière » ; et il demandait que les mères et les jeunes filles ne fussent
plus employées dans les fabriques [1]. C'est en invo-
quant les mêmes intérêts que le comte Albert de
Mun, plus récemment, réclamait du parlement
français l'interdiction du travail de nuit pour les
ouvrières des fabriques [2]. Il faut citer enfin les
lignes suivantes de Manning, où les deux termes
du problème sont énoncés, avec une originale et
robuste logique : « Une femme, à l'autel et devant
Dieu, s'engage avec un homme à remplir, sa vie
durant, ses devoirs d'épouse, de mère et de gou-
vernante. Lui est-il permis, même avec l'assentiment du mari, de faire en outre, à tant par
semaine, avec un usinier, un nouveau contrat
aux termes duquel il lui deviendra impossible de
les remplir [3] ? »

La préoccupation de la vie de famille doit également peser d'un grand poids dans les débats
relatifs à l'ouvrier adulte : « Lorsqu'on rentre
chez soi après douze heures de travail, écrit
Decurtins, on n'a plus de chez soi, on ne voit plus

1. *Œuvres choisies*, trad. DECURTINS, pp. 65-68.
2. DE MUN, *Discours*, IV, p. 61-83, 149-158, 237-302, 363-418.
3. MANNING, *La question ouvrière et sociale*, p. 102.

ni femme ni enfants... Quelle famille et quel foyer [1] ! »

A tout homme, le mariage et la paternité imposent des devoirs : remplir ces devoirs est un droit pour lui. Si le patron impose à l'ouvrier de telles conditions de travail, que ce malheureux ne soit plus en mesure ni de remplir les devoirs, ni de goûter les jouissances de la vie domestique, l'Église alors, gardienne de la famille, déclare que le patron est injuste et que le travailleur est opprimé ; car le patron, qui donne à l'ouvrier de quoi vivre, doit lui permettre, en outre, de vivre comme Dieu veut qu'on vive.

IX

A l'égard, enfin, de la vie religieuse, « il est ordonné, dit Léon XIII, de tenir compte des intérêts spirituels de l'ouvrier et du bien de son âme. Faire en sorte qu'il ait le temps suffisant pour remplir ses devoirs religieux : cela rentre dans les devoirs du maître [2]. » Le pape insiste

1. DECURTINS, *La question de la protection ouvrière internationale*, pp. 52-53.

2. « Le capital, dit KETTELER, s'était donné les semblants de la philanthropie la plus tendre, et avait représenté les préceptes de l'Église concernant les jours de repos comme portant un préjudice inhumain aux intérêts de la classe ouvrière » (*Œuvres choisies*, trad. DECURTINS, p. 60).

longuement sur le droit de l'ouvrier au repos du dimanche. Le respect de ce droit est une obligation stricte, que tous les catholiques, même ceux qui se rapprochent de l'école libérale, ont toujours imposée au patron. Ils réclamaient le jour de repos hebdomadaire, en un temps où le travailleur n'en comprenait pas encore la nécessité, affirmée depuis lors par les théoriciens socialistes.

En résumé, ce droit de vivre, que le christianisme reconnaît à tout homme, ne contient pas simplement le droit de percevoir les aliments nécessaires. Il implique aussi le droit de régler sa vie d'après les principes de la loi naturelle et les commandements de la loi divine. Supposez un régime du travail qui empêche l'ouvrier de se comporter en père de famille ou de vivre en chrétien : ce régime est condamnable. Il tient compte, peut-être, de ce que requiert l'estomac de l'ouvrier ; mais il néglige des exigences morales ou religieuses que tout être doué de conscience et de raison a le droit de manifester et le devoir de satisfaire.

X

La doctrine catholique prétend nous amener à cette conviction : que l'ouvrier possède des droits antérieurs au contrat de travail, et que les stipulations de ce contrat, même consenties par lui, ne peuvent en aucune façon supprimer ces droits.

Cependant la société contemporaine attache d'ordinaire une beaucoup plus grande importance aux stipulations du contrat de travail. « Ces stipulations, dit-on, sont acceptées par le libre arbitre de l'ouvrier. L'ouvrier n'est pas un serf, il n'est pas prédestiné, dès le moment où il est conçu, à faire partie d'une exploitation; c'est librement qu'il s'engage. Si, dans l'exercice de sa liberté, il aliène certains droits que l'Église catholique appelle des droits naturels, c'est affaire entre lui et l'Église; et l'Église peut en faire un crime à l'ouvrier lui-même, mais non point à l'état social qui permet ces aliénations. Car cette liberté même, en vertu de laquelle il les consent, est aussi un droit naturel de l'ouvrier ».

Il n'y a qu'un obstacle à ce raisonnement, répondent les observateurs catholiques : c'est que cette liberté ne s'exerce pas librement. Ils l'affirment et le prouvent.

XI

A priori, ils semblent avoir tort. Suivant le mot d'un éminent penseur contemporain, M. Ferneuil, la société moderne est « la mise en rapport des libertés individuelles [1]. » Si l'on transporte cette notion dans l'ordre économique, il en résulte une double conséquence : liberté pour le capital d'accepter ou de refuser le travail; liberté pour le travail de s'offrir ou de se refuser lui-même. D'un mot, on résume ces deux droits, en les appelant « la liberté du contrat », et l'on fait remarquer qu'en vertu de cette indépendance réciproque le patron, dans ses rapports avec l'ouvrier, propose, mais n'impose jamais. « Nos lois, dit un économiste de l'école libérale, ne laissent plus aux patrons d'autre ascendant que *celui qui découle de leur position même*, ou qu'ils peuvent devoir à leur capacité professionnelle ou à leurs vertus personnelles [2]. »

En face de ces lois admirables, il convient d'observer les faits. Si l'on considère l'exercice pratique de ces droits reconnus à l'ouvrier, voici ce que l'on constate, en substance.

La situation de l'ouvrier à l'égard du patron n'est pas la même que celle du patron à l'égard de l'ouvrier [3]. Si le capitaliste n'accepte pas le premier placement qui lui est offert — et, dans l'espèce, il fait fructifier son argent en fournis-

---

1. FERNEUIL, *Les principes de 1789 et la science sociale*, p. 65.

2. DE FONTPERTUIS, *Journal des Économistes*, 1880, IV, p. 381.

3. On en trouve déjà l'aveu dans Adam SMITH : « En toutes ces luttes, écrit-il, les maîtres sont en état de tenir ferme plus longtemps » (*Richesse des nations*, livre I, chapitre VIII).

sant du travail à l'ouvrier, — la perte de quelques revenus est le seul risque qu'il encourt; si le travailleur n'accepte pas la première place qu'il rencontre, lui-même et sa famille auront faim. Le capitaliste est donc libre de poser des conditions au travailleur, et le travailleur n'est libre ni de poser des conditions au capitaliste ni de refuser celles qui lui sont faites. Pour le capitaliste, il n'y a pas péril en la demeure; pour le travailleur, il y a toujours péril. La liberté du capitaliste existe dans le concret et dans l'abstrait; celle du travailleur n'existe que dans l'abstrait, c'est-à-dire qu'elle ne s'exerce point. L'idée de liberté, ainsi comprise, rend l'égalité illusoire et exclut la fraternité.

« La liberté, écrit très justement Louis Blanc, consiste non pas seulement dans le droit accordé, mais dans le pouvoir donné à l'homme d'exercer, de développer ses facultés sous l'empire de la justice et sous la sauvegarde de la loi [1]. » Qu'importe, dès lors, que la Révolution ait proclamé l'homme indépendant en droit, si elle l'a laissé impuissant en fait? Cette liberté prétendue n'est autre que la liberté de l'homme désarmé en présence d'un adversaire armé. La liberté du combat peut-elle s'appeler liberté lorsqu'existe, pour l'un des partenaires, la certitude de la défaite? « Ce choc désordonné, permanent, de la puissance et de l'impuissance, voilà ce qu'on ose appeler la

1. *Organisation du travail*, p. 30.

liberté [1]. » Dans le même ordre d'idées, Lassalle écrivit, avec une sanglante ironie : « La Révolution a octroyé à tous sans exception le droit légal de devenir millionnaires. »

Il n'est pas un économiste catholique qui ne s'associe, dans une certaine mesure, à ces critiques, et qui n'éprouve une grande défiance à l'égard de ces « droits » théoriquement reconnus et pratiquement annihilés. Keller, à peu près en même temps que Lassalle, écrivait : « Chacun est libre de faire sa fortune et d'en disposer à son gré. Libre, oui, à une condition : c'est d'être déjà riche [2]. » Dès 1845, Mgr Rendu, évêque d'Annecy, écrivait au roi de Sardaigne : « La liberté, qui est comme une base universelle de toute la législation moderne, est toute en faveur du maître [3]. » Ketteler, en 1869, protestait contre cette « liberté illimitée qui a eu pour premier résultat de jeter la classe ouvrière dans une situation presque désespérante... L'ouvrier avec sa force fut isolé, tandis que la puissance du capital fut au contraire centralisée [4]. » Plus près de nous, Mgr. Bagshawe, évêque de Nottingham, écrit dans ses mandements : « Il n'y a pas en réalité liberté de contrat quand l'une des parties contractantes est contrainte par les tortures de la

1. *Organisation du travail*, p. 30.

2. *L'Encyclique de 1864 et les principes de 1789* p. 254 (Paris, Gervais).

3. La lettre de Mgr RENDU est reproduite dans l'*Association catholique*, 1881, II, p. 326.

4. *Œuvres choisies*, trad. DECURTINS, p. 50.

faim et la pensée d'une femme et d'un enfant mourant de faim... Un consentement ainsi donné ne suffit pas pour faire d'un contrat injuste un contrat juste [1]. » En 1878, dans son discours de Chartres, Albert de Mun s'écriait : « Cette liberté, c'est la liberté de la force... Elle a livré sans défense les plus faibles à la merci des plus forts, créant l'individualisme, qui laisse les uns et les autres isolés et en présence, et ouvrant la porte à la libre concurrence [2]. » Je dois enfin citer ces fortes paroles de Manning : « La dépendance des ouvriers est si complète, et la faim et les souffrances de leurs familles composées de faibles femmes et d'enfants inoffensifs sont si intolérables et si impérieuses que le conflit entre le capital vivant [3] et le capital mort est des plus inégaux : la liberté du contrat, dont l'économie politique se glorifie, n'existe pour ainsi dire pas [4]. »

1. BAGSHAWE, *Pitié et justice envers les pauvres* (*Association catholique*, 1885, II, p. 24).

2. DE MUN, *Discours :* I, pp. 296-298. — Cf. I, p. 368 : « Qu'est devenu l'ouvrier ? Il est seul ; il a un nom nouveau : c'est le prolétaire, jeté sur le marché comme une denrée dont le salaire est le prix, livré à la loi brutale de l'offre et de la demande, qui saisit, qui domine le patron comme lui, et les place l'un en face de l'autre sans autre lien qu'un accord passager que l'un ou l'autre peut rompre, du jour au lendemain, au mieux de ses intérêts ». — Cf. IV, p. 70-71.

3. Ainsi MANNING appelle le travail.

4. *Les Chevaliers du travail,* p. 20. — Cf. article du même prélat dans la *Dublin Review,* traduit par BOYER D'AGEN sous ce titre : *La question ouvrière et sociale,*

Cette doctrine des évêques et des laïques chrétiens sur la vraie et la fausse liberté du contrat se retrouve, intégralement, dans l'encyclique *Rerum Novarum* : Léon XIII la développe, avec une insistance toute particulière, dans la théorie du salaire.

On a vu plus haut à quelles conditions un salaire peut être réputé « juste ». Mais, en les exposant, le Souverain Pontife rencontre l'objection suivante : Si l'ouvrier, lorsqu'il s'engage au service du patron, accepte, librement, un salaire inférieur à ses besoins, le salaire demeure-t-il injuste, malgré cette acceptation ? « Le taux du salaire, dit-on, est librement consenti de part et d'autre : aussi le patron, en payant l'ouvrier, a rempli tous ces engagements, et ne paraît plus être tenu à rien. » Léon XIII, ayant ainsi formulé l'argument, le réfute en ces termes :

p. 98. Il estime que la grève, en soi, est légitime ; car « elle est la seule arme à la disposition des ouvriers ». En 1871, la proposition de blâmer les grèves fut rejetée à une grande majorité par l'assemblée générale des catholiques allemands réunie à Mayence (LAVELEYE, *Le socialisme contemporain.* p. 161). Cf. Liberatore, *Principes d'économie politique,* trad. De Sacy, p. 267 : « Étant donnée la libre concurrence, les grèves, en elles-mêmes, constituent un droit pour l'ouvrier, et ne sauraient être justement condamnées ou réprimées. Elles sont une sorte de représaille permise en temps de guerre (et l'on peut donner le nom de guerre à la libre concurrence aujourd'hui) ; elles sont le seul moyen qui reste à l'ouvrier opprimé, sans tribunal légitime auquel il puisse recourir ». Tel est aussi l'avis du P. Lehmkuhl, S. J., dans son écrit : *Le contrat entre patrons et ouvriers et les grèves,* Trad. Fritsch, p. 39-40 (Louvain, 1893).

« Pareil raisonnement ne trouvera pas de juge équitable qui consente à y adhérer sans réserve, car il n'embrasse pas tous les côtés de la question, et il omet une considération fort sérieuse. » Le pape explique, alors, que le travail présente deux caractères : il est personnel et il est nécessaire. Il est *personnel*, c'est-à-dire que le travail est la propriété de celui qui l'exerce. Si c'était là le seul caractère du travail, l'ouvrier pourrait se contenter d'un salaire insuffisant, ou même n'en exiger aucun. Mais le travail est *nécessaire* [1], parce que l'homme a besoin du fruit de son travail pour conserver son existence : or conserver l'existence est un devoir imposé à tous. Ce devoir est antérieur aux conventions souscrites par l'ouvrier. « Que si, contraint par la nécessité ou poussé par la crainte d'un mal plus grand, l'ouvrier accepte des conditions dures, que d'ailleurs il ne lui était pas loisible de refuser, parce qu'elles lui sont imposées par le patron ou par celui qui fait l'offre du travail, c'est là subir une violence contre laquelle la justice proteste. »

Ainsi s'exprime l'Église catholique au sujet de la prétendue liberté du contrat. En fait, l'ou-

---

1. « Le travail est nécessaire. » Voilà une vérité que l'économie politique moderne avait complètement négligée. A la page 283 de son livre : *La politique*, (Paris, Rousseau), M. FUNCK-BRENTANO écrit à ce sujet : « Il n'est pas de témoignage plus sombre de notre effondrement intellectuel que d'en être arrivé à devoir prouver que le travail est une *nécessité*, et non pas une *liberté*. »

7

vrier pressé par le besoin n'est pas réellement *libre*. En droit, lorsqu'il accepte des conditions qui ne lui permettent pas de remplir certains devoirs envers lui-même, envers sa famille ou envers Dieu, cet engagement n'est pas juste. Léon XIII condamne le contrat de travail qui promet une infraction à la loi du dimanche : « car il ne s'agit pas, dit-il, de droits dont l'ouvrier ait la libre disposition, mais de devoirs envers Dieu, qu'il doit religieusement observer. »

XII

Il existe donc une certaine conception de la « liberté du travail », apparemment généreuse, et qui, dans la pratique, conduit à l'égoïsme, à la violation des droits naturels, à l'esclavage des faibles [1]. On lit, dans l'*Introduction à la science de l'histoire*, de Buchez : « Le dogme de la liberté est l'unique principe moral de la société moderne. Or il exclut toute pensée d'amour et de sympathie. Il apprend à l'homme à être égoïste, à faire de sa personne son Dieu, sa foi,

---

1. FUNCK-BRENTANO, *La politique*, p. 292 : « Apprenez à distinguer la liberté indispensable au progrès du travail, de tous les abus qui dérivent de l'exercice de cette liberté. Fixez les limites où cette liberté se transforme en sujétion du plus faible au plus fort, du plus honnête à celui qui l'est le moins, du plus loyal au plus retors, car ce n'est pas là de la liberté. L'homme ne possède point à l'égard de son prochain la liberté du mal. »

sa gloire, sa raison et sa force... Ce dogme établit que chaque homme est une liberté vis-à-vis
de toutes les autres, liberté qui n'a de limites
que la liberté de ses voisins. Il faut en conclure
que l'homme n'a d'autre loi pour borner ses
appétits que la résistance des appétits des autres, qu'il n'a d'autre force à vaincre que
celle de ses semblables ; il ressortira de là la
tendance suivante : c'est que la vie sociale est
nuisible à tous ceux qui ne savent pas en faire
un instrument de jouissance à leur profit[1]. »

Une autre conclusion, qui se rattache d'ailleurs à la précédente, est celle-ci : comme tous
ont des droits égaux à conquérir une place sous
le soleil et à construire leur vie telle qu'ils la
rêvent, ceux dont les efforts échouent étaient
indignes de réussir. A la Chambre des Députés,
en 1883, M. Frédéric Passy exposait que la
société doit être « comme la grande échelle double sur laquelle les uns montent et les autres des-
cendent : ceux qui sont dignes de monter montent, fussent-ils partis de la boue ; les autres des-
cendent, s'ils le méritent, jusque dans la boue. »
— « Il manque à ce tableau, riposta M. de
Mun[2], ceux qui seraient dignes de monter et qui
ne le peuvent pas, parce que l'organisation moderne de la société leur en refuse le moyen. Et
il y manque aussi ceux qui sont montés d'avance,

1. BUCHEZ, *Introduction à la science de l'histoire*, I,
pp. 39-40.
2. DE MUN, *Discours*, III, p. 87.

sans en être toujours dignes, et qui oublient, étant en haut, le sort de ceux qui sont en bas. » M. Frédéric Passy, en présentant ainsi l'existence humaine sous l'image ingénieuse d'une ascension à l'échelle, ne se souvenait plus que tous, pour gravir, ne partent pas du même échelon, et qu'il est beaucoup plus aisé de ne pas descendre que d'avoir à monter.

Nécessairement, d'ailleurs, il en est de ce paradis terrestre, ouvert par les économistes, comme du paradis céleste proposé par le Christ : tous sont appelés, peu sont élus.[1] Une différence existe : c'est que souvent, dans le premier de ces paradis, les élus s'arrogent le droit de refouler le restant des appelés[2]. Le combat pour la vie future est une lutte contre soi-même; le combat pour la vie présente est une lutte contre les autres.

A certaines interprétations de la « liberté du contrat » se rattache cette autre théorie de la liberté absolue d'amasser la plus grande fortune possible par tous les moyens strictement légaux[3].

1. « A l'ouvrier jeté dans la vie comme un enfant perdu et jeté sur un trottoir, la société marâtre a dit : Débrouille-toi : Il est arrivé que malheureusement l'homme ne s'est pas débrouillé ! » (Naudet, *La démocratie chrétienne*, p. 18).

2. Cela n'échappe pas aux ouvriers; en juin 1883, les peintres en bâtiment écrivaient au conseil municipal : « Ce n'est pas en facilitant à quelques douzaines d'ouvriers leur passage dans la bourgeoisie qu'on améliore le sort du plus grand nombre » (*Moniteur des syndicats ouvriers*, juin 1883).

3. La dernière application pratique de ces théories est le *sweating-system* : des intermédiaires reçoivent les comman-

Il est des gens qui ne savent pas profiter de cette liberté-là; tant pis pour eux; on néglige de se rendre compte s'ils étaient en mesure d'en profiter.

Il est des gens, aussi, qui ne veulent point user jusqu'au bout d'une pareille liberté : ils ont des scrupules; leur conscience est dépourvue d'une suffisante élasticité. Tant pis pour eux encore : s'ils ne s'assouplissent aux habitudes ambiantes, s'ils refusent de commettre les fraudes dont leurs concurrents leur donnent l'exemple, M. Herbert Spencer les avertit que « souvent ils s'exposent à la banqueroute, et que parfois, ils y courent infailliblement [1]. »

La proclamation de ces diverses libertés engendre donc la morale du succès, avec son cortège d'égoïstes cruautés et d'indélicatesses permises par le Code.

des de certains grands magasins et les font exécuter, au plus bas prix possible, par des ouvriers; le bénéfice de l'intermédiaire, « libre » de s'enrichir, est ainsi prélevé sur le salaire du travailleur, « libre » de mourir de faim. Sur les étranges abus du *sweating-system*, on peut voir : Decrais, *L'Angleterre contemporaine* (Paris, Lévy), p. 321-345; Du Maroussem, *La question ouvrière : ébénistes du faubourg Saint-Antoine, grands magasins, sweating-system* (Paris, Rousseau), p. 202 et suiv. ; enfin le livre de M. Charles Benoist sur le salaire des ouvrières de l'aiguille (Paris, Chailley, 1895).

1. Lire dans les *Essais* d'Herbert Spencer, I, p. 198 et suiv., le chapitre intitulé : *Les mœurs commerciales*. Spencer reconnaît que le système de la libre concurrence est « le cannibalisme érigé en institution ». Voyez Loesevitz, *Législation du travail*, première partie, p. 29-33.

XIII

Au fond, la morale du succès n'est pas une morale. Cela nous amène à pénétrer plus avant dans notre sujet.

La maxime : « Laissez faire », qui traduit, dans l'ordre pratique, ces principes d'absolue et prétendue liberté, est maintenue, par les adeptes de l'école libérale, comme étant la plus favorable aux intérêts économiques. Par intérêts économiques, on entend la production de la richesse.

La même maxime est répudiée par les catholiques comme « aussi contraire à la raison et à la charité chrétienne qu'au bien social et à la fin même de l'État [1]. »

Nous saisissons, ici, une complète divergence de points de vue entre l'Église et l'économie politique moderne.

Dans l'étude du travail, on peut considérer l'homme ou la richesse, l'auteur ou le résultat du travail. Le bon sens et l'histoire des sociétés primitives enseignent que la richesse est faite pour l'homme ; il arrive trop souvent à l'économie politique de considérer l'homme comme un instru-

---

1. Paroles de Mgr DOUTRELOUX au Congrès de Liège en 1887 (*Association catholique*, 1887, II, p. 409). — Cf. Charles PERIN, *Le socialisme chrétien*, p. 4 (Paris, Lecoffre).

ment pour la production de la richesse [1]. Appelée à développer la fortune des nations, elle s'intéresse plus à cette fortune elle-même qu'à ceux qui sont chargés de la faire fructifier par leur travail. Elle considère l'ouvrier comme une force, comme un corps organisé pour le travail, comme une machine douée de conscience [2]; elle oublie que cet ouvrier est un homme, que ce corps renferme une âme, que cette machine n'est pas seulement un outil qu'emploie la société, mais aussi un membre de la société, et que cette conscience rend la machine respectable. Je ne prétends pas que tout économiste soit un théoricien de l'égoïsme, un docteur d'inhumanité; mais je me défie de ceux qui ne lisent que des économistes. S'ils ont un capital et qu'ils doivent, en vue d'une

1 « On commence par une définition de la *valeur* ; on part du principe qu'il importe de produire des valeurs, autant de valeurs que possible, tandis qu'il importe en réalité de produire des *biens utiles*, afin d'assurer d'une façon durable au plus grand nombre possible d'hommes une existence agréable, et à tous, au moins, la simple existence. Au lieu de placer *l'homme* au commencement, au milieu et à la fin, comme cause, force agissante et but, on considère la *richesse* en elle-même dans le sens d'une synthèse des valeurs comme but final. Dans un pareil système, *l'homme* ne joue qu'un rôle bien effacé, et l'idée d'une protection de la classe ouvrière ne trouve pas de place » (KUEFSTEIN, *Sur la réglementation de la durée du travail*, pp. 36-37).

2. Le pape LÉON XIII écrivait en 1877, au temps où il était archevêque de Pérouse : « Les écoles modernes d'économie politique tiennent autant de compte de l'homme que d'une machine. De là, nulle estime de l'homme moral ; de là ce colossal abus de la pauvreté et de la faiblesse » (*L'Église et la civilisation*, p. 20).

entreprise, organiser le travail, ces lecteurs-là ne tiendront compte que des lois de l'économie politique, ils commettront des iniquités.

En 1882, un industriel français expliquait au Sénat qu'il est avantageux de demander aux ouvriers des heures de travail supplémentaires, d'ailleurs payées en sus; car, « pendant ces heures, les frais généraux disparaissent, et il en résulte en fin de compte une *grande économie dans la fabrication*[1]. » Ainsi le surmenage du travailleur est, non-seulement excusable, mais recommandable, si l'on considère exclusivement les intérêts de la production, c'est-à-dire, pour parler net, les avantages du capitaliste qui fournit la matière et l'outil[2].

L'Anglais James Nasmyth, fabricant de machines, était interrogé par la commission d'enquête

1. Cité dans Loesevitz, *Législation du travail*, seconde partie, p. 97, n. 2.

2. En vertu du même intérêt, on remplace les hommes, dans certains travaux industriels, par les femmes qu'on peut payer moins cher. Voyez à ce sujet MANNING. *La question sociale et ouvrière*, trad. BOYER D'AGEN, p. 104. Comparez l'épisode suivant, où l'on invoque les mêmes raisons d'économie pour substituer, à la bête de somme, le bipède humain : « Je ne puis rappeler sans frissonner, qu'il y a une vingtaine d'années je visitais, près de Manchester, un grand atelier où se trouvaient des personnes des deux sexes et de tout âge. A la vue de cet amas informe de chair humaine et de guenilles, je fis remarquer au directeur que, pour ces fatigues endurées par des femmes et des enfants, le service des bêtes de somme serait plus utile. Il me répondit : *Les bêtes coûtent trop cher*. Je répliquai que ces infortunés vivraient bien peu de temps. Il ajouta : *Ils sont si nombreux !* » (Curci, *Considérations sur l'Internationale*, trad. franç., Paris, 1872, p. 66).

sur les Trades-Unions. Doctement, il expliqua qu'en vertu de la loi de l'offre et de la demande l'intérêt de l'industrie exigeait qu'un grand nombre d'ouvriers fussent en quête d'emploi [1] ; il se flatta d'avoir souvent augmenté ses bénéfices en remplaçant des hommes faits par des apprentis. Et comme on lui demandait ce que devenaient ces hommes faits, lestement congédiés : « Je l'ignore, répliqua-t-il ; mais je m'en remets pour cela à l'action des *lois naturelles* qui régissent la société. » Aux yeux de ce personnage, l'intérêt de l'industrie, confondu d'ailleurs avec l'intérêt personnel de James Nasmyth, primait celui des ouvriers. Tels sont les abus de l'économie politique : ils ne peuvent être tolérés par l'Église, qui reconnaît à tout homme, non pas une valeur mécanique, mais une valeur humaine.

XIV

En présence de certains abus lamentables, ceux qui renoncent à les combattre — je ne dis pas leurs partisans, car il est des abus qui n'ont point de partisans, — parlent de lois naturelles, comme James Nasmyth, ou bien déclarent que « c'est un effet nécessaire des progrès de la concentration des capitaux » — la réponse fut faite, un

1. LAVELEYE, *Le socialisme contemporain*, p. 27.

jour, au prince de Liechtenstein [1], — ou bien répondent tout simplement, comme le fit au Parlement M. le Dr Desprès : « C'est la force des choses [2]. »

Mais la nature est souvent l'injustice même ; l'histoire tout entière de l'humanité nous montre l'homme corrigeant la nature, faisant fléchir la nécessité, disciplinant la force des choses : est-ce donc parce que la richesse paraît être en jeu que cette nature et cette nécessité deviennent subitement sacrées [3] ? M. Aynard, que l'école libérale ne saurait désavouer, a dit excellemment : « Les lois économiques ne sont point inviolables à la manière des grandes lois physiques. Si elles sont fondées sur la nature, on peut leur appliquer le mot de Bacon sur l'art ; c'est que, pour les appliquer, l'homme doit s'ajouter à la nature [4]. »

1. *Association catholique*, 1891, I, p. 307.

2. Voy. DE MUN, *Discours*, IV, p. 402. On trouvera dans le livre de David Syme, *Outlines of an industrial science*, p. 39-40, un curieux exemple d'une superstition absurde et cruelle à l'égard des principes de l'économie politique : en octobre 1865, on prévoyait, dans l'Hindoustan, que l'année suivante serait une année de disette ; et les habitants insistaient auprès du gouvernement pour qu'il fît venir à l'avance de grandes quantités de riz. Leur demande fut repoussée : on déclara qu'une telle précaution, prise par les pouvoirs publics, *would be contrary to the principles of political economy* ». Plus d'un million d'êtres humains furent victimes de cette attitude *correcte* du gouvernement.

3. LAVELEYE, *Nouvelles lettres d'Italie*, pp. 78 et 158 (Paris, Alcan), cite à cet égard des passages fort intéressants de MABLY et de STUART MILL.

4. Cité dans VOGUÉ, *Remarques sur l'Exposition*, p. 218 (Paris, Plon). — Cf. abbé Vignot, *La vie pour les autres*, p. 141-143 (Paris, Poussielgue).

Les économistes du xviiie siècle et leurs héritiers du xixe témoignaient à l'égard de la nature un respect superstitieux, parce qu'ils la croyaient essentiellement bonne. Adam Smith, Bentham, Bastiat, vantaient la solidarité naturelle des hommes, les harmonies économiques des intérêts. Ceux mêmes, aujourd'hui, qui n'admettent pas la loi d'airain de Lassalle n'affichent plus une pareille confiance. « Il faut avoir une grande foi dans la simplicité du public, écrit Dupont White, pour l'entretenir gravement d'une intime et constante solidarité entre le travailleur et le capitaliste [1]. » « Solidaires aussi les plateaux d'une balance, remarque M. Fouillée ; mais l'un s'abaisse quand l'autre s'élève [2]. »

A la philosophie du xviiie siècle, une autre, aujourd'hui, s'est substituée : elle professe, avec Spencer [3] et Darwin, que fatalement, dans la nature, les forts doivent régner, et que les faibles y doivent pâtir. Aux illusions candides a succédé la constatation cruelle d'un fait, qu'on érige en loi. Mais de part et d'autre la conclusion est la même : Laisser faire la nature. C'est contre la

---

1. *L'État et l'individu*, p. 89 (Paris, Guillaumin). — Consulter surtout un autre écrit du même auteur : *Travail et capital*.

2. *L'idée moderne du droit*, p. 175 (Paris, Hachette).

3. La pauvreté des incapables, la détresse des imprudents, l'élimination des paresseux, et cette poussée des forts, qui met de côté les faibles et qui en réduit un si grand nombre à la misère, sont les résultats nécessaires d'une loi générale, éclairée et bienfaisante » (SPENCER, *L'individu et l'État*, p. 69. Paris, Alcan).

doctrine de la souveraineté « fatale » de lois naturelles « implacables », et non plus contre celle qui affirmait leur bonté, que le christianisme doit aujourd'hui combattre. Dans un roman qui jadis eut une grande vogue en Angleterre, *The true History of Joshua Davidson*, cette situation de l'Église à l'égard du problème économique actuel est nettement indiquée. C'est le héros, un ouvrier piétiste, qui parle : « Si les doctrines de l'économie politique sont vraies, dit-il, si les lois de la lutte pour l'existence et de la survie des plus aptes doivent s'appliquer aussi rigoureusement à la société humaine qu'aux plantes et aux animaux, alors, disons-le nettement, le christianisme, qui vient en aide aux pauvres et aux faibles, et qui tend la main au pécheur, est une folie. Jésus de Nazareth a parlé en vain, ou plutôt il s'est insurgé contre les immuables lois de la nature [1]. »

1. Cité par LAVELEYE, *Le gouvernement dans la démocratie*, I, p. 36 (Paris, Alcan). Il faut lire à ce sujet la très intéressante discussion de LAVELEYE contre Herbert SPENCER, dans LAVELEYE, *Socialisme contemporain*, pp. 396 et suiv. Il remarque que la loi de la survie des plus aptes ne pourrait s'appliquer loyalement, dans nos sociétés humaines actuelles, que si l'on supprimait, et la famille, et le droit de succession. — Voy. aussi Loesevitz, *Législation du travail*, première partie ; p. 23-26 : le savant économiste catholique fait observer et démontre que cette sélection naturelle, dont on espère tant de bienfaits, aboutit à la concentration toujours plus grande de l'industrie et du commerce et à la victoire tyrannique du monopole.

XV

A l'économie politique, « science des biens produits par le travail », le prince de Liechtenstein, dans un discours prononcé au Congrès catholique de Vienne en 1889, opposait nette-ment la « science sociale, qui a en vue l'homme producteur de ces biens [1]. » « La question ou-vrière est avant tout une question morale », disait jadis Ketteler [2].

D'après la science sociale et d'après la morale, l'homme est plus important que la richesse. Il ne vaut pas seulement par l'enrichissement qu'il procure à la société; il a une valeur, par cela même qu'il est homme. Il n'est pas seulement encadré dans des organisations destinées à créer la richesse; il fait aussi partie d'une famille, et il fait partie d'une patrie. Cette famille, cette patrie sont précieuses aussi et représentent des intérêts supérieurs à ceux de l'industrie.

Ainsi pense l'Église ; et c'est en ce sens que Mgr Bagshawe écrit : « La science économique chrétienne est directement opposée à la fausse sagesse du monde et aux maximes de l'esprit moderne [3]. » L'Église n'admet pas qu'en allé-

1. *Association catholique*, 1889, I, p. 666.
2. *Œuvres choisies*, trad. DECURTINS, p. 69.
3. *Pitié et justice envers les pauvres*, traduit dans l'*As-sociation catholique*, 1885, II, p. 6. M. l'abbé Élie Blanc a

guant d'intangibles lois économiques on prétende empêcher l'ouvrier de mener une existence « humaine. » Manning, surtout, a développé cette vérité : « Il faut avant tout, écrivait-il, maintenir les principes qui régissent la vie de l'homme et la société humaine [1] ; la question de savoir où l'on achète à meilleur marché et où l'on vend le plus cher est secondaire ». Il avait dit en 1874, dans son discours de Leeds : « Si le but de la vie était de multiplier les aunes de coton, si la gloire de l'Angleterre consistait à multiplier sans limites les produits de ses manufactures, et à les vendre au plus bas prix possible à toutes les nations du globe, je n'aurais rien à dire. Mais, si la dignité de la vie domestique du peuple domine tout, nous ne pouvons continuer à marcher dans cette voie [2]. » Or la dignité de la vie domestique prime tous les autres intérêts : « La question ouvrière est tout à fait connexe avec la vie de famille », disait Ketteler en 1869 [3]. En France, lorsque le comte de Mun réclame une loi sur le travail des femmes et des enfants, il allègue, lui aussi, les nécessités de la vie domestique.

publié en 1894 un opuscule : *Y a-t-il une économie politique chrétienne, et quels sont ses principes ?* qui mérite d'être classique.

1. Cf. lettre du même MANNING à M. HARMEL (*XX· siècle*, 1890, I, p. 469). « Il faut que les vies des ouvriers *may be human and domestic* ».

2. *Association catholique*, 1888, I, pp. 12-13.

3. *Œuvres choisies*, trad. DECURTINS, p. 69.

Il invoque, en outre, l'intérêt de la patrie et, lorsqu'il souhaite la journée de huit heures, c'est parce que, seule, « elle assurerait à l'ouvrier un loisir suffisant pour lui permettre d'*augmenter son degré de culture* ».

Je trouve une excellente explication de ces derniers mots dans un *Mémoire* du Suisse Decurtins, le démocrate catholique : « Une mesure aussi large que possible de culture morale et intellectuelle de tous, est le corrélatif nécessaire du service militaire obligatoire et du suffrage universel[1]. » Traitant la question de la durée du travail, Decurtins insiste sur la *portée politique* du problème. Avant de devenir ouvrier, l'homme naît citoyen. Il semblerait, à entendre beaucoup de « conservateurs » français, que l'homme qu'ils emploient est né ouvrier, qu'il est inférieur et subalterne par droit naturel, et qu'il faut déplorer le « malheur des temps » qui l'a rendu citoyen.

XVI

Ainsi l'économie politique ne doit pas être toute la science politique ; la préoccupation de la richesse ne doit pas être le seul souci des gouvernements. Dans la société telle que la con-

1. *La question de la protection ouvrière internationale*, p. 53.

çoit l'Église, l'État ne défère pas aveuglément à toutes les exigences des économistes. Ces exigences, à vrai dire, sont généralement assez restreintes : « Laissez faire ! » Dans cette mesure encore, elles sont inacceptables, et l'État, fréquemment, refusera sa tolérance. Dans tout conflit qui s'engage entre la morale et l'économie politique, la cause de la justice est préférable à celle de l'intérêt.

Telle est la doctrine sociale de l'Église ; elle découle tout entière de cette vérité, que l'ouvrier est un homme. Jadis, parlant aux rois, l'Église leur disait : « Vous êtes hommes, » et cela les humiliait, justement. Aujourd'hui, parlant à l'oligarchie capitaliste, l'Église dit : « Les ouvriers sont hommes ; » nous en sommes venus à ce point que ce mot les relève et les affranchit.

TROISIÈME PARTIE

REMÈDES PROPOSÉS

CHAPITRE PREMIER

DEUX MOYENS DE FAIRE SUPPORTER L'INJUSTICE SOCIALE : LA CONQUÊTE ÉVANGÉLIQUE, LA CHARITÉ.

I. « Le christianisme est le remède » : significations diverses de cette maxime. — II. Impossibilité d'une conquête évangélique du peuple, si on lui parle seulement de résignation, et jamais de justice. — III. La charité n'est pas un remède suffisant au mal social. Il importe de réhabiliter la charité, aujourd'hui détestée par les masses ouvrières, en la pratiquant comme un surcroît de la justice, non comme un palliatif de l'injustice. — IV. Grande nouveauté de l'encyclique *Rerum novarum* ; elle met au premier plan l'idée de *justice* et proclame les *droits* de l'ouvrier.

I

Abordez un catholique qui possède la richesse ou l'aisance, et dénoncez-lui le mal social ; racontez-lui, surtout, les menaces ou les révoltes de la classe ouvrière. Votre interlocuteur vous dira : « le christianisme est le remède. » Invariablement, tous les catholiques vous adresseront cette réponse.

Dans la pensée des uns, elle signifiera : « Nous n'avons rien à faire [1], Dieu seul peut nous sauver. Si les ouvriers pratiquaient le christianisme, ils sauraient le prix de la résignation, ils mépriseraient le bonheur d'ici-bas et ne se révolteraient pas inutilement contre les misères sociales, conséquence de la faute originelle. »

Dans la pensée des autres, elle signifiera :

« Le christianisme, seul remède efficace, a besoin de prédicateurs. Il faut le prêcher par nos œuvres autant que par nos paroles. Nous le recommandons au peuple comme un soulagement et comme une guérison : faisons la preuve de nos recommandations. Si les riches pratiquaient le christianisme, l'ouvrier ne succomberait pas sous tant de misères : faisons-nous, d'abord, entendre du riche, afin de nous faire, ensuite, écouter du pauvre. »

Ainsi la même maxime, suivant les bouches qui la commentent et suivant les volontés qui l'appliquent, paraît être le langage de l'égoïsme ou bien le langage du dévouement, un prétexte à l'inaction ou bien une raison pour l'action.

---

1. « Tout le monde parle de la question sociale, a dit WINDTHORST au Congrès de Breslau, puis on va fumer un cigare et boire un verre de vin, mais personne ne veut y travailler ». (Cité par DE MUN. *Discours*, I, p. 516).

II

Fréquemment on entend dire, surtout en France :
« Que ce pays redevienne chrétien, l'équilibre
social renaîtra. Multiplions les œuvres de conversion, les institutions de propagande ; opérons
*une nouvelle conquête évangélique des barbares
de l'intérieur* [1]. L'Église seule enseigne les vertus efficaces ; elle seule, garantissant une autre
vie à l'ouvrier, le forme à supporter celle-ci. »

Ainsi parlent beaucoup de catholiques. Théoriquement, ils regrettent les injustices sociales.
En fait, ils les tolèrent.

Dans ces propos qu'ils tiennent, je cherche où
est l'erreur, et ne la trouve point. Ce qu'ils disent
est vrai, mais d'une vérité incomplète; et la formule en est étroite.

On dirait, à les entendre, que les seuls ouvriers
doivent être l'objet de cette conquête évangélique; avant de recommander aux petits la résignation, l'Église pourtant commande aux grands
la justice. On dirait aussi que la souffrance qui
pèse sur l'ouvrier est de droit divin, comme le

1. Cette originale expression est de M. Claudio JANNET
(*Correspondant*, 1886, III, p. 1145). Dans son livre sur *Le
socialisme d'État et la réforme sociale* (Paris, Plon), p.
493, il dit nettement : « La question sociale est non pas une
question d'organisation économique, mais une question religieuse. »

bien-être dont le riche bénéficie. On se défie de ces préoccupations apostoliques, car il leur manque d'être vraiment chrétiennes; ceux qui les professent regrettent que la crainte de Dieu disparaisse, parce qu'elle leur semblait prêter un solide fondement à la crainte de toutes les supériorités terrestres; cependant la première de ces craintes se confond avec le respect de la justice suprême, et j'ai peur que parfois la seconde ne se confonde avec le respect superstitieux d'un certain nombre d'injustices.

Au reste, cette conquête évangélique, dont ils attendent tant de merveilles moyennant si peu de sacrifices, ne peut être faite en un jour. La question sociale demande une solution plus prompte. On regarde les économistes; avec leur permission gracieuse, on verse quelques pleurs sur les malheurs sociaux; puis on regarde l'autel, on déclare que le remède est là, — et là seulement. Mais les pleurs tarissent, le mal s'accentue, le remède ne vient pas... et l'autel chancelle. Singuliers chrétiens, qui croient avoir assez fait en attendant un nouveau règne du Christ parmi les hommes! Le premier règne du Christ eut jadis des précurseurs; des soupirs nonchalants suffisent-ils à préparer le règne futur?

« Connaissez Dieu, faites-le régner; et vous serez heureux. » Ils tiennent ce langage aux ouvriers: lestement, ils se déchargent ainsi de toute responsabilité dans le mal social. Ils

envoient les pauvres à Dieu comme ils les enver-
raient au diable : l'adresse seule est diffé-
rente.

Cette foi platonique, moyennant laquelle ils se
dispensent d'agir et condamnent les autres à souffrir, est naturellement inféconde : elle porte
témoignage tantôt contre leur sincérité, plus souvent contre leur intelligence.

Mais les vrais enfants du Christ leur donnent
ainsi la réplique :

« Vous offrez au peuple le christianisme en
lui promettant que cette foi lui procurera le bonheur ou lui rendra le malheur tolérable : le peuple ne vous comprend pas. Vous lui dites que le
christianisme résoudra la question sociale : il ne
vous croit pas. Vous professez que le christianisme est la source de tous les dévouements :
il attend que vous vous soyez dévoués. Car c'est
à nous, chrétiens, qu'il appartient de vaincre le
scepticisme des masses ; montrons-leur que cette
parcelle de christianisme, qui survit encore dans
le monde, et dont nous sommes les dépositaires ;
peut fournir quelque remède, incomplet sans
doute, mais partiellement efficace. Témoignons
au peuple que nous nous occupons de ses besoins
matériels ; ensuite seulement nous aurons le
droit de l'entretenir de ses besoins moraux.[1]

1. Le directeur de l'usine de Lafarge (Ardèche) écrivait
jadis à la Commission industrielle de l'Œuvre des Cercles :
« N'essayons pas de demander à l'ouvrier de rester malheureux et de devenir religieux » Cité dans Lœsevitz. *Législation du travail*, seconde partie, p. 134, n. 1).

Préparons, autant qu'il est en notre pouvoir, des solutions fragmentaires de la question sociale ; et derrière nous, lentement, cette foule de travailleurs, que le paganisme avait reconquise, s'acheminera vers le christianisme, solution complète et décisive. Le peuple veut se révolter, parce qu'il souffre. Vous lui répondez de se convertir. Mais un archevêque américain vous dit : « Jusqu'au moment où la condition matérielle « des ouvriers sera améliorée, il est *futile* de « leur parler de vie surnaturelle et de devoirs. « Ce dont ceux qui souffrent ont conscience, « c'est de leurs griefs ; et ils considèreront « comme des amis ceux qui leur viendront en « aide [1]. » Apportez-leur des soulagements matériels avant de leur proposer des remèdes spiri-

---

1. Mgr IRELAND. *L'Église et le siècle*, p. 18 — Cf. *Questions actuelles*, XIV, p. 183 : discours du même archevêque prononcé en 1892 devant les prêtres de Paris : « Que l'ouvrier et le marchand sachent bien que, si nous voulons leur assurer le bonheur du ciel, nous prétendons aussi leur donner le bonheur sur la terre. Un écrivain anglais de la *Revue des revues* disait naguère : « Léon XIII comprend son temps. Il « sait qu'il est inutile de promettre uniquement des récom- « penses dans le ciel, à moins qu'on ne puisse tout de suite « escompter ces promesses et en donner des preuves dans le « temps. » Le peuple vous croira plus, si vous commencez par là. » —Et encore, *Association catholique*, 1892, II, p. 54, discours du même, au Cercle catholique du Luxembourg : « Un écrivain anglais a très bien dit : « Ne prêchez pas l'E- « vangile à un estomac vide, il n'écoutera pas. » Et c'est vrai comme règle générale. Il faut donc dire : Ne prêchez pas trop souvent la vertu, à moins que le milieu dans lequel ces pauvres hommes vivent soit tel que la vertu soit facile. »

tuels [1] : un jour vous les rendrez chrétiens : jusqu'ici, par votre maladroit égoïsme, vous les avez éloignés du christianisme. Vous avez prêché la résignation avant de faire cesser les souffrances iniques, et la soumission avant de supprimer les abus. Mauvaises furent vos paroles, et mauvaises furent vos œuvres : il fallait faire l'inverse de ce que vous avez fait. Un célèbre catholique autrichien, le baron de Vogelsang, vous dit, à juste titre [2], que vous vous moquez de la détresse du peuple en renvoyant aux calendes grecques la solution de la question sociale, jusqu'à ce qu'elle ait pu émaner *exclusivement* de la volonté de l'Église [3]. »

1. Je renvoie, à ce sujet, à de belles pages de l'abbé KLEIN, *Nouvelles tendances*, pp. 116 et suiv. (Paris, Lecoffre).

2. *Monatsschrift für christliche Sozialreform*, juin 1882 : cité dans l'*Assoc. cathol.*, 1882, II, p. 266.

3. Dès 1858, Mgr Melchers, archevêque de Cologne, écrivait avec une irréprochable netteté : « C'est la tâche de l'Église de combattre les erreurs sociales et les doctrines dangereuses qui ont pris naissance dans l'incrédulité. On peut attendre avec confiance des résultats heureux d'une libre action de l'Église dans ce sens, et on peut espérer que l amour actif du prochain qui a sa source dans les enseignements de la religion contribuera puissamment à l'amélioration du sort actuellement si désolant des ouvriers. Mais il n'est ni dans la mission de l'Église ni dans son pouvoir de faire disparaître les *causes extérieures* de la misère et du mécontentement de l'état social actuel qui ont tant contribué au développement des sectes socialistes. Les *pouvoirs publics* et tous ceux qui par leur position sociale sont en état d'y contribuer sont obligés de faire tous les efforts possibles pour écarter les causes de cette misère générale et de ce mécontentement qui domine partout ». (Cité dans Loescvitz, *Législation du travail*, première partie, p. 101).

Ainsi parlent les catholiques qui se préoccupent de la question sociale, les seuls, par conséquent, qui méritent de nous préoccuper ici. Ils estiment, sans doute, qu'elle ne peut être résolue, définitivement, que par la restauration des mœurs chrétiennes. Cette restauration paraît éloignée : cela ne les dispense pas de la préparer. La question sociale est urgente : cela les oblige à chercher, immédiatement, des moyens provisoires pour atténuer la crise. Dans la recherche de ces moyens, ils s'inspireront des principes chrétiens ; ils proposeront au monde laïque des applications partielles de ces principes, en attendant que ces principes redeviennent la loi suprême du monde laïque. La guérison complète doit être ajournée : ils chercheront des soulagements, des expédients ; s'intéressant au peuple, ils l'intéresseront à leurs propres idées, et l'achemineront ainsi vers l'acceptation du remède souverain, Jésus-Christ.

III

Nous avons entendu deux catégories de catholiques : la question qui les divise se ramène, en définitive, à ces termes : « Les misères dont souffrent les pauvres sont-elles un résultat inévitable de l'inégalité naturelle des fortunes ? Ou bien sont-elles un résultat évitable du mauvais

usage que les riches font de leurs richesses?
Tiennent-elles à l'irréparable injustice des choses, ou bien à l'injustice des hommes, qui peut
et doit être corrigée? »

Si l'on adopte le premier avis, on ne voit
d'autres remèdes à la question sociale que deux
vertus facultatives : la bienfaisance chrétienne
chez le maître, la résignation chrétienne chez
l'ouvrier.

Si l'on adopte le second avis, on réclame avant
tout la justice chrétienne, et l'on s'occupe de
l'établir.

La bienfaisance ne s'impose pas, la justice
s'impose. La question sociale intéresse l'ensemble des ouvriers et l'ensemble des patrons : pour
la résoudre, peut-on faire exclusivement appel à
une vertu de luxe? Or telle est la bienfaisance;
elle émane de l'initiative personnelle; et la pré-
tention d'imposer à tous les riches une semblable
initiative contredit la notion même de la bienfaisance. Je puis, par l'aumône, atténuer la souffrance de ceux que j'emploie et compléter leur
trop mesquin salaire en achevant de leur donner
ce dont ils ont besoin pour vivre. Je ne puis
imposer à mes voisins, qui emploient aussi le
pauvre, ces charités réparatrices.

Si le pauvre qui travaille ne reçoit point assez
pour se nourrir et pour nourrir sa famille, cela
est injuste : l'injustice n'appelle pas la charité,
elle appelle la justice. Or un certain nombre de
chrétiens estiment que le mal social est issu de

ce mal moral, et que des injustices à l'égard des pauvres se commettent et se maintiennent, en tous pays [1]. Je prends l'exemple de l'Angleterre, et j'emprunte à Mgr Bagshawe, évêque de Nottingham, l'expression de cette idée. Dans un résumé de ses mandements, qu'il intitule lui-même : *Pitié et justice envers les pauvres*, voici ce qu'on lit : « Il est incontestable que la plupart des usages reçus et admis dans les affaires, et les coutumes actuellement en honneur pour faire fortune, renferment bien des choses aussi contraires à la justice qu'à la charité [2]. » Il parle des « injustices multiples auxquelles l'amour effréné de l'argent a conduit l'homme [3] ». Il dit que les « pauvres sont lésés dans leurs intérêts, volés et odieusement opprimés [4]. »

Ce qui existe est contre le droit : faut-il y opposer un remède arbitraire, capricieux, gracieux, une vertu de superflu, ou bien faut-il y opposer

1. En 1883, le Conseil des études de l'Œuvre des Cercles émettait l'avis suivant : « On ne peut s'en remettre au seul principe de la charité chrétienne pour régler les rapports des maîtres et des ouvriers. Il est indispensable d'établir ces rapports sur la base plus stricte de la justice ». (*Régime du travail*, p. 42).

2. *Association catholique*, 1885, II, p. 3.

3 *Association catholique*, 1885, II, p. 9. — Mgr Rendu, évêque d'Annecy, écrivait au roi de Sardaigne, en 1845 : « Les développements de l'industrie ont produit des abus tellement odieux que, de l'aveu de tous, il serait difficile, pour ne pas dire impossible, de rien trouver de semblable dans les siècles de barbarie » (*Assoc. cathol.*, 1881, II, p. 329).

4. *Association catholique*, 1885, II, p. 9.

la proclamation du droit, et la contrainte au nom du droit ?

Certains faiseurs d'aumônes, des plus généreux, s'imaginent, sans toujours se l'avouer, que la charité peut dispenser de la justice. En faisant une libéralité, on aime à sentir, et trop souvent on laisse sentir, qu'on fait ce qu'on pourrait ne pas faire, qu'on accorde ce qu'on pourrait ne pas accorder : la charité est gratuite et libre, c'est un bienveillant surcroît. Le riche qui donne est-il déchargé de tout devoir ? le pauvre qui reçoit est-il dépouillé de tous droits, et n'est-il plus qu'un « obligé », c'est-à-dire un captif ?

« Nous donnons à l'ouvrier des médecins, des remèdes à moitié prix, des asiles de vieillesse : que demande-t-il donc autre chose ? » Il demande plus et moins : vous lui donnez tout ce qu'il lui faut pour mourir gratuitement ; il demande, tout bonnement, ce qui lui est dû ; et ce qui lui est dû, c'est ce dont il a besoin pour vivre d'une façon humaine. A la charité, qu'on peut lui refuser, il préfère la justice, qu'on lui doit ; à l'aumône, qui comporte des remerciements, il préfère le salaire suffisant, qui comporte des accusés de réception. Qui donc oserait juger trop chatouilleuse la dignité de l'ouvrier ? Une paye qui le laisse mourir de faim ne doit pas être complétée par un don, mais par un surcroît de paye.

Mgr Bagshawe, que je citais tout à l'heure, écrit encore : « Si les classes dirigeantes voulaient seulement rendre aux pauvres ce qu'elles leur doivent en stricte justice, les sommes ainsi payées seraient infiniment plus considérables que tous leurs dons et leurs charités réunis [1]. » Nous assistons actuellement, si j'ose dire, à un discrédit de la divine vertu de charité: la faute en est à beaucoup de charitables, qui considèrent l'aumône tantôt comme un instrument de domination, tantôt comme un équivalent moins coûteux de la justice .

« La solution de la question sociale n'est pas une affaire de bienfaisance ou de charité... Le travailleur ne veut pas vivre d'aumône... Il demande de pouvoir gagner sa vie par son travail [3]. » Ainsi parlait à Saint-Pierre de Vienne, le 22 décembre 1890, le jésuite Kolb. En cette formule incisive, et que certains pourront trouver choquante, il énonçait le principe même d'où dérive le mouvement social catholique [4].

1. *Association catholique*, 1885, II, p. 4.

2. Les adversaires d'une réglementation législative du travail objectent que les contraintes légales décourageront la spontanéité bienfaisante des patrons : ils rappellent, par exemple, que les compagnies minières de Westphalie, à la suite de la loi sur les accidents de travail, cessèrent de donner gratis aux mineurs le charbon dont ils avaient besoin (Voy. Claudio JANNET, *L'organisation du travail d'après Le Play*, et DE MOLY, *La réglementation du travail et les catholiques*). — Ces compagnies, on le voit, pratiquaient la charité pour se dispenser de l'équité.

3. Kolb. *Conferenzen über die sociale Frage* (Vienne, Mayer, 1891), p. 84 et sq. — La conférence que nous citons a été traduite dans le *XXe siècle*, 1891, p. 175.

4. Cf. HITZE, *Die soziale Frage*, p. 314 : « Le quatrième État réclame son droit et non plus l'aumône : l'aumône doit

La conférence de Saint-Vincent-de-Paul [1], non plus que l'admirable *Office des institutions charitables*, créé par M. Lefébure, ne résout pas la question sociale : tout au plus permet-elle aux pauvres d'en attendre la solution. Il convient que beaucoup de catholiques entrent dans les mansardes pour y porter des bons hebdomadaires ; il convient aussi que quelques-uns travaillent pour que le besoin des bons hebdomadaires devienne chaque semaine moins urgent. N'exagérons pas la portée de la charité ; il n'en faut point attendre des réparations ou des avantages qu'elle est impuissante à fournir. Je prends ici le mot *charité* au sens qu'il reçoit actuellement dans notre langue : nous désignons d'habitude, sous ce vocable, une sorte de générosité bienfaisante. Mais la véritable charité, celle que Léon XIII appelle *totius Evangelii compendiaria lex*, ne peut ni se substituer à la justice, ni lui être opposée, elle n'en est pas seulement le complément, elle la comprend au contraire, elle en implique et en facilite l'observation ; elle en est le mobile [2].

être une exception ». L'abbé HITZE insiste fréquemment sur cette idée (voy. NITTI, *Le socialisme catholique*, p. 159).

1. C'est seulement avec cette réserve qu'on peut approuver le mot de M. Claudio JANNET, *Le socialisme d'Etat et la réforme sociale*, p. IX : « OZANAM fonde les conférences de Saint-Vincent-de-Paul, *qui ont servi de point de départ à tout le mouvement social catholique* dont nous voyons l'épanouissement ».

2. Le cardinal BOURRET a très nettement précisé ces diverses façons de comprendre la *charité* dans deux de ses mandements de 1893 et 1894 : *Que la charité chrétienne est le*

De *l'amour (caritas)*, comment la justice ne découlerait-elle pas? Lorsque Léon XIII, au terme de l'Encyclique, dit qu' « il faut principalement attendre le salut d'une grande effusion de charité », il donne au mot *caritas* cette large et splendide signification; il ne rappelle pas, en cet endroit, le précepte de l'aumône, il rappelle la loi d'amour. A ceux qu'on aime, on accorde, spontanément, la justice. C'est donc seulement au prix d'un contre-sens sur le mot *caritas*, qu'on pourrait trouver quelque contradiction entre le dernier paragraphe de l'Encyclique et l'ensemble du document, entre ce même paragraphe et les réflexions que l'Encyclique nous suggère.

IV

L'encyclique *Rerum Novarum* proclame l'efficacité de la résignation et l'efficacité de l'aumône; par là, elle se rapproche de tous les sermons. Elle se distingue de beaucoup d'entre eux

---

meilleur moyen de résoudre la question sociale, et : comment s'y prendre pour faire accepter le christianisme aux sociétés contemporaines comme remède des plaies morales qui les travaillent. Il distingue la « charité surnaturelle » et la « simple bienfaisance ou philantropie naturelle »; et il explique comment la première « inspire le sentiment de la justice, qui empêchera les abus et maintiendra chacun dans le devoir ».

en mettant au premier plan l'idée de justice [1]. Il faut, en effet, ressusciter cette idée : un ordre social où règne la charité sans la justice n'est que la parodie d'un ordre social chrétien. Dès le début de l'encyclique, le pape Léon XIII signale en termes véhéments les maux incalculables dont souffrent les pauvres. Il ne les représente pas comme des misères fatales, annoncées à l'avance par ce texte évangélique : « Il y aura toujours des pauvres parmi vous. » Il les représente, au contraire, comme des injustices. Il ne demande pas aux chrétiens de tempérer ou de pallier ces injustices ; il exige qu'elles soient supprimées. Cette encyclique n'est pas une simple invitation à l'aumône ; elle établit les fondements et dessine les lignes primordiales d'un « droit ouvrier », fondé sur les principes chrétiens.

« Les conclusions de Léon XIII, écrivit Manning dans la *Dublin Review*, condamnent, à juste titre, l'état de bien des industries, dont les victimes, jusqu'à présent, ont dû souffrir en silence. Maintenant elles sont invitées à faire connaître leurs revendications, fondées sur leurs souffrances [2]. » Ce commentaire est d'une souveraine hardiesse : on ne saurait dire, pourtant,

1. Déjà, dans sa lettre à Guillaume II au sujet de la conférence de Berlin, Léon XIII exprimait le vœu que « ce difficile et important problème (le problème social) fût résolu selon toutes les règles de la justice » (*Association catholique*, 1890, I, p. 440).

2. MANNING. *La question ouvrière et sociale* (trad. BOYER d'Agen), p. 88-89.

qu'il exagère l'importance de l'Encyclique. L'Église n'invite plus l'oppresseur à tenir compte de la mendicité de l'opprimé ; elle invite l'opprimé à protester [1].

Fidèles à ces enseignements de l'Encyclique, les catholiques sociaux réclament avant tout la justice : *Fiat justitia!* Gentilshommes ou bourgeois, beaucoup d'entre eux sont riches. Or leur morale, dit spirituellement M. Charles Benoist, a pour règle essentielle : « Je m'ôte de là pour t'y mettre. » « Qu'ils saluent et qu'ils souhaitent la justice, ajoute-t-il, qu'ils veuillent qu'elle se fasse par eux, fût-ce sur eux-mêmes et contre eux-mêmes, c'est un phénomène capital dans l'histoire des idées et des faits de notre époque [2]. »

1. Cf. IRELAND, *Discours aux prêtres de Paris* (*Questions actuelles*, XIV, p. 186) : « Il faut que les prêtres disent à l'ouvrier : Vous avez le droit de manger. Nous demandons comme un *droit* et non comme un *don gratuit* que vous puissiez vivre. »

2. *Revue de Famille*, 1893, I, p. 430 et 446.

CHAPITRE II

PREMIER MOYEN POUR FAIRE RÉGNER LA JUSTICE SOCIALE : L'ASSOCIATION.

I. A quels moyens recourir pour faire régner la justice sociale.
L'association, l'État. — II. L'association. Pourquoi les
associations pieuses ou charitables ne rentrent point dans
notre sujet. — III. Les idées corporatives. Raisons de la
fortune diverse qu'elles ont rencontrée, en Autriche et en
France. — IV. L'idée corporative en France. Inutilité de la
corporation non obligatoire. Objections faites à la corporation obligatoire : elle ne sera pas spontanée, elle ne sera
pas chrétienne. Difficulté de ce problème. La réalisation de
l'idée corporative paraît ajournée. Comment cette réalisation
entraînera une réforme politique et sociale complète. — V.
L'idée corporative en Autriche. Ses progrès dans le domaine
législatif. Théories politiques des catholiques autrichiens :
représentation des intérêts, rétablissement de la possession
d'état. La restauration de la corporation obligatoire marque
la première phase de ces réformes. — VI. L'idée corporative en Allemagne. Divisions entre les catholiques allemands : Hitze et Windthorst. — VII. Comment les alarmes
religieuses, qui dissuadent beaucoup de catholiques européens de réclamer la corporation obligatoire ou de travailler au développement de certaines associations, ne se retrou-
vent pas chez les catholiques américains. — VIII. Tous ces
modes d'associations répondent à une nécessité commune :
celle de *l'organisation professionnelle*. Un article de
M. Henri Lorin. Activité récente des catholiques belges
en faveur de l'organisation professionnelle. — IX. Les

catholiques et la fédération des forces ouvrières en Belgique et en Suisse. — X. Doctrine du pape Léon XIII sur la fonction économique et sociale de l'association ouvrière.

I

La société actuelle présente, et l'économie politique tolère ou maintient pieusement, certains faits sociaux contraires à l'idéal chrétien de la justice [1]. L'existence de ces faits peut être atténuée ou corrigée par la charité : mais l'Église demande quelque chose de plus que leur atténuation ou leur correction ; elle demande leur disparition. On a souvent célébré les multiples moyens qu'elle emploie pour faire régner la cha-

1. « On ne nie plus, écrit KUEFSTEIN, l'existence trop manifeste des maux ; mais on pense que tous ces déplorables phénomènes sont inséparables de la transition à un nouveau régime économique, et que les choses se rétabliront d'elles-mêmes par le libre fonctionnement des forces économiques. Pour nous, catholiques, nous n'avons guère à nous inquiéter de cette opinion ; car, même si dans le cours des temps les choses se réalisaient conformément à cette opinion (ce qui, d'après les expériences faites et eu égard aux faiblesses humaines, ne saurait se réaliser), il nous serait interdit, pour des raisons de morale et de charité chrétienne, d'assister en spectateurs impassibles quand nous voyons immoler des séries tout entières de nos frères dans le Christ ; car, même dans des époques de transition économique, l'homme reste notre frère dans le Christ, et nous n'avons ni le droit de lui refuser ce qui lui est dû, ni le droit de l'abandonner. Les théories d'un Malthus, d'un Marcus, et autres de ce genre, ne pourront jamais être acceptées par des catholiques. » KUEFSTEIN, *La réglementation de la durée du travail*, p. 16-17).

rité : je ne m'attarderai pas à les redire, ils sont étrangers à mon sujet. Je dois chercher exclusivement à quelles forces l'Église catholique prétend recourir pour restaurer la justice sociale quand cette justice fait défaut, pour la conserver lorsqu'elle existe.

Ces forces sont au nombre de deux : l'Association et l'État.

Si l'ouvrier est victime d'injustices, la cause en est celle-ci : dans la lutte contre le patron, justifiée par l'égalité de droits existant entre l'un et l'autre, l'ouvrier est condamné à l'échec par une terrible inégalité d'armement. L'Association et l'État essaieront de terminer cette lutte, et, si la tentative est vaine, suppléeront à la faiblesse des armes de l'ouvrier.

II

Je n'insisterai pas sur les cercles d'apprentis fondés en Allemagne par Mehler [1], sur les associations ouvrières de Kolping [2] ou sur les cercles

1. Voir Kannengieser, *Correspondant*, 1893, II, p. 1092.
2. Voy. dans le livre de KANNENGIESER : *Catholiques allemands*, p. 152-167, le chapitre consacré à KOLPING. Les statuts généraux des *Gesellenvereine* attestent l'exacte portée de ces fondations de KOLPING : on les trouvera dans la notice de DON JANSSENS : *Adolphe Kolping, l'apôtre des artisans* (Lille, Desclée, 1891), pp. 190-207. Le travail le plus considérable sur Kolping est le livre allemand de SCHAEFFER (Paderborn, Schoningh, 3e édit., 1894).

catholiques de M. de Mun [1], confréries religieuses, sociétés de patronage, de secours ou d'édification, institutions pieuses ou charitables. Elles soulagent la misère et corrigent les maux; elles ne les préviennent ni ne les répriment. Elles atténuent et tempèrent les mauvais effets de notre organisation sociale; elles ne prétendent rien modifier dans cette organisation même. Elles suppléent au règne de la justice, et n'en hâtent pas l'avènement; elles rachètent l'injustice plutôt qu'elles n'y mettent fin.

Mais déjà nous avons vu, et nous observerons de plus en plus en avançant dans cette étude, que la véritable *caritas* implique d'abord la justice pour la dépasser ensuite; notre charité, d'ordinaire, n'est que le palliatif ou l'antidote de l'injustice. Avant tout, il faut que l'équité règne. Or, trop souvent, les rapports du capital et du travail nous montrent une force extrême à côté d'une faiblesse extrême : ce régime social exclut l'équité. Est-il possible d'y remédier, et, si l'on peut ainsi dire, de rendre ses droits à la justice, par un développement quelconque de l'association?

Voilà bientôt vingt-cinq ans que cette question est à l'ordre du jour, parmi les catholiques de France. M. de Mun et ses amis avaient à l'origine cette intuition, à la fois claire et vague, qu'on améliorerait le sort des ouvriers en les

1. Voy. ci-dessus, p. 17, n. 1.

arrachant à leur isolement. Mais comment les grouper? D'après quels principes et sur quelles bases? C'est là-dessus qu'on a beaucoup discuté, et qu'on discute encore. Primitivement on parlait de « corporations » ; maintenant on parle plutôt d' « organisation professionnelle. »

C'est une différence de mots plutôt qu'une différence d'idées. Néanmoins, le progrès est notable : le terme *corporation* n'était qu'une étiquette ; le terme *organisation professionnelle* est presque une définition ; et les ouvriers, qui ne comprenaient pas la première formule, saisissent et appliquent la seconde.

III

C'est en Autriche et en France, surtout, que les « idées corporatives » ont gagné du terrain. En Autriche, elles ont conquis le Parlement ; en France, elles n'ont encore rallié qu'une partie de l'opinion catholique. En Allemagne, on les accepte avec réserves. En Angleterre et en Amérique, grâce au développement prodigieux de ces grandes associations ouvrières qu'on appelle les *Trades-Unions*, les *Chevaliers du Travail*, le *Labour Party*, les catholiques ont jugé inutile de préciser ces idées corporatives et de travailler à leur succès.

L'accueil différent qu'elles rencontrèrent en

France et en Autriche, où elles ont été développées avec le plus de netteté, s'explique par des circonstances historiques. La corporation est une institution du passé. En Autriche, elle n'avait été supprimée qu'en 1858; en France, la Constituante l'avait abolie. La suppression des corporations, en Autriche, fut une victoire du « parti libéral », remportée par le caprice d'un parlement, et qu'un parlement postérieur peut détruire; ce fut, en France, une « conquête de la Révolution[1] ». L'établissement de nouvelles corporations — car il ne s'est jamais agi, quoi qu'on en ait pu dire, de la restauration des anciennes — recevrait, par là même, une signification contre-révolutionnaire. Dans une telle proposition, l'Autrichien ne voyait qu'une loi à raturer; l'esprit public est ainsi fait, en France, qu'il y voyait une page d'histoire à déchirer.

1. Cette « conquête » fut réalisée par un décret du 15 juin 1791, proposé par Chapelier, et ainsi conçu : « Art. 1. L'anéantissement de toute espèce de corporations de citoyens de même état et profession étant l'une des bases fondamentales de la constitution française, il est défendu de les rétablir de fait, sous quelque forme que ce soit. — Art. 2. Les citoyens de même état et de même profession, les entrepreneurs, ceux qui ont boutique ouverte, les ouvriers et compagnons d'un art quelconque, ne pourront, lorsqu'ils se trouvent ensemble, se nommer de président, ni secrétaire ou syndic, tenir des registres, prendre des arrêts ou délibération, former des réglements sur leurs *prétendus intérêts communs*». M. Leroy Beaulieu déclare que la suppression des corporations fut la faute capitale de la Révolution (*La papauté, le socialisme et la démocratie*, p. 185, Paris, Levy); M. Taine la juge de même.

Rétablir des corporations, aux yeux de beaucoup de Français, serait aller à Canossa. En nous attachant, depuis un siècle, à l'inexorable maintien de certaines lois intangibles, nous nous imposons une gêne : cela du moins nous donne l'illusion de la stabilité gouvernementale. En Autriche, la restauration du régime corporatif passa pour un revirement; en France, elle ferait l'effet d'une apostasie [1]. Par une amusante compensation, le Français n'a jamais été plus dogmatique en politique que depuis qu'il est sceptique en religion; et voilà pourquoi la Chambre française ne discutera jamais de sang-froid et de sens rassis l'établissement d'un régime corporatif. Est-il à souhaiter qu'on l'institue? Je n'en décide pas ici. Je constate seulement qu'il serait fort difficile de le proposer avec succès [2].

Cette différence de l'esprit public, en France et en Autriche, explique ce fait, que les partisans autrichiens des corporations se montrèrent singulièrement plus nets, plus formels, plus opiniâtres que les Français dévoués aux mêmes idées.

1. En 1850, on déclara devant la Législative, que les « association coopératives sont le premier degré de l'attaque dirigée contre l'ordre social », Pour guérir un tel état d'esprit, un pareil fétichisme de l' « ordre social », il faut, on en conviendra, un certain temps.

2. En fait, pourtant, M. DE MUN, en 1891, observait avec raison : « Chambres syndicales mixtes, arbitrage et conciliation, quest-ce que cela, sinon l'idée corporative, qui reparaît, qui rentre en maîtresse, et qui reprend possession des esprits, des mœurs et des lois » (*Discours*, V, p. 101).

IV

Comment les catholiques français conçoivent-ils le régime corporatif? En août 1882, un Congrès réuni à Autun se proposa de « consacrer l'union de tous les catholiques sur le terrain de l'organisation du travail, ayant pour base le régime corporatif[1] ». Il crut même y avoir réussi. Il définissait ce régime comme il suit : « Un lien moral consenti librement entre le patron et ses employés; un lien matériel de propriété commune et inaliénable entre les mêmes; un lien coutumier entre les ateliers de la même profession ainsi institués; une fonction commune dans l'Etat à la corporation qui réunirait ces trois caractères[2]. »

Voilà ce que demandent, en France, les partisans du régime corporatif. Cette déclaration nous instruit sur la nature de leurs ambitions; elle nous éclaire beaucoup moins sur les limites de ces ambitions.

Ce lien moral est le patronage de Le Play; ici pas d'obscurité. Ce lien matériel sera réalisé par l'existence d'un patrimoine corporatif, indivisible, inaliénable, participant à la prospérité de l'entreprise ; mais, ne pourra-t-il être conclu

---

1. *Association catholique*, 1882, II, p. 325.
2. Cité par DE MUN, *Discours*, I, p. 387.

qu'avec des hommes ayant fait preuve de capacité professionnelle devant les membres de la corporation? Ce lien coutumier doit évidemment avoir pour conséquence l'adoption générale de certains procédés de travail et d'un certain taux des salaires : mais, si la concurrence extra-corporative rend cette adoption périlleuse ou ruineuse, se proposera-t-on de supprimer légalement cette concurrence, afin que le lien coutumier conserve toute sa valeur? Quels privilèges politiques, enfin, récompenseront la fonction reconnue dans l'État à la corporation?

Voilà treize ans que s'est tenu le Congrès d'Autun. Toutes ces questions, en France, sont encore à résoudre. On a multiplié les théories du régime corporatif, on paraît avoir renoncé, pour l'instant, à les faire passer dans la pratique. La difficulté la plus importante est celle-ci : la corporation sera-t-elle ou non obligatoire?

Si elle n'est pas obligatoire, si le métier peut être exercé en dehors de la corporation, celle-ci demeurera sans doute une très efficace organisation de charité; mais elle perdra presque tous les avantages économiques que devait procurer son rétablissement. Pour que ces avantages se réalisent à coup sûr, et pour que l'organisation corporative amène le prompt dénouement de la question sociale, il faut que, de gré ou de force, on fasse rentrer dans ces cadres l'industrie tout entière : les statuts du régime corporatif deviendront lettre morte ou seront d'une application ruineuse, si dans chaque métier, contre la corporation restaurée, une concurrence impitoyable peut librement s'exercer. Il n'y a pour la corporation qu'une alternative : être tout ou n'être rien, devenir en droit maîtresse absolue du marché, ou devenir impuissante en fait.

Contre l'idée de la corporation obligatoire, plusieurs objections surgissent [1].

« C'est un anachronisme, » dit-on volontiers. Pour le prouver, on emprunte l'autorité de Le Play. Il écrivit dans sa monographie du compagnon menuisier de Vienne : « Il n'y a plus guère de convenance à maintenir cette impuissante organisation et à contrarier par des restrictions matérielles les sentiments de liberté et l'esprit d'initiative qui forment l'âme de la nouvelle

1. Nous ne parlons pas de ceux qui objectent aux idées corporatives certaines anecdotes, amusantes jadis et devenues ennuyeuses, sur les rôtisseurs ou chapeliers parisiens du XVIIIe siècle. D'abord, il ne s'agit pas de rétablir l'*ancienne* organisation corporative, mais *une* organisation corporative : ce qui n'est pas la même chose. En second lieu, le XVIIIe siècle fut pour les corporations une époque de décadence : c'est l'époque où l'absolutisme des Bourbons détruisait peu à peu l'ancienne France. Il faut remonter au moyen-âge pour apprécier les corporations avec équité. « Alors, écrit M. Prins, la corporation exigeait le dévouement de ses membres, non pas au *bien public* (qui, sauf pour une petite élite de penseurs, reste toujours une abstraction), mais à l'intérêt collectif, connu de tous et visible pour tous. En échange, elle accordait, non pas des *bienfaits théoriques*, les droits naturels ou l'égalité, mais une *protection efficace*, une justice rapide et toujours contrôlée, une participation réelle aux affaires, la protection aux faibles, la sécurité à tous (*La démocratie et le régime parlementaire*, p. 84).

organisation industrielle [1]. » Cet argument est de peu de prix contre les partisans du régime corporatif : s'ils estiment vicieuse la « nouvelle organisation industrielle », pourquoi donc observeraient-ils tant de ménagements à l'égard de l' « âme » de cette organisation ? Dans une pareille objection, rien ne peut les toucher.

Il n'en est pas de même de la suivante : « La corporation obligatoire ne sera ni spontanée ni chrétienne [2]. »

Admettons même que sa formation sera spontanée : son existence, du moins, sera réglée, commandée, imposée. La corporation obligatoire ne représentera plus un groupement de volontés libres, mais un groupement contraint et exclusif; elle « revêtira un caractère d'institution publique », dit le R. P. de Pascal. De par la loi elle aura seule le droit d'exister; l'État lui vendra cher peut-être les bienfaits de cette loi; il ne l'abandonnera pas aisément à elle-même et se dressera au-dessus d'elle, comme une autorité d'appel. Centralisant toute l'activité industrielle, privilégiées par un État centralisé, ces corporations courront un grand péril; elles risqueront de devenir des rouages bureaucratiques.

Au point de vue religieux, on oppose aux par-

---

1. Le PLAY, *Ouvriers européens.* V. p. 38. — Cf. même auteur, *Réforme sociale*, chap. XLVI, n. 7.

2. Ces deux remarques sont longuement développées dans les *Christlich sociale Blätter* (octobre 1886).

3. *Controverse*, 1887, pp. 371-376.

tisans du régime corporatif l'alternative suivante :
ou bien la corporation, groupement obligatoire,
réunira nécessairement tous les ouvriers et
patrons exerçant un même métier, elle sera la
« corporation laïque »; ou bien la corporation,
groupement facultatif, sera solidement maintenue
par une communauté de foi religieuse entre tous
les associés, elle sera la « corporation chrétienne. »

A certaines heures, surtout dans les premières
années de son activité, M. de Mun s'attachait de
préférence à cette seconde notion de la corporation. « La corporation catholique, disait-il à
Chartres en 1878, n'est pas un syndicat ni un
tribunal d'arbitrage, mais un foyer d'activité
chrétienne [1]. » M. Harmel, de son côté, définit
la corporation une « société religieuse et économique formée librement par des chefs de familles
industrielles (patrons et ouvriers d'un même
corps d'état ou de professions analogues), et
dont tous les membres sont groupés dans diverses
associations de piété [2]. » Et M. Charles Périn
considère les corporations établies dans les États
romains par Pie IX en 1852, comme le modèle
parfait d'association ouvrière qui convient à
notre époque [3]. Mais la famille ouvrière du Val-

1. DE MUN, *Discours :* I, p. 301. — Cf. même ouvrage,
pp. 119-124.

2. HARMEL, *Manuel d'une corporation chrétienne*, p. 193.

3. PÉRIN, *La Richesse*, III, pp. 190-192. Le *motu proprio*
de PIE IX établissant ces corporations porte la date du 14 mai

des-Bois, dont M. Harmel est le *père*, n'est qu'une institution isolée ; les corporations établies par Pie IX furent surtout des confréries pieuses. La corporation chrétienne ne peut être que distincte du métier, ou tout au plus une annexe du métier ; la corporation conçue comme le « ministère » du métier ne peut être que laïque. « Si convaincu que je sois de l'excellence, de la supériorité de la corporation chrétienne, je ne crains pas cependant d'appeler *tout le monde* à la vie corporative » (1). Ces paroles sont de M. de Mun ; il les prononçait en 1888.

Est-ce à dire qu'il souhaite la contrainte pour pousser tous les citoyens dans ces cadres nouveaux ? Nullement. Il déclare, en 1891, que « l'obligation risquerait de tourner la corporation en instrument d'État... La solution qui jusqu'ici paraît la plus satisfaisante est celle qui demanderait à la loi de reconnaître certains privilèges, comme la personnalité morale aux corporations [2]. » Mais ces réformes sont délicates ; elles seront longues. Il fut un temps où M. de Mun attendait tout des corporations. Nous verrons plus loin qu'aujourd'hui, sans rompre d'ailleurs le mariage d'inclination qu'il avait conclu avec elles, il estime opportun, immédiatement pratique, pour le relèvement de la classe ouvrière, un mariage de raison avec l'État.

1852 et est entièrement publié dans HARMEL, *Manuel d'une corporation chrétienne*, pp. 400 et suiv.

1. DE MUN, *Discours*, IV, p. 54.

2. DE MUN, *Discours*, IV, p. 345-347.

A l'heure présente, en France, le régime corporatif rencontre de patients théoriciens, mais peu de champions actifs. Ces théoriciens accroissent d'autant plus leurs ambitions et l'audace de leurs plans qu'ils les reculent davantage dans l'avenir. Pour l'instant, ce sont des architectes inoccupés ; quand le travail commencera, ils reconstruiront la société tout entière.

L'édifice corporatif n'est qu'une pièce de l'édifice social : en bâtissant celui-là, on rebâtira celui-ci. « La société actuelle n'est plus un organisme, c'est un mécanisme, » disait récemment le R. P. de Pascal à Montpellier [1]. De ce mécanisme, on veut refaire un organisme : le régime corporatif secondera cette évolution [2]. M. de Mun déclarait en 1882 : « Il n'est pas difficile d'apercevoir comment la corporation existant légalement, avec ses règles publiquement reconnues, pourrait être dans l'avenir, sur le terrain politique, la base d'une représentation des intérêts, sincère, loyale et véritable [3]. » En de nom-

---

1. *Association catholique*, 1892, I, p. 28. — Cf. un article du même dans la *Controverse*, 1887, pp. 371-376.

2. Cette idée date de Metternich, dont le comte BLOME rappelle la phrase suivante : « La France ne trouvera que dans la corporation le ciment nécessaire à sa réconstruction sociale » (*Association catholique*, 1889, I, p. 28).

3. « On voit, dans les assemblées, des représentants du peuple, dit ailleurs DE MUN. Mais quel est le corps professionnel qui leur donne des pouvoirs ? » *Discours*, I, p. 503.

breux articles de l'*Association catholique*, M. de La Tour-du-Pin Chambly a développé un plan de « réorganisation sociale et politique par le rétablissement du régime représentatif sur la base du régime corporatif. » Son espoir est que « le régime corporatif arrêtera la décadence politique par le rétablissement pour chacun de la possession d'état [1]. »

Dans ces dernières années, on a plusieurs fois essayé l'application de ces théories. Diverses provinces françaises ont servi de champs d'expérience. Aux États libres du Dauphiné, réunis en 1888, 1891 et 1893 par des initiatives individuelles, les seuls membres actifs étaient des délégués ou représentants autorisés des associations professionnelles [2].

Décentralisation provinciale dans l'État, centralisation corporative dans chaque province : les deux réformes seraient unies, et l'une, la réforme politique, se fonderait sur l'autre, la réforme sociale.

Tandis que la corporation facultative et libre ne serait dans notre société qu'un accident, une institution de détail, la corporation obligatoire deviendrait, au contraire, le fondement et l'essence d'une société nouvelle. Du rétablissement de la corporation facultative, on ne peut même

---

1. *Association catholique*, 1883, II, p. 159.
2. Voyez, au sujet de ces *États*, l'article de M. de La Tour-du-Pin Chambly, dans l'*Association catholique*, 1893, 1, p. 547-561.

pas espérer une réforme; du rétablissement de la corporation obligatoire, on peut attendre une révolution.

V

La portée politique de cette rénovation du passé nous est d'ailleurs attestée par les théories et les efforts des catholiques autrichiens.

Le comte Belcredi, le prince de Liechtenstein, le comte Blome, ne prétendent pas travailler à une simple réforme industrielle. A l'assemblée de Ratisbonne en 1886 [1], à celle de Vienne en 1889, les catholiques d'Autriche déclarèrent que « l'organisation corporative est le seul remède contre la décomposition de la société ». Par là, ils affirmaient leur ambition. Les métiers sont un élément de la société, mais les souffrances des métiers s'étendent à la société tout entière. Leur organisation est vicieuse, mais ce vice même affecte l'ensemble de l'organisation sociale. Le changement ne peut être fragmentaire, il doit être universel.

Une première phase sera la création de corporations obligatoires, en dehors desquelles nul ne pourra exercer un métier. La loi autrichienne

---

1. On trouvera dans le *Jahrbuch der freien Vereinigung Kathol. Social. Politiker* de 1887, p. 187, le texte de cette décision de l'assemblée de Ratisbonne.

du 15 mars 1883 [1] a rétabli le régime corporatif dans la *petite industrie :* le prince de Liechtenstein et ses amis veulent étendre et compléter cette loi. Ils souhaitent l'établissement d'une double épreuve de capacité, donnant accès au compagnonnage, puis à la maîtrise, et précédant nécessairement l'exercice d'un métier [2].

Tout travailleur sera comme enclos dans une organisation, qui l'encadrera ; il y trouvera une gêne, une entrave, compensées par une protection et par des garanties sérieuses ; la société ne sera plus un assemblage d'individus, mais une collection de groupements.

A cette société future, l'organisation politique présente aura cessé de s'adapter. Lorsqu'un régime individualiste condamne tous les hommes à un isolement réciproque, le suffrage universel fournit à la société ainsi constituée la plus parfaite représentation dont elle était susceptible. Tout individu, par là même qu'il est majeur, reçoit ce droit précieux, d'exercer une influence sur la société ; il n'achète ce droit par aucun

---

1. Le texte complet de cette longue loi est publié dans l'*Association catholique*, 1883, II, p. 236 et suiv. — Le livre de Brants : *Le régime corporatif dans les États germaniques* (Louvain, 1894), retrace l'histoire de cette réorganisation. En 1891, le gouvernement a déposé un projet de loi sur l'organisation de la *grande industrie* en Autriche.

2. Claudio JANNET insiste complaisamment sur ces exigences, dans son opuscule : *L'organisation du travail, d'après Le Play, et le mouvement social contemporain* (extrait de la *Réforme sociale*). — Cf. même auteur : *Le socialisme d'État et la Réforme sociale*, p. 61.

service; il peut le conserver en demeurant un membre stérile du corps social, et ne le perd que lorsqu'il est devenu un membre indigne ou nuisible; il suffit, pour voter, de s'être donné la peine de naître ; chacun, en votant, ne représente que soi-même et désigne un mandataire qui d'habitude le représente imparfaitement. Voilà la conception politique qui résulte, fatalement, du régime individualiste.

Mais supposez un autre régime, et cette conception s'écroule tout entière [1]. On peut n'accorder une valeur « politique » à l'individu qu'autant qu'il remplit une fonction sociale; on peut estimer qu'exercer quelque influence sur les affaires de son pays est moins un droit qu'une récompense, et que le vote, enfin, ne doit pas représenter un ramas d'égoïsmes individuels, mais qu'il doit être la consultation, précise et spéciale, des divers représentants des grands intérêts sociaux.

Ainsi jugent, en Autriche, les chefs du mouvement social catholique. Un écrit du prince de Liechtenstein, publié en 1875, fut la première expression publique de ces idées [2], et le baron de Vogelsang, dans la suite, les a fréquemment

---

1. On s'explique aisément cette phrase de SCHAEFFLE : « Pour le socialisme réalisé, le suffrage universel n'est pas absolument nécessaire » (*Quintessence du socialisme*, 5).

2. *Ueber Interessenvertretung im Staate mit besonderer Verziehung auf Oesterreich*, von Alois Prinz LIECHTENSTEIN (Vienne, 1875).

développées [1]. De même qu'au point de vue social, en proclamant l'égalité abstraite des droits, on aboutit à l'asservissement du pauvre, de même, au point de vue politique, en proclamant l'égalité abstraite des suffrages individuels, on obtient ce résultat inattendu que les intérêts représentés dans les parlements sont les intérêts des capitalistes. Minorité dans les peuples, les capitalistes forment majorité dans les conseils des États : par des faits, Vogelsang prétend l'établir. La conclusion pratique à laquelle il arrive est celle-ci : « Il est nécessaire que la représentation des intérêts de l'agriculture, de l'industrie et des métiers, devienne une réalité aussi prochaine qu'efficace, afin de pouvoir opposer une barrière à la tyrannie du capitalisme [2]. »

Le 10 décembre 1888, on célébrait à Vienne le jubilé du baron Vogelsang. Les divers orateurs catholiques qui parlèrent à cette fête y

1. Voyez, en particulier, l'article de Vogelsang qu'a traduit l'*Association catholique*, 1887, II, pp. 261 et suiv.

2. *Association catholique*, 1887, II, p. 261 et suiv. Il est intéressant de remarquer qu'en 1892, dans le grand-duché de Bade, le gouvernement a déposé un projet de loi établissant des *chambres de métiers*, et qu'en Prusse, en 1894, sur la proposition du comte de Loe, on s'est préoccupé de la création de *chambres d'agriculture*.

En France, M. Terrier, ministre du commerce dans le cabinet Dupuy, se préoccupait, peu de temps avant sa chute, de réorganiser le Conseil Supérieur du travail de façon que « les éléments patronaux et ouvriers de ce conseil fussent désormais recrutés par l'élection : » c'eût été comme la première ébauche d'une représentation des intérêts (Voy. *Assoc. cath.*, 1893, II, p. 660-662).

développèrent ce que Claudio Jannet appelait « le romantisme économique des féodaux autrichiens [1] ». Le comte Blome, en particulier, fit entrevoir, en un tableau franc et net, son rêve de la société future. « On ne dirait plus, comme aujourd'hui, dans la Chambre des députés : monsieur le Représentant de la ville de Vienne, on dirait : monsieur le Représentant de la Chambre de la petite industrie viennoise, monsieur le Représentant de la Bourse de Vienne. On saurait à qui l'on a affaire. Je n'hésite pas, non plus, à dire que mon vœu serait que, de même que chaque citoyen doit avoir son *forum domicilii*, il devrait également avoir son *forum officii*, ce qui, en d'autres termes, signifie que, pour être citoyen complet, pour pouvoir exercer ses droits politiques, il serait nécessaire d'appartenir à une corporation [2]. »

Ainsi les parlements ne représenteraient plus les individus, ils représenteraient les utilités sociales ; et le suffrage universel des intérêts se superposerait ou se substituerait au suffrage universel des personnes [3].

---

1. JANNET, *Le socialisme d'État et la Réforme sociale*, p. 32.

2. *Association catholique*, 1889, I, p. 32.

3. Il convient de remarquer qu'on peut être partisan de la représentation des intérêts sans être ennemi du suffrage universel : la coexistence de deux Chambres, surtout, permet l'existence de deux corps électoraux composés tout différemment. GOUMY (*La France du centenaire*), souhaitait que dans le Sénat français, les intérêts fussent représentés. Cette

Vogelsang et ses disciples considèrent que, s'il n'existe des groupes sociaux, le vote dégénère en une collection de volontés arbitraires, et que la société n'est plus qu'une anarchie apparemment ordonnée. Au reste, les classes sociales telles qu'ils les conçoivent ne sont pas des castes dans lesquelles la naissance donne accès. A la base de ces classes, pour les fonder et pour les justifier, il n'y a pas des droits, il y a des devoirs. Telle fonction sociale motive la formation de telle classe sociale et en légitime les privilèges. A chaque besoin de la société doit correspondre une classe sociale ; et, réciproquement, toute classe sociale qui ne correspond pas à un besoin de la société est une excroissance parasite. L'établissement en Autriche de corporations obligatoires est, en définitive, le prélude d'une réforme politique ayant pour but la représentation des intérêts[1], et dont le principe serait le

conception politique séduit, à l'heure actuelle, beaucoup de bons esprits : M. de LAVELEYE (*Le gouvernement dans la démocratie*), M. Charles BENOIST (*Sophismes politiques.* p. 200-215, et *La Politique*, dern. chapitre) ; M. Hector DENIS, recteur de l'université de Bruxelles; surtout M. Adolphe PRINS, professeur à Liège, auteur d'un livre sur *la Démocratie et le régime parlementaire* (Bruxelles, 1884).

1. Il existe, je le sais, une façon de développer ces idées, et une façon de les appliquer, qui semblerait une revanche de la *caste* aristocratique. Mais rien n'est plus démocratique, en soi, que la représentation des intérêts; je renvoie ceux qui en douteraient au récent discours de M. HELLEPUTTE, président de la *Ligue démocratique belge* (publié dans l'*Association catholique*, 1892, II, pp. 571-579), et surtout au livre de M. PRINS. J'emprunte à ce dernier ouvrage, œuvre d'un

suivant : On ne devient citoyen que moyennant possession d'état.

VI

En Allemagne, aussi, le problème corporatif est agité. Dans ce dernier pays, la solution pratique paraît moins éloignée qu'elle ne semble l'être en France, moins prochaine qu'on ne l'espère en Autriche. Dès 1877, dans la motion Galen, appuyée par le Centre, était affirmée la nécessité de faire revivre les corporations. Cette demande fut reprise, en 1882, dans l'interpella-

Belge appartenant au « parti libéral », quelques citations caractéristiques : « Ce n'est pas la juxtaposition des individus, c'est la coordination des organismes, qui donne au corps social le sentiment interne de la vie » (p. 15). « Autant il serait insensé de soutenir qu'il faut revenir au régime des castes, autant il serait insensé de croire qu'une société peut être conçue d'une façon purement atomique, et la profonde erreur de la Révolution a été de perdre de vue que le député qui représente tout le monde ne représente plus personne » (p. 161). « Des députés élus par le soi-disant suffrage populaire ne représentent distinctement ni le droit, ni la science, ni l'armée, ni la bourgeoisie, ni les classes ouvrières, ni le capital, ni la propriété, ni le travail, ni les intérêts agricoles, économiques ou sociaux ; ils ne représentent que des courants, et les courants sont variables ; aussi le caractère essentiel d'une telle représentation, c'est l'instabilité » (p. 189). « Une Chambre doit être la coordination des éléments essentiels d'une civilisation donnée » (p. 199). C'est ainsi qu'on rencontre sous la plume d'un démocrate avéré des critiques analogues à celles de Vogelsang.

tion Hertling ; et, la même année, le rétablissement de l'organisation corporative fut autorisé par une loi dans tout l'empire allemand. Cette loi n'était qu'une loi de tolérance à l'égard de la corporation libre ; elle ne modifiait pas le régime social ; elle permettait l'essai d'un remède. Mais quelle est la valeur de cet essai, comment même peut-il être loyalement tenté, lorsqu'il reste incomplet, mutilé, fragmentaire, soumis au défi de la concurrence et contrarié par le libre jeu des lois économiques ? « Un jour viendra, écrit l'abbé Hitze dans sa brochure : *Secours au métier*, où l'on parlera de la corporation libre comme on parle aujourd'hui du *Contrat social* de Rousseau, en s'en moquant [1]. » Mais, pour l'instant, il n'existe, en Allemagne, qu'une seule forme de corporation : la corporation libre.

Tous les catholiques en sentent l'insuffisance ; mais les *Christlich-sociale Blätter*, qui représentent l'opinion d'un certain nombre d'entre eux, craignent la corporation privilégiée, repoussent la corporation obligatoire. Des privilèges, pourtant, furent réclamés en faveur de la corporation, en 1886, par le Congrès catholique de Breslau, ou Windthorst et Huene étaient présents. L'abbé Hitze, le 1er mars 1888, a fait voter par le Reichstag, à une voix de majorité, le rétablissement de l'examen de capacité professionnelle [2].

1. Cité dans l'*Association catholique*, 1885, II, p. 675.
2. Sur les récentes lois allemandes relatives au régime corporatif, voyez Nitti. *Le socialisme catholique*, p. 133-184.

Il renonce absolument à souhaiter la « spontanéité » du groupement corporatif : « Nous ne devons plus compter, écrit-il, sur une réorganisation instinctive, venue d'en bas, comme celle du moyen âge, mais seulement sur l'action de l'État appelant les intéressés à s'associer [1]. » Windthorst s'alarmait d'un tel programme : il se demandait en quoi des corporations, fondées par l'État protestant, pourraient servir les idées sociales catholiques. « Les protestants seront les maîtres, disait-il à Munster ; et nous, catholiques, nous serons les compagnons [2]. »

Le Centre à l'heure actuelle, paraît plus enclin à partager les idées de l'abbé Hitze que les craintes de Windthorst. En 1893, au Congrès catholique de Wurzbourg, M. Groeber déclara que l'organisation corporative doit être obligatoire, professionnelle, et revêtue d'un caractère légal. Peu de jours avant, le ministre du commerce de Prusse avait envoyé à tous les présidents supérieurs du royaume un avant-projet de loi réglementant l'apprentissage, créant des associations professionnelles obligatoires pour tous les artisans employant moins de vingt ouvriers et pour ces ouvriers eux-mêmes, et des chambres

1. HITZE, *Quintessence de la question sociale*, cité dans l'*Association catholique*, 1885, II, p. 442. « Organisation des États, dit-il aussi, telle est la solution de la question sociale ». Les idées de l'abbé HITZE sont très proches de celles des catholiques autrichiens.

2. Cité par JANNET, *Le socialisme d'État et la réforme sociale*, pp. 153-155.

de travail, qui, élues par ces associations, en auraient la surveillance. M. Groeber approuva hautement le principe de ce projet; et l'assemblée partagea son avis. La réorganisation obligatoire des métiers est présentement considérée, par les catholiques allemands, comme le seul moyen de préserver la classe moyenne (*Mittelstand*) et d'enrayer les progrès corrélatifs du capitalisme et du paupérisme [1]. Un certain nombre d'entre eux souhaitent que cette réorganisation soit étendue à la profession agricole, et que les cultivateurs soient groupés entre eux de telle façon, que la communauté agricole (*Genossenschaft*) réponde des dettes de ses membres : ce vœu est exprimé dans le programme catholique social de l'abbé Oberdorffer [2].

1. Voyez Ségur-Lamoignon, *Association catholique*, 1893, II, p. 369-374 et 455-457. Il est intéressant d'observer que l'État allemand, après l'État autrichien, a senti la nécessité d'une organisation du travail. Il en est de même, semble-t-il, en Danemark, où tout récemment un rapport élaboré par une commission d'État proposait le rétablissement des ouvrages d'épreuve de compagnon et de maître, et la création éventuelle de corporations reconnues par l'État et recevant des cotisations de ceux-là mêmes qui, exerçant le métier, refuseraient de s'y affilier. Ce curieux projet est analysé dans l'*Association catholique*, 1893, II, p. 545-547. — Voir enfin, dans notre appendice, les vœux du Congrès catholique de Cologne, de septembre 1894.

2. Nous publions en appendice le texte du programme de l'abbé Oberdorffer. Ce programme définit le terme suprême du mouvement chrétien social; il en énonce l'idéal. Le programme qu'a voté le Congrès catholique de Cologne contient seulement l'indication des réformes présentement exigibles. Celui-ci marque une étape; celui-là est un plan d'ensemble

VII

On a pu voir qu'en Allemagne et en France certaines alarmes, d'une nature religieuse, empêchent un grand nombre de catholiques de souhaiter le rétablissement de la corporation obligatoire. Les groupements qui présentent un caractère extra-confessionnel leur paraissent assez nombreux déjà; ceux qui présentent un caractère anticonfessionnel leur paraissent trop nombreux. Si la corporation restaurée doit appartenir à la première catégorie, le péril sera sérieux; si elle doit appartenir à la seconde, le mal sera terrible. Toute société constitue une force : la corporation future peut devenir, comme la corporation passée, un centre d'influence chrétienne; elle peut, comme certaines sociétés de compagnonnage, être pour le catholicisme une ennemie. « Gare! » s'écrient les uns; et, parmi eux, M. Claudio Jannet objecte à M. de Mun que les corporations rêvées par M. Mazaroz seraient soumises à des influences antichrétiennes. — « Risquons », répliquent les autres : et Mgr de Ketteler leur expose les motifs de risquer : « L'air conserve ses propriétés quoique l'impie le respire,

et un but. La *Koelner Correspondenz*, revue que publie l'abbé Oberdorffer à l'usage des ecclésiastiques préposés aux Cercles de travailleurs, a publié dans son volume de 1894, p. 113-165, une instructive explication de tous les points du programme.

et le pain que nous mangeons n'en est pas moins la nourriture que Dieu nous donne, quoique pétri par un boulanger incrédule. Il en est de même des sociétés; l'esprit d'association repose sur l'ordre divin et est essentiellement chrétien, quoique les hommes qui le favorisent n'y reconnaissent pas le doigt de Dieu et en fassent souvent un mauvais usage [1]. »

Cette dernière politique est celle des évêques anglais et américains. Il importe, en terminant, d'en faire la remarque générale, bien que leurs efforts n'aient jamais eu pour objet l'organisation corporative. Vivant en des pays où les luttes confessionnelles sont loyales et où la neutralité n'est pas un masque, les prélats anglo-saxons ne sont pas induits à professer et à pratiquer la rigoureuse maxime : Qui n'est pas pour moi est contre moi. Ils répètent et appliquent la formule inverse : Qui n'est pas contre moi est pour moi; ils ont ce bonheur, que l'événement, chez eux, vérifie la formule. Si l'établissement d'un régime corporatif leur paraissait urgent, nulle terreur religieuse ne les en dissuaderait. Une politique de large tolérance, une charité nullement exclusive, assurent aux prélats d'Amérique, le droit de faire observer, par des groupements hétéroclites de confessions diverses, les enseignements moraux et sociaux du catholicisme.

1. KETTELER, *La question ouvrière et le christianisme* (cité par le P. de PASCAL, *Association catholique*, 1887, II, p. 373).

VIII

C'est ainsi que, suivant les pays, le développement de l'association, auquel les catholiques
travaillent, présente des formes variées et des
aspects divers : en Angleterre et en Amérique,
vastes syndicats ouvriers libres ; en Autriche,
corporations rigoureusement réglées et obligatoires ; en France, syndicats mixtes de patrons et
d'ouvriers chrétiens.

Quelle que soit la variété de ces institutions,
elles répondent toutes à une urgente nécessité,
qu'on retrouve sous toutes les latitudes ; je
veux dire : le besoin d'une organisation professionnelle.

Ce besoin, présentement, est senti par les
ouvriers. Ils savent que ce n'est pas seulement
une convenance de tactique, mais la nature des
choses, qui les convie à se grouper. Le groupement même, centuplant leur forces, les rendra
vainqueurs ; mais ce n'est pas uniquement pour
vaincre qu'ils s'associent. Car cette association
entre gens exerçant la même profession n'est
point une alliance de circonstance, décidée par
la volonté changeante des hommes ; elle ne consiste point en une convergence d'efforts toute
provisoire, précédant un nouvel éparpillement.
Il y a là, suivant l'heureuse expression de M. Jean

Loesevitz, une corporation naturelle [1], elle résulte de ce fait qu'un certain nombre d'hommes exercent le même métier, et ont par conséquent des intérêts communs. A l'heure présente, où nous sommes contraints d'édifier laborieusement des syndicats, ces syndicats nous apparaissent comme une œuvre humaine, voulue par nos caprices, réalisée par nos efforts. Mais il importe de ne point nous faire illusion : en fondant des syndicats, nous n'ajoutons rien à la nature; nous corrigeons cette sorte de violence à la nature, que commit la Révolution en déclarant superflue toute organisation du travail. Le constituant Chapelier parlait des « prétendus intérêts communs des ouvriers. » Reprenez ce langage, aujourd'hui, devant des gens de métier; vous leur ferez l'effet, non d'un « révolutionnaire », mais d'un « conservateur. » Chapelier, par de telles dénégations, s'insurge contre l'évidence même des faits.

« Dans chaque territoire existe un ensemble de gens qui consacrent régulièrement leur activité à une même production; cet ensemble s'appelle la profession. » Il y a là un lien naturel entre un certain nombre d'hommes; il y a là une entité réelle. Le quartier, la commune, le département, créent des liens entre ceux qui les habitent, liens fondés sur la proximité de domicile; on nous organise ensemble, mes voisins et moi-

1. Loesevitz, *Législation du travail*, seconde partie, p. 141.

même, pour élire des mandataires, parce qu'on suppose qu'habitants du même territoire nous avons à ce titre des intérêts analogues : on veut que ces intérêts reçoivent une expression légale, et l'on a raison. Ce fait concret, que nous vivons toute l'année les uns à côté des autres, reçoit ainsi une sorte de consécration, de ratification ; c'est un hommage que les institutions publiques rendent à la nature ; elles tiennent compte de la réalité. Mais la communauté de métier n'est-elle pas un fait du même genre [1] ? Entre ceux qui se dévouent au même travail, n'existe-t-il pas des liens ? Il semble même que les liens entre confrères soient plus robustes et plus intimes que les liens entre voisins ; car il est quelque chose de beaucoup plus inhérent à chacun de nous que son domicile, c'est son métier. On a pu faire, par un article de loi, que l'homme cessât d'être serf de la glèbe ; mais l'homme demeurera toujours, par les nécessités mêmes de la vie, le serf de l'outil qu'il maniait dès l'enfance. Notre profession est une partie de notre personnalité ; et notre habileté technique nous suit partout. Il existe donc un certain nombre d'êtres, absorbés par les mêmes occupations quotidiennes, exposés aux mêmes périls, soucieux des mêmes avantages, et se ressemblant les uns aux autres, non point d'une analogie extérieure et superficielle,

1. Voyez Henri Lorin, *Association catholique*, 1892, II, p. 12-13.

mais par un élément intime qui est comme une seconde nature et que j'appellerais volontiers le culte du même métier. Ce n'est pas le hasard qui les rapproche, c'est tout le cours de leur vie. Leur rapprochement n'est pas une rencontre, ni un croisement, ni même une jonction ; c'est une confraternité. Voici cent ans que la mauvaise organisation du travail les condamne à être des rivaux acharnés ; et ils persistent à se dire des « confrères. »

Il est tellement absurde que le métier soit une source de conflits entre ceux qui l'exercent, que la langue française se refuse à nommer cette absurdité. Lorsqu'ils veulent marquer leur rivalité, ils n'ont qu'un mot : ils se disent des « concurrents. » Et c'est vrai : ils parcourent ensemble la même voie. Il semble au contraire que ce mot « concurrents » doive impliquer et prêcher l'union. C'est par l'effet même de l'anarchie du métier, c'est parce que leurs relations n'étaient pas ordonnées, et parce que les conditions de leur émulation n'étaient pas réglées, qu'ils ont tous été conduits, bons et mauvais, à considérer la concurrence comme une lutte pour l'existence, et la ruine du concurrent comme une nécessité vitale pour eux-mêmes. Rendez à ces patrons les moyens de s'entendre, et vous les émanciperez, dans une certaine mesure, de la loi tyrannique de l'offre et de la demande ; ils concerteront des habitudes communes de vente, une attitude commune à l'égard des acheteurs ; ils rapprendront

cet art oublié, que possédaient les anciens maîtres de métiers : parvenir à l'aisance sans en
exclure autrui. Rendez à ces ouvriers, aussi, les
moyens de s'entendre, et cette « liberté » du
travail, dont vous êtes si fiers et dont vous les
leurrez, deviendra peut-être un peu plus effective : ils s'obligeront, entre eux, à ne point
accepter des salaires de famine, à ne point travailler au-delà d'un certain nombre d'heures.
Lorsqu'un ouvrier soulève ces questions, le
patron répond en lui substituant le sans travail
qui passe, et en le rendant à son tour vagabond.
Ces arguments, qui ne sont point des solutions,
ne prévaudront pas toujours contre un groupement de travailleurs.

Et supposez, enfin, les patrons organisés et
les ouvriers organisés : immédiatement, par des
délégations respectives, ces deux organisations
peuvent entrer en contact, s'écouter entre elles,
converser, discuter, négocier ; chacune aura ses
ambassadeurs légitimes, qui régleront, avec les
représentants de l'autre partie, les questions
intéressant le métier [1].

---

1. « On peut tirer des syndicats séparés des chambres syndicales mixtes qui rapprochent les deux éléments » (DE MUN,
Discours, V, p. 385). Cette conception correspond très exactement aux idées qui furent exposées, il y a quelques années,
à l'occasion d'une enquête sur les associations syndicales, par
le président de la chambre des mécaniciens de Paris.

Il s'expliquait en ces termes : Entre le groupe de patrons et
le groupe d'ouvriers de la même profession, se débattent des
questions soulevées par leur intérêt réciproque, et qui ont,

Ainsi, à cette entité réelle que constitue le métier, il faut une expression légale. Aujourd'hui, cette expression manque complètement. M. Henri Lorin, pour combler cette lacune, propose le système suivant : « Tout travailleur serait

quoi qu'on fasse, un caractère d'antagonisme résultant forcément des conditions économiques dans lesquelles nous nous trouvons placés... Fondez ces groupes ensemble ; vous aurez des discussions interminables, irritantes. Tenez ces deux groupes distincts, mais mettez-les en rapport par des délégués : les patrons feront connaître leurs raisons, les ouvriers présenteront les leurs ; et vous verrez naître l'entente et la concorde ». (Cité dans Loesevitz, *Législation du travail*, seconde partie, p. 147-148).

« La résistance à cette idée, il faut bien le reconnaître, est venue des patrons » : ainsi parle M. Desportes, dans les conclusions de l'enquête sur les associations syndicales faite par la Société d'Economie charitable (page 283). Voyez d'autres preuves de cette résistance regrettable, dans Loesevitz, *Législation du travail*, seconde partie; p. 124, n. 2. — C'est précisément de cette façon que vient de s'organiser, en Belgique, sous les auspices de la Ligue démocratique, l'Union nationale des travailleurs de bois. Les syndicats de patrons nomment un comité de cinq membres ; les syndicats d'ouvriers font de même. Ces deux comités étudient séparément les affaires, puis se réunissent pour les traiter en commun. « Voilà le syndicat mixte sérieusement organisé », écrit M. de Ségur-Lamoignon (*Assoc. cath.*, 1893, II; p. 667-668). Au même moment, en France, le syndicat des mineurs de Sin-le-Noble réclamait l'institution de comités professionnels et permanents de conciliation et d'arbitrage, composés d'un nombre égal de délégués patronaux et ouvriers : cette demande si naturelle fut repoussée par les directeurs des mines (*Assoc. cath.*, 1893, II, p. 672-673). — M. Lecour-Grandmaison proposait à la dernière législature la constitution de conseils mixtes composés de délégués des patrons et des ouvriers, et dont les décisions auraient eu la valeur d'arrêts de règlement. — Voy. aussi l'art. de M. Heurtaux-Varsavaux sur la représentation professionnelle dans l'industrie (*Monde latin*, juin 1893).

rattaché à une organisation publique et partici-
perait par voie de *referendum* à sa réglementation[1]. » Ce plan d'organisme professionnel,
ainsi formulé, nous paraît marquer une réaction
très significative, et contre certains rêves qui
reculeraient trop loin dans l'avenir l'institution
désirée, et contre certains archaïsmes, dont les
amateurs reculent trop loin dans le passé.

Pour réaliser une organisation professionnelle,
il n'y a rien à détruire ; il n'y a qu'à construire.
A l'émiettement, succédera la convergence ; au
chaos succédera l'ordre. Les ouvriers, fatigués
de ce morcellement qui leur est préjudiciable à
tous, ont commencé à reconstruire : en France,
par exemple, ils ont activement profité de la loi
de 1884 sur les syndicats ouvriers. Les patrons
sont condamnés par le régime actuel à une rivalité féroce, dont quelques-uns sortent millionnaires ; et comme beaucoup espèrent une telle
retraite, ils sont généralement plus rebelles aux
idées d'organisation. Certains d'entre eux, d'ailleurs, répudient les principes mêmes de toute
organisation professionnelle, parce que ces principes impliquent, pour l'employé, le droit de
« discuter » avec l'employeur : « jaloux de leurs
propres droits, dit M. de Mun, ils n'ont pas voulu
reconnaître ceux des ouvriers et leur permettre
de s'associer pour traiter avec eux dans des conditions d'égalité[2] ». Un illustre représentant de

1. *Association catholique*, 1892, II, p. 22.
2. *Assoc. cath.*, 1893, II, p. 73. Ces objections de certains

cette intransigeance, M. Emile Ollivier, écrivait dernièrement que « le travail n'a pas de droits distincts de ceux du capital [1] ».

Les catholiques sociaux, eux, proclament les droits du travail.

Pour assurer aux masses ouvrières une organisation, garantie nécessaire de ces droits, doivent-ils attendre plus longtemps ? Un certain nombre ne le croient pas. « L'organisation obligatoire des professions, écrivait récemment M. Henri Lorin, s'impose, en droit comme en fait, au point de vue des exigences de la justice comme des nécessités du temps présent ». Cette constatation doit suffire.

Les socialistes révolutionnaires, au nom de ces exigences et de ces nécessités, s'occupent de grouper des ouvriers [2]. On comprend que certains catholiques, qui n'ont pas le goût de la défaite, veuillent eux-mêmes substituer à la période de la conception, celle de l'action.

En Belgique, la période de l'action a commencé. On a répudié les projets vagues : on

---

patrons contre toute organisation ouvrière sont bien réfutées par M. Brants, professeur à l'Université de Louvain, dans sa brochure : *Hier et demain.*

1. *Solutions politiques et sociales*, p. 45.

2. Dans une récente brochure, intitulée : *La conciliation industrielle et le rôle des meneurs*, M. l'ingénieur WEILER, étudiant l'origine et le rôle des *meneurs*, fait très bien comprendre que l'activité de ces personnages répond à un besoin du monde ouvrier : cette représentation rudimentaire et brute remplace provisoirement, pour eux, la représentation régulière et organisée.

conçoit nettement la nécessité d'une organisation professionnelle. M. l'abbé Pottier [1], de Liége, M. Verhaegen, de Gand, M. Michel Levie, de Charleroi, M. Léon Mabille, M. Helleputte, travaillent à fonder, sur une base chrétienne, des syndicats exclusivement ouvriers.

Cela effraye les conservateurs belges : « Vous armez l'ouvrier pour la lutte, objectent-ils aux démocrates ; vous préparez donc la lutte. » En parlant de la sorte, ils oublient, tout simplement, que le capitaliste et le travailleur ont des intérêts différents : l'exacte mesure dans laquelle chacun de ces intérêts doit recevoir satisfaction n'est fixée, à l'heure actuelle, par aucune règle ; ce conflit naturel est prolongé, perpétué, rendu plus aigu, par cette absence de règle. Deux ennemis sont en présence : le patron craignant ses ouvriers, parce que parfois, aux périodes de grèves, ils ont des revanches terribles ; l'ouvrier craignant le patron, parce que, dans les périodes de travail, il doit subir toutes les exigences

---

1. M. l'abbé Pottier, professeur de théologie morale au grand séminaire de Liège, consacre spécialement ses efforts à la fédération des mineurs chrétiens du bassin (voy. *Association catholique*, 1893, I, p. 453-455) et au développement des coopératives. L'efficacité et l'opportunité de cette dernière institution sont en Belgique l'objet de vifs débats. M. Pottier s'en est fait l'avocat, d'abord dans une brochure : *La coopération et les sociétés ouvrières* (Liége, Demarteau, 1890), puis au Congrès de la ligue démocratique en 1893.

La lutte victorieuse qu'il soutint à ce Congrès en faveur des coopératives est exposée dans l'*Association catholique*, 1893, II, p. 388-395.

ou recevoir congé. Ce que le patron ajoute au salaire de l'ouvrier, il l'enlève à ses propres bénéfices. Quelle que soit la générosité de l'un, la résignation de l'autre, ce sont des rivaux. La masse des travailleurs et la masse des capitalistes apparaissent comme deux forces, l'une à l'autre hostiles.

Les catholiques doivent souhaiter que ces hostilités aient un terme. Entre les belligérants, des négociations sont nécessaires : il manque les négociateurs. Terrible est une guerre, lorsqu'il n'existe nul moyen de préparer la paix ; le conflit actuellement engagé entre le capital et le travail paraît éternel, parce que les deux adversaires n'ont jamais eu la possibilité de s'expliquer.

C'est précisément ce terrain de rencontre, ce moyen d'entente, cette possibilité d'accord, cet indispensable instrument de paix, que M. l'abbé Pottier veut créer en Belgique. Beaucoup de catholiques lui vantaient, et lui vantent encore, les syndicats mixtes ; mais, avant d'associer ensemble ouvriers et patrons, il importerait de les réconcilier ; et le syndicat mixte ne plaît beaucoup ni aux uns ni aux autres. L'abbé Pottier veut grouper les travailleurs dans des syndicats purement ouvriers : les délégués de ces syndicats s'entendront avec les délégués des patrons pour régler toutes les questions relatives au travail. On discutera : le patron saura ce que demande l'ouvrier, précisément ; l'ouvrier connaîtra ce qu'il peut obtenir, exactement. Et cet échange de communications sera l'acheminement vers la paix [1]. Cette organisation sera durable : elle fonctionnera, toujours active, pour étudier, au fur et à mesure qu'ils surgiront, les différends, nécessairement fréquents, entre patrons et ouvriers. Après avoir transformé la lutte anarchique en lutte organisée, et, par l'effet même de l'organisation, terminé cette lutte, les nombreux syndicats ouvriers que M. l'abbé Pottier multiplia dans le bassin de Liège et ses amis dans le reste de la Belgique préviendront, dans l'avenir, l'explosion de nouvelles hostilités.

Les peuples réalisèrent un grand progrès lorsque les différends qui les séparaient, loin d'entraîner fatalement la guerre, commencèrent d'être réglés par des pourparlers diplomatiques. C'est un progrès du même ordre que les chrétiens sociaux de Belgique veulent obtenir, au point de vue social : à la période de guerres éclatant fatalement et s'éternisant fatalement, ils veulent substituer celle des pourparlers, qui arrêtent ou préviennent les guerres.

1. Voyez à ce sujet le discours de M. Michel LEVIE au premier Congrès de Bruxelles (*Association catholique*, 1892, II, p. 569).

2. Voyez au sujet des syndicats de Liège, l'*Association catholique*, 1893, I, p. 453-455.

IX

Voilà sept ans qu'ils travaillent, c'est au lendemain des terribles grèves de 1886 que ces catholiques belges résolurent de fédérer les forces chrétiennes sociales. Lentement, ils élevèrent l'édifice; pour presser la création des corporations ou syndicats, et pour leur donner un centre, ils créèrent, en 1891, la Ligue démocratique belge.

Cette Ligue ne groupe pas entre eux des travailleurs isolés ; elle groupe des associations ouvrières préalablement existantes; toute société d'une ville belge, quelque métier qu'elle représente, peut s'affilier à la Ligue démocratique, pourvu que la religion, la famille et la propriété, soient respectées, par les ouvriers réunis, comme des principes inattaquables. Ainsi, dans la pensée des fondateurs de la Ligue, l'ouvrier chrétien de Belgique doit être tout d'abord membre d'une association locale, ensuite et par surcroît il délègue un de ses camarades, ou bien, est délégué lui-même au congrès de la Ligue démocratique. Le congrès entend les vœux spéciaux des métiers, il les recueille, les centralise, et forme ainsi des sortes de cahiers. De telles revendications doivent une autorité singulière à la façon dont elles sont préparées, débattues et votées;

elles ne représentent pas l'opinion personnelle de quelques individus, mais l'opinion collective des ouvriers chrétiens belges. Les congrès sont courts ; mais les vœux qu'ils formulent ont été l'objet d'une élaboration lente et mûre, dans les divers groupements de travailleurs. C'est ce que j'appellerais volontiers la discussion en première lecture, s'il était permis d'appliquer à ces organismes encore neufs, vivants et sincères, les termes vieillis ou faussés de notre langue parlementaire actuelle. Au congrès même a lieu la discussion en seconde lecture ; et le vote qui la termine est rendu, en connaissance de cause, par les députés de bon aloi, véritables représentants des intérêts ouvriers, qu'a désignés le suffrage des métiers chrétiens. Voilà le mécanisme de la Ligue démocratique belge ; c'est une organisation ouvrière au second degré ; ce n'est pas une collection d'individus, c'est une collection de groupements. A la fin de 1893, 125 sociétés ouvrières chrétiennes, de toutes localités et de tous métiers étaient affiliées à la Ligue démocratique. Ainsi s'accomplit, rapidement, la réorganisation professionnelle en Belgique.

La Ligue démocratique a déjà eu trois congrès en 1892, 1893 et 1894. Le second de ces congrès demeure un épisode important dans l'histoire de l'organisation professionnelle en Belgique. On y décida l'établissement de fédérations nationales de métiers, pour les dix professions suivantes : Maçons, peintres, boulangers, mineurs, tisserands, tailleurs, cordonniers, métallurgistes, ébénistes, commis; chacune de ces professions était représentée au congrès par un certain nombre de délégués des diverses villes belges; ils se groupèrent en conciliabules professionnels, et concertèrent une entente nationale entre les ouvriers du même métier. Ainsi l'organisation a conquis un surcroît de précision, elle a fait un pas de plus; elle a monté d'un degré. Entre la fédération nationale et l'entente internationale, il ne reste plus à gravir qu'un échelon. Voilà le résultat obtenu, en Belgique, après quelques années d'efforts, par les catholiques sociaux.

Et M. de Mun a pu écrire avec raison, dans sa lettre à M. Helleputte, du 16 octobre 1893 : « Le spectacle offert par tous ces ouvriers exprimant, sans haine, leurs doléances et leurs besoins, opposant au collectivisme l'organisation professionnelle et corporative, à la passion révolutionnaire la force d'un mouvement pacifique dirigé par les principes chrétiens, est fait pour éveiller toute la sympathie de ceux que préoccupe l'avenir social de notre temps [1]. »

Il est un autre pays d'Europe où l'organisation professionnelle est plus proche encore de son achèvement : c'est la Suisse. Ici, le résultat n'est pas, comme en Belgique, l'œuvre exclusive des

---

1. DE MUN, *Discours*, V, p. 363-367. — On peut consulter sur la *Ligue démocratique*, et en particulier sur son congrès de 1893, notre article de l'*Assoc. cath.*, 1893, II, p. 379-403.

catholiques. Mais le Dr Decurtius en est l'un des principaux ouvriers. Toutes les associations de travailleurs suisses sont fédérées entre elles; tous les trois ans, leurs représentants s'assemblent en un Congrès. En 1890, ce Congrès se tint à Olten; en 1893, à Bienne : dans l'un et l'autre, Decurtins eut un grand rôle. Il y a dans ces assemblées des hommes de toutes croyances et de tous partis : les sept huitièmes, environ, du corps ouvrier suisse, y sont représentés. C'est un vrai Parlement du quatrième Etat.

On discute dans ce Parlement, et l'on prend des résolutions : elles sont transmises au Secrétariat général ouvrier, dont les agents sont nommés par le Congrès, reconnus et subventionnés par la République [1]. Ainsi l'État, en Suisse, ratifie l'existence d'une sorte de bureau permanent des intérêts ouvriers; l'institution reste autonome et possède, pourtant, le prestige et les avantages d'une institution d'État. Tel est le développement actuel de l'organisation professionnelle en Suisse. En avril 1893, au congrès de Bienne, on a décidé, de plus, la formation de syndicats obligatoires dans chaque profession; les patrons se grouperont de leur côté, les ouvriers du leur; et, ces groupes s'entendront pour régler la journée normale, l'apprentissage et le salaire. Les syndicats d'un même canton se

---

1. Le mécanisme de cette institution est bien exposé dans la *Monatschrift für christliche Sozial-Reform*, 1888, p. 457-475.

fédèreront entre eux, et la commission qui sera l'organe de cette union tranchera les conflits entre les syndicats patronaux et ouvriers. Au-dessus de ces fédérations de cantons, une fédé-ration nationale existera pour chaque métier, et sera l'expression suprême des intérêts et des volontés de ce métier. M. Favon, démocrate, a fait approuver ces décisions par le Congrès de Bienne, avec le complet assentiment de M. Decur-tins, catholique, qui les avait depuis longtemps inscrites dans son programme social [1].

X

L'encyclique *Rerum Novarum* marque la nécessité des associations professionnelles. Elle est assez nette pour encourager, partout, ceux qui les souhaitent, et plus spécialement encore ceux qui les créent; elle est assez large pour les laisser juges, dans chaque pays, de la forme d'association qui doit être préférée. Elle admet, elle proclame que les circonstances de temps et de lieu suggèrent ou imposent des modes de groupement divers.

1. Voyez Henri Lorin, *Association catholique*, 1893, I, p. 543-545. Sur la situation actuelle des associations catholi-ques suisses à l'égard de l'ensemble du parti ouvrier, on trouvera les renseignements nécessaires dans l'*Association catholique*, 1894, II, p. 427.

« C'est avec plaisir, écrit le pape, que nous voyons partout se former des sociétés de ce genre, soit composées des seuls ouvriers, soit mixtes, réunissant à la fois des ouvriers et des patrons. »

Ainsi le pape Léon XIII n'est point un ennemi des syndicats exclusivement ouvriers. Pesez encore les fortes paroles que voici : « Les ouvriers chrétiens n'ont plus qu'à choisir entre ces deux partis : ou de donner leur nom à des sociétés dont la religion a tout à craindre, ou de s'organiser eux-mêmes et de joindre leurs forces pour pouvoir secouer hardiment un joug si injuste et si intolérable. Qu'il faille opter pour ce dernier parti, y a-t-il des hommes vraiment à cœur d'arracher le souverain bien de l'humanité à un péril éminent, qui puissent avoir là-dessus le moindre doute ? »

Si tous les catholiques s'abstenaient d'un semblable doute, condamné par le Souverain Pontife, M. l'abbé Pottier, dont nous parlions tout à l'heure, n'aurait point à lutter contre les conservateurs belges avant de vaincre les syndicats socialistes. Aux yeux du pape Léon XIII, l'association ouvrière doit être un instrument d'émancipation.

Jadis encore, certains économistes catholiques affirmaient que la fondation de confréries ouvrières était le seul rêve de la papauté. M. Charles Périn alléguait le *motu proprio* de Pie IX, relatif aux corporations de la ville de Rome ; et

M. Claudio Jannet alléguait ces paroles de Léon XIII, prononcées en 1882, devant une députation d'ouvriers du Piémont et de la Ligurie : « Nous considérons comme chose très louable que les artisans et ouvriers italiens s'unissent en associations fraternelles, à l'ombre de la religion catholique [1]. »

La mise en pratique de l'encyclique *Rerum Novarum* comporte, aujourd'hui, de tout autres développements de l'esprit corporatif.

Le Souverain Pontife souhaite que les associations ouvrières résolvent les questions relatives au salaire, à la durée de la journée du travail, à l'hygiène des mines. Voilà les fonctions qu'il assigne aux corporations ou syndicats : on peut mesurer aisément, dès lors, les droits qu'il leur reconnaît.

Certains ont jugé que les pages de l'encyclique *Rerum Novarum* concernant les associations étaient dépourvues de précision. Elles enseignent cette doctrine, que l'association ouvrière est faite, avant tout, pour exercer une fonction économique et sociale, — conformément aux principes chrétiens, bien entendu. Je soumets cette simple remarque aux adversaires du document pontifical. J'espère qu'ils cesseront de le trouver vague, et je crains un peu qu'ils ne commencent à le trouver trop précis.

1. *Association catholique*, 1882, 1, p. 779.

CHAPITRE III

SECOND MOYEN POUR FAIRE RÉGNER LA JUSTICE SOCIALE : LA LOI, L'ÉTAT

I. Ni la réalisation du rêve du *patronage* ni le fonctionnement d'une *organisation professionnelle* ne dispensent le pouvoir public de tout devoir envers l'ouvrier : cette réalisation et ce fonctionnement supposent, au contraire, qu'il remplit certains devoirs. On peut concevoir, en outre, l'intervention directe de l'État dans les questions ouvrières. — II. Objections de principe contre l'intervention de l'État : elles reposent sur une fausse notion de la *liberté* et sur l'oubli de la notion de *société*. La fin de l'État est de faire régner l'*ordre :* divers sens du mot *ordre*. Devoirs qui s'imposent à l'État lorsque l'ordre résulte de l'existence d'un certain nombre d'organismes autonomes. Devoirs qui s'imposent à lui lorsque ces organismes n'existent pas. Question pratique qui divise les catholiques. Vivant sous un régime individualiste, les faibles, provisoirement, n'ont qu'un recours contre l'injustice : l'État. — III. Objections de fait contre l'intervention de l'État : l'État moderne s'incarne dans un parti ; l'État moderne est souvent antireligieux : l'entraînement vers l'organisation socialiste est fatal. Néanmoins il ne peut exister de non-interventionnistes parmi les catholiques. — IV. Les catholiques anglais et les idées interventionnistes : étrange développement de ces idées dans le pays du *selfhelp*. — V. Progrès des idées interventionnistes en Allemagne depuis Ketteler. — VI. Progrès des idées interventionnistes en France et en Belgique : les deux congrès de Liège. — VII. Graves discussions sur la *limite* de l'intervention de l'Etat : le minimum de salaire. — VIII. Accord à peu près unanime sur la *méthode* de l'intervention de l'Etat. L'Etat ne rendra pas les associations inutiles : car l'Etat doit promulguer les lois générales du travail, et les associations doivent promulguer les lois de détail. Harmonie et solidarité des deux moyens auxquels recourt l'Eglise pour faire régner la justice sociale. — IX. Doctrine de l'Encyclique sur l'intervention de l'Etat. — X. Comment les mêmes raisons qui rendent utile, dans l'intérieur de chaque Etat, une législation ouvrière, font désirer une législation internationale. — XI. Les catholiques et l'idée d'une législation internationale : Decurtins, Jacobini, la conférence de Berlin. — XII. Rapports entre l'idée internationale et l'ancienne idée de chrétienté. — XIII. La lettre du pape à Decurtins sur une législation internationale. Comment l'Eglise, seule puissance internationale, espère reprendre un rôle international actif en intervenant dans les conflits du travail et du capital.

I

Supposons, en premier lieu, la réforme sociale se réalisant par le patronage que rêvait Le Play, c'est-à-dire, en définitive, par la charité. On ne peut exiger, pourtant, de tous les industriels, qu'ils transforment le *patronat* en *patronage*[1];

1. Il semble, d'ailleurs, que l'époque contemporaine nous fasse assister à la déchéance du *patronage*. Dans son livre : *Solutions sociales et politiques*, p. 72-79, M. Emile Ollivier en donne d'instructifs exemples. La Compagnie d'Anzin avait établi des économats; elle encourage ses ouvriers à créer peu à peu des sociétés coopératives de consommation. Elle avait créé des caisses de retraite; elle a créé le livret individuel, et affilié ses ouvriers à la Caisse nationale des retraites. « Le patronage correctif d'une subordination abolie, n'est plus une

on ne peut l'attendre, surtout, des sociétés anonymes. Une collectivité de capitalistes, nécessairement ignorants du travailleur, et même du travail, exclusivement soucieux du revenu : tel est
alors le patron. « Où est le cœur, où est l'humanité de la société anonyme ? » s'écriait
en 1888, à la Chambre des Députés, le comte
Albert de Mun [1]. Or, un grand nombre d'ouvriers,
et ceux dont le sort est le plus à plaindre, les
mineurs, travaillent pour des sociétés anonymes.

Oublions même, un instant, l'existence de ces
sociétés, et souvenons-nous, une fois encore, de
ces fatalités économiques, qui trop souvent contrarient le maintien de la justice sociale ou en
paralysent l'application. Par l'effet même des
lois de la concurrence, le patron qui exploite
l'homme-machine ou qui marchande le salaire,
évince du marché le patron qui fait ce qu'il doit :
il sera châtié de ses vertus, suivant un mot spirituel de Dupin. Qui donc rétablira l'équilibre,
en empêchant l'équité d'être une cause de faiblesse ? Ce ne peut être que le « prince », comme
on disait au moyen-âge, le pouvoir public, comme

nécessité. Il s'affaiblira jusqu'à ce qu'il disparaisse totalement » (p. 79-80).

1. DE MUN, *Discours*, IV, p. 69. Le cardinal SIMOR, archevêque de Gran et primat de Hongrie, dit pareillement :
« Il peut se trouver des patrons industriels compatissant au
sort misérable de leurs ouvriers ; mais en est-il ainsi avec les
sociétés anonymes ? » (*Association catholique*, 1885. I, p. 613).
M. Claudio JANNET reconnaît que l'objection est importante
(*L'Organisation du travail d'après Le Play*, p. 27).

on dit aujourd'hui : par la loi il forcera tous les patrons d'observer la justice, et préservera de la ruine ceux qui l'observaient déjà [1]. Que le rêve du patronage, conçu par Le Play, se réalise universellement : alors le « prince » pourra se retirer, sa protection sera devenue inutile. Mais si les patrons qui réalisent ce rêve risquent de succomber à la concurrence écrasante des patrons qui ne le réalisent pas, il faut alors qu'une force supérieure empêche l'idée de justice sociale de n'être qu'une utopie ruineuse : cette force sera l'État.

Supposons, en second lieu, la réforme sociale se réalisant par l'établissement définitif d'une solide organisation corporative. Ces corporations ne peuvent naître, vivre, se développer que par la bienveillante tolérance du pouvoir ; le pouvoir, aussi, créera leur monopole; si quelque débat s'élève entre elles, le pouvoir, encore, sera juge du débat; et si le consommateur se plaint à leur sujet, le pouvoir enfin sera juge de la plainte.

Ce serait une erreur d'opposer l'un à l'autre et de juger incompatibles ces deux remèdes du

1. « Notre plus grand désir, écrivaient naguère des industriels de Tourcoing, est qu'on ne nous condamne pas, par les nécessités de la concurrence, à travailler la nuit. » (*Association catholique*, 1890, II, p. 183). En 1881, les ouvriers de Reims demandaient la réduction de la journée de travail à dix heures ; et les fabricants furent forcés de répondre : Si nous accordons cette réduction, nous serons battus par tous les industriels de la campagne et des autres centres qui n'auront pas pris la même mesure que nous ». Voyez Loesevitz, *Législation du travail*, seconde partie, p. 13.

mal social : le remède que fournit l'organisation corporative, le remède que peut imposer le pouvoir. Ils ne s'excluent pas ; ils se complètent plutôt l'un l'autre, comme on le verra mieux par la suite.

On peut aller plus loin et concevoir l'intervention directe du pouvoir dans les règlements de l'industrie. Il ne serait pas seulement une autorité d'appel, qu'invoquerait en certains cas le groupement corporatif, législateur attitré du travail : il serait lui-même ce législateur, armé d'une très grande puissance, et la mettant au service de la justice sociale et des intérêts ouvriers.

II

Notre cerveau est ainsi façonné par les doctrines des derniers siècles, que nous ne savons plus au juste ni ce qu'est la liberté, ni ce qu'est le pouvoir. Sans définir la liberté, nous en souhaitons un maximum ; sans définir la puissance publique nous la voulons réduire au minimum. Autour de notre esprit, ces deux maximes élèvent comme une sorte de muraille : il ne la franchit pas. C'est dans cette muraille qu'il importe de faire brèche ; et nous pourrons, ensuite, discuter sainement le problème de l'intervention de l'État [1].

1. Nous devons indiquer, dès le début de ce chapitre, les importants articles de M. Jean Loescvitz sur la législation du

Ens rationale, liberum et sociale : ainsi la scolastique définit l'homme. Raisonnable, il agit en vue d'une fin; libre, il ne fait un acte qu'après avoir eu le choix de le faire ou de ne pas le faire : il est donc cause d'action, et en a conscience; l'activité libre est un fait primitif. Mais il est un autre fait primitif : c'est l'existence de la société. Des millions d'hommes vivent ensemble; ils agissent et réagissent les uns sur les autres, et, pour vivre, ont besoin les uns des autres.

Dans le monde physique, les forces ne sont pas des forces libres : fatalement, par l'effet de ce qu'on appelle des *lois* ou des *harmonies providentielles,* elles convergent, en vue de l'ordre du monde.

Dans la société, les agents humains, forces morales, sont des forces libres : ils ne concourent pas, d'une façon naturelle et spontanée, à l'ordre général; par l'effet même du libre arbitre, ces forces peuvent diverger.

L'existence de la liberté humaine et l'existence de la société sont deux faits simultanés, concomitants : il ne faut jamais oublier le second lorsqu'on envisage le premier [1]. Si l'on isole par

travail, publiés dans l'*Association catholique* et le *Contemporain.* On y trouvera tout à la fois l'exposé des principes qui justifient l'intervention de l'Etat et doivent y présider, et des renseignements, nombreux et précis, sur la législation ouvrière dans les divers pays.

1. Dans ses *Institutiones juris naturalis,* p. 471-476 (Fribourg, 1885), le P. Th. Meyer, Jésuite, écrit : *In* HOMINIS

la pensée l'individu libre, on spécule dans l'abstrait ; on néglige la création, et l'on crée soimême une entité. C'est précisément l'erreur de la doctrine individualiste. En considérant l'agent humain comme un être pris en soi, en le détachant de la vie sociale et en faisant ainsi abstraction de ses *relations* nécessaires, cette doctrine l'investit, comme d'un attribut primordial, des prérogatives de l'*absolutisme*. Dès lors, la conception de la liberté se transforme ; elle se confond avec celle de la souveraineté. Être libre, ce n'est plus avoir la faculté d'agir en vertu de sa propre détermination, c'est jouir théoriquement d'une indépendance illimitée.

Que devient ce souverain créé par l'abstraction, quand il se trouve en face de la réalité, parmi ses semblables ? « Le milieu social ne peut que lui sembler une entrave, et autrui un obstacle à l'épanouissement de son individualité. Toute règle prend à ses yeux le caractère d'une atteinte à son indépendance native, d'une restriction de ses droits naturels. La logique l'en-

LIBERTATE *aut personalitate qua tali et abstracte consideraia summum juris principium fundari nullatenus potest ; omnis juris naturalis asserendi ratio et mensura in* RECTO VITÆ SOCIALIS ORDINE *naturaliter sancito reponenda est.* — On doit consulter aussi, pour le développement de ces idées, l'ouvrage du P. de Pascal : *Philosophie morale et sociale.* Il contient une excellente réfutation de ce subjectivisme individualiste qui est à la base de la morale de Kant, et sur les ruines duquel on restaure aujourd'hui la notion de solidarité (voy. Recolin, *Solidaires*, p. 4, n. 1. Paris, Fischbacher).

traîne à penser que l'idéal serait dans la suppression de toute règle. Comment pourrait-il avoir foncièrement et pratiquement le respect d'autrui [1] ? » Ce respect fait défaut en effet : tous se croisent et s'entrecroisent, se poussent et se repoussent entre eux, s'envahissent et se refoulent, réciproquement ; cet assemblage chaotique usurpera peut-être le nom de société, mais ne le mérite pas. Une addition de causalités, qui poursuivent toutes des fins particulières et souvent exclusives les unes des autres ; est-ce là une société?

« Si elles opèrent chacune à leur gré en s'ignorant entre elles, il est impossible que par le simple effet de leur jeu l'harmonie s'établisse dans l'ensemble de leurs actions simultanées et de leurs mutuelles répercussions; et, sans harmonie, c'est le désordre, la lutte, la destruction réciproque. Ainsi l'existence du libre arbitre empêche que la paix ne naisse spontanément au sein d'une collectivité humaine [2]. »

1. « Ce souverain créé par l'abstraction a forcément tous les droits et n'a aucun devoir ; il doit poursuivre l'extension de sa personnalité individuelle, sans se préoccuper de la fin commune d'une collectivité, qu'on a fait évanouir pour les besoins de la cause. Lorsqu'on le replacera plus tard au sein de cette collectivité, ce ne sera plus une partie d'un tout ; ce sera un tout contre un tout ; il n'y aura plus de coordination possible, ni d'harmonie ; dès le premier contact, il devra y avoir choc et conflit » (Léon Bussoul, *Assoc. cath.*, 1893, II, p. 698-699).

2. Henri LORIN, *Association catholique*, 1892, II, p. 7. — Cf. Liberatore, *Principes d'économie politique*, trad. de Sacy, p. 273 : « Si du choc des seuls intérêts privés peut naî-

Or, l'intérêt même de tous les agents libres requiert l'établissement de l'harmonie et de la paix. A la faveur du désordre, quelques-uns seulement se développent ; ils écrasent les autres, jusqu'à ce qu'ils soient eux-mêmes écrasés par de plus forts. Il ne sert de rien, alors, à la grande majorité des hommes, d'avoir conscience qu'ils peuvent être des causes d'action : ces causes sont annihilées. Ainsi, pour que tous les agents jouent leur rôle et fassent leur travail dans la grande manœuvre sociale, il faut qu'ils se conforment à cet ordre, qu'ils soient organisés en vue de cet ordre. Le fondement de cette organisation est une règle, une loi. La survivance intégrale et le plein exercice des activités libres ont pour condition nécessaire l'existence d'une règle. L'idée de règle n'est ni exclusive ni contradictoire de l'idée de liberté : au contraire, « les lois, expression de l'organisation sociale, sont la garantie de la liberté individuelle ». Il faut que le jeu respectif et simultané de ces forces libres soit réglé, que leur champ d'action soit défini, qu'elles soient ordonnées entre elles : à ce prix, elles seront toutes efficaces. Tous les agents, alors, savent ce qu'ils font, où ils vont : saisissant un rapport entre leur propre existence et la fin générale de la société, ils ne commettent plus d'écarts ni de divergences; saisissant un rapport

tre l'ordre en économie, on ne voit pas pourquoi l'on ne pourrait en dire autant des autres branches de l'activité sociale : le meilleur des régimes politiques serait ainsi l'*Anarchie* ».

entre l'existence des autres·agents et la fin générale de la société, ils ne cherchent plus à les évincer ou à les supprimer : *cooperantes ad communitatem sicut partes ad totum*, dit Saint-Thomas [1]. Voilà le fruit de la loi, et de l'autorité qui rend et maintient cette loi.

Cette harmonie se réalisera d'elle-même, prétendent certains libéraux. M. Emile Ollivier, par exemple, montre une absolue confiance dans « le jeu naturel de la loi économique, aidé par la bonne volonté générale [2] ». Mais cette bonne volonté, qui la suscitera si elle est assoupie; qui la dirigera si elle est en éveil? Ecoutons à ce sujet les plus grands théologiens catholiques.

Dans le traité *De regimine principum*, attribué à Saint Thomas, on lit : « Chaque individu veillant à son intérêt personnel, la société s'éparpillerait en tout sens, s'il n'existait un pouvoir prenant soin du bien général de la société [3] ». Et Suarès écrit à son tour : « Les individus connaissent malaisément ce qui importe au bien général, et il est rare qu'ils s'y appliquent de leur propre initiative [4] ».

1. Saint Thomas, *Summa.* II[a] II[ae] qu. 58, a. 2.
2. Il répète deux fois cette formule dans son livre : *Solutions sociales et politiques*, p. 92 et 221.
3. *Multis enim existentibus hominibus et unoquoque id quod est sibi congruum providente, multitudo in diversa dispergeretur nisi etiam esset aliquis de eo quod ad bonum multitudinis pertinet, curam habens (De regimine principum*, I, 1);
4. *Singuli homines, et difficile cognoscunt id quod expe-*

« Vous attentez à la liberté individuelle »,
objectent certains libéraux. A la liberté individuelle entendue comme une souveraineté,
oui, mais précisément cette souveraineté est
contraire à la doctrine chrétienne. Lorsque nous
considérons la règle comme un attentat à la
liberté, c'est que nous avons oublié les enseignements de l'Église sur la liberté. Réfutant nos
puériles alarmes, saint Thomas définit comme il
suit les diverses fins de la loi :

« Prohiber les vices les plus graves, en particulier ceux qui nuisent à autrui, et dont la prohibition est requise pour la sauvegarde de la
société humaine ; prendre des mesures pour la
réalisation des vertus qui, directement ou indi-
rectement, doivent converger vers le bien commun, et vers le règne de la justice et de la paix[1] ».

Ces lois, qui doivent être l'œuvre de l'homme
et, par conséquent, comme tous les actes
humains, se conformer à la loi morale, peuvent
être imposées d'en haut, par quelques hommes,
ou bien peuvent émaner de la volonté de tous. De
quelque façon que soit faite la loi, les hommes
qui s'y soumettent demeurent des êtres libres. Ils
sont, de plus, des citoyens libres, s'ils se donnent
eux-mêmes la loi qui les régit. Nous rencon-

---

dit ad commune bonum et raro illud per se intendunt
(Suarez, *De Legibus*, I, c. 3, n. 19).

1. Saint Thomas, *Summa*, I II, qu. XCVI, art. 2 et 3.

trons ici un nouveau sens du mot *liberté*. Le peuple le plus libre n'est pas le peuple le plus anarchique ; la « libre » Angleterre est organisée par une multitude de traditions, de coutumes, de règles, de lois. Le peuple libre n'est pas celui qui n'a point de règle, mais celui qui se donne à lui-même des règles. Le *self-government* n'est pas *l'absence du gouvernement, l'autonomie* n'est pas *l'anomie.*

M. Emile Ollivier néglige cette distinction, lorsqu'il écrit imprudemment : « L'effort de la civilisation a été d'affranchir l'humanité de tous les obligatoires dont la barbarie l'avait accablée » [1]. On pensait plutôt, jusqu'ici, que l'absence de lois caractérisait l'état de nature, c'est-à-dire la sauvagerie, et que partout des législateurs, historiques ou mythiques, avaient annoncé et incarné les premières civilisations.

La fin d'un gouvernement est de faire régner l'ordre, source et garantie de la prospérité publique et privée [2]. Rechercher cette fin, tel est son devoir ; prendre les moyens nécessaires pour y atteindre, tel est son droit.

De prime abord, aucune différence ne semble exister entre cette conception de l'Etat et celle.

---

1. *Solutions sociales et politiques*, p. 223.

2. Le « principe supérieur du droit, c'est l'*ordre* appliqué aux *relations* essentielles de la société humaine. Le devoir juridique est la nécessité morale de faire ou d'omettre ce qu'exige l'*ordre* des naturelles *relations* sociales » (P. de Pascal, *Philosophie morale et sociale*, I, p. 281 et 332).

qui règne autour de nous. Quand l'ordre public est menacé, tremblants, nous nous tournons vers l'État ; quand l'ordre public est sauvegardé, nous nous félicitons, et nous félicitons l'État.

De part et d'autre, on regarde l'État comme un « pouvoir d'ordre ». Mais définissez ce dernier mot : *ordre*, et vous verrez quel abîme sépare la doctrine de l'Église et la doctrine de la peur.

Par ce mot : *ordre*, les uns entendent : l'ordre établi, ou, plus simplement, ce qui est. Or l'ordre établi, qu'est-il à l'heure actuelle ? Empruntant le langage de Léon XIII, j'ai le droit de répondre : Maintenir l'ordre établi, cela signifie : maintenir dans leur prospérité légale « un petit nombre de riches et d'opulents », et dans une « misère imméritée [1] », mais légale, « l'infinie multitude des prolétaires » ; c'est, en d'autres termes, faire de l'ordre avec du désordre, et ratifier systématiquement une anarchie, au lieu d'y vouloir remédier.

Par ce mot : *ordre*, l'Église entend : la réalisation de la justice, de l'harmonie, le développement d'un état social où tous les devoirs sont observés et tous les droits religieusement respectés [2], où certaines monstruosités, comme celle d'un homme mourant de faim, ne puissent point exister. L'ordre, en ce sens, n'est point le *statu quo* : c'est un idéal relatif, dont la doctrine chré-

---

1. *In misera calamitosaque fortuna indigne versentur.*
2. *Jura quidem, in quocumque sint, sancte servanda sunt.*

tienne commande de faire une réalité. Maintenir l'ordre, alors, signifie : « se préoccuper d'une manière spéciale des faibles et des indigents, car la classe riche se fait comme un rempart de sa richesse, et a moins besoin de la tutelle publique ; la classe indigente, au contraire, sans richesse pour la mettre à couvert des injustices, compte surtout sur la protection de l'État [1] ».

Maintenir l'ordre, au premier sens du mot, ce sera trop souvent enregistrer et légaliser l'injustice ; maintenir l'ordre, au second sens du mot, ce sera la prévenir ou la corriger, et réprimer les abus de la force ou de la richesse en prêtant à la faiblesse ou à la pauvreté la vigueur qui leur faisait défaut. Pour la première œuvre, des garde-chiourmes suffisent : ils ont deux mains ; de l'une ils protégeront le riche, de l'autre ils tiendront le pauvre en respect ; et l'ordre régnera, comme jadis à Varsovie. Pour accomplir la seconde œuvre que le P. Liberatore définit en deux mots : « *défense des faibles, direction des forts* [2] », des institutions et des lois sont nécessaires.

Il est des époques et des pays où les initiatives humaines ont lentement développé certains organismes : c'est, par exemple, la communauté de domicile ou la communauté de fonction entre un

1. *In ipsis protegendis privatorum juribus, præcipue est infirmorum atque inopum habenda ratio. Siquidem natio divitum, suis septa præsidiis, minus eget tutela publica ; miserum vulgus, nullis opibus suis tutum, in patrocinio reipublicæ maxime nititur.*

2. *Principes d'Écon. polit.*, trad. De Sacy, p. 269.

certain nombre d'hommes, qui les sollicitait à créer entre eux un certain ordre. Ces organismes s'appellent la commune, le métier ; ils s'appelaient jadis les *classes* au temps de la féodalité ; ils ne naissent pas d'eux-mêmes, mais la nature, si j'ose ainsi dire, les suggère. Des contacts existaient, résultant de la vie en société : l'homme intervient et transforme ces contacts en coordinations. A chacun des individus qui composent ces groupes, une règle est définie : elle précise ses rapports avec les autres, la fin commune qu'ils doivent rechercher, les moyens qu'il est licite d'employer ; c'est comme une charte de collaboration et de dévouement réciproque : moyennant cette charte, l'ordre, la paix, l'harmonie subsistent, dans chaque groupe, entre les hommes réunis. Lorsque ces organismes existent, lorsque la société comprend une multitude de petits corps sociaux régis par des statuts, alors le rôle du pouvoir souverain de l'État est simplifié ; moins absorbante devient son activité, et moins minutieuses ses fonctions. Chacun de ces groupements réalise une parcelle du bien général auquel l'État doit concourir ; l'État reconnaît l'aptitude du groupement à sa fin, donne à ce groupement une sorte d'être civil et protège l'observation des divers statuts. Ainsi construite, une société fonctionne, sans qu'il soit besoin, pour régler toutes les manœuvres, d'une pointilleuse bureaucratie d'État : l'État intervient comme un pouvoir supérieur, qui d'une part ajoute à la loi morale les conséquences civiles et pénales requises par l'intérêt commun, et qui d'autre part organise entre eux les divers groupements et définit leurs mutuels rapports.

Mais il est des époques et des pays où ces organismes ont perdu leur vitalité : alors deux forces restent en présence, les libres arbitres des individus, et l'État. Les groupements naturels n'existent plus que d'une façon virtuelle. Ils peuvent, il est vrai, recevoir un nouveau souffle de vie, soit d'en bas, soit d'en haut, par l'initiative des individus, ou par un certain concours de l'Etat. Mais pendant longtemps encore ce souffle demeure fragile, et cette vie reste précaire. Pour que de tels organismes vivent réellement, efficacement, il faut qu'ils aient l'habitude de vivre ; à cette condition seulement leur jeu n'est troublé par aucun tâtonnement, dévié par aucun écart : Or, cette habitude comporte un apprentissage et des progrès assez lents, parmi beaucoup d'incertitudes.

Jusqu'au terme de cet apprentissage, le pouvoir public maintiendra-t-il, patiemment, négligemment, au profit de quelques individus, aux dépens de presque tous, l'émiettement, le désordre, l'anarchie ?

Telle est la question pratique qui divise les catholiques. Le pouvoir public a certains devoirs, définis par sa fin : à cet égard, aucune discussion ne peut exister, lorsqu'on a restauré comme il convient la vraie notion de liberté et la vraie notion d'autorité. Voici où peuvent commencer les débats ; et voici où ils commencent. L'État, à l'heure présente, dans certains pays, est un État centralisé, qui a concentré toute vie en lui et supprimé toute vie ailleurs. Si notre société veut des règles et des lois, elle ne peut, pour l'instant, les attendre que de cet État centralisé ; il confiera la surveillance et l'exécution de ses ordres à une bureaucratie administrative, appendice de l'État. Faut il fortifier et développer cette bureaucratie, ou faut-il, au contraire, pour prévenir une telle excroissance, créer le silence et l'oubli à l'égard de certains devoirs qu'une saine doctrine impose à l'État ?

Par exemple, il est requis par la justice et l'ordre social que l'ouvrier, devenu vieux, possède ce qu'il lui faut pour vivre : des caisses d'assurances lui garantiront ces ressources. Que ces caisses d'assurances soient rattachées aux groupements corporatifs, aux associations de métiers, et développées, ainsi, par l'initiative collective des intéressés : tous le souhaitent. Mais, en attendant que ce souhait puisse être réalisé, la vieillesse du travailleur sera-t-elle condamnée à la misère ? Certains ne le veulent pas et chargent l'État de garantir à l'ouvrier, provisoirement, ce viatique des dernières années, qu'ils considèrent comme une dette à l'égard du travail.

Les uns alors de s'écrier : « Si l'État organise tout, lui-même et de lui-même, il ne se formera jamais d'organismes spontanés sous la tutelle du pouvoir; l'ordre, toujours imposé par un *Deus ex machina*, ne résultera jamais de la collaboration active des hommes réunis. »

Et les autres de répondre : « Si l'État, lui-même et de lui-même, n'organise rien, la non-organisation subsistera. Dans un régime individualiste, à quelle autre puissance matérielle peut-on recourir qu'à celle de l'État? A côté de sa force, qui toujours a grandi, quelle force est restée debout [1]? On cherche des remèdes qui ne soient pas directement imposés par l'État; mais c'est à l'État qu'il faut tout d'abord avoir affaire, pour qu'il permette l'application de ces remèdes. On demande à l'État les moyens de se passer de

1. « Ce qui est le résultat naturel et spontané du développement d'une société dont les forces vitales n'ont subi aucune influence délétère, ne peut être obtenu que par la contrainte légale dans une société en pleine dissolution. Redouter dans ce cas et dans ce but la contrainte, l'action des lois et du pouvoir public et en appeler à la *liberté*, ce serait espérer que la décomposition d'un organisme aboutisse à la reconstitution d'une vie saine et heureuse » (Loeseyitz, *Législation du travail*, deuxième partie, p. 141). « Là où l'individualisme a détruit les membres organiques, les groupes autonomes, il appartiendra à l'État de résoudre toutes ces tâches, qui doivent nécessairement être résolues si on ne veut pas voir régner le désordre général, le chaos, l'iniquité » (KUEFSTEIN. *Sur la réglementation de la durée du travail*, p. 26). — Cf. même écrit, p. 27 : « Plus la société sera groupée *organiquement*, plus sa vie organique sera développée, plus elle pourra se mouvoir librement. Et elle aura d'autant moins à souffrir sous la pression de la puissance de l'État, puissance unifiante et absorbante de son essence ».

lui : il faut du temps à l'État, pour les créer [1]. Mais on veut que la répression des abus individualistes commence, sans tarder : provisoirement, on en charge l'État.

Ainsi s'expliquent et se concilient ces deux affirmations du Congrès de la Ligue démocratique belge de 1893 :

« La nécessité de reconstituer les groupes professionnels, au sein d'un régime corporatif, approprié aux besoins de notre époque et embrassant toutes les fonctions sociales ;

« La nécessité d'une intervention législative pour suppléer, dans la mesure du possible, à l'absence de ces organismes essentiels » [2].

« Nous avons créé l'anarchie du travail, conséquence de l'anarchie des idées et de la confusion dans les lois comme dans les principes. A partir de l'époque de désordre et d'impuissance qui suivit 1789, nous avons repris l'histoire des civilisations à rebours, comme si nous voulions replonger la nôtre dans le chaos primitif [3]. » Telle est la situation : c'est un professeur à l'École libre des sciences politiques, M. Funck-Brentano, qui la décrit en ces termes. Remontons à la naissance de cette anarchie : c'est l'État napoléonien qui en est responsable. Les

---

1. Voilà pourquoi de Mun a pu dire sans paradoxe, en 1890 : « Tous nos efforts tendent à *limiter* l'action absorbante de l'État » (*Association catholique*, 1890, I, p. 717).

2. Lettre de M. Helleputte à M. de Mun (*Assoc. cath.*, 1893, II, p. 615).

3. Funck-Brentano, *La politique*, p. 282.

auteurs du Code civil, dans la théorie des obligations et des contrats, suivaient fidèlement les écrits de Pothier. Au temps de Pothier, il y avait un *droit ouvrier*, parce qu'il y avait des corporations. Au temps où fut rédigé le Code civil, les corporations avaient disparu, et le *droit ouvrier* avec elles. Cela échappa aux légistes de Bonaparte ; et, depuis quatre-vingt-dix ans, nous attendons un code du travail. « Les ouvriers ont des *droits politiques*, disait récemment M. de Mun ; ils n'ont pas de *droits économiques*, et c'est le fond de la question sociale [1]. » Puisque l'État est seul puissant et seul vivant, c'est à lui qu'il appartient, je ne dis pas de nous tracer, mais au moins de nous préparer et de nous garantir ce code. Il a le devoir, et seul il est capable, soit de terminer l'anarchie par des lois, soit de donner une vitalité convenable à certaines institutions, auxquelles reviendra le soin de régler le travail.

III

Les objections de principe, que l'école libérale oppose aux idées interventionnistes, s'expliquent par une fausse notion de la liberté et s'écroulent dès qu'on restaure la conception chrétienne de la liberté. Elles sont radicalement erronées, et

1. De Mun, *Discours d'Arras* du 30 avril 1893, p. 9.

les catholiques interventionnistes n'en doivent tenir aucun compte.

Certaines objections, d'un ordre plus pratique, contiennent, en revanche, quelque part de vérité; elles ne sauraient prévaloir contre la doctrine de la théologie sur la nécessité de la loi et sur les fonctions de l'État; elles attestent, du moins, que l'application de cette doctrine comporte et suppose, — je ne dis point des tempéraments ou des atténuations, — mais quelque délicatesse et de certaines précautions.

Lorsqu'on l'envisage au point de vue concret, l'État moderne, d'habitude, est le gouvernement d'un parti. On donne à cet État un droit de surveillance rigoureuse sur l'industrie et de protection spéciale en faveur du travailleur; qu'est-ce à dire ? En fait, il faut des agents pour exercer et faire valoir ce droit : ce seront les fonctionnaires du parti dominant. Alors, deux catégories de gens seront à plaindre : d'une part, les patrons réputés « mal pensants »; d'autre part, les ouvriers dont les patrons sont « bien pensants ». Vous donnez une arme à l'État dans l'intérêt de tous : le parti qui incarne l'État prend cette arme, conserve le fourreau, la lame et l'étiquette, et s'en sert pour lui-même.

Cette première considération commande aux catholiques d'observer une certaine réserve dans les appels qu'ils adressent à l'intervention de l'État. La réserve paraît d'autant plus légitime, qu'en plusieurs pays il est impossible à la religion, combattue par certains partis, de rester à l'écart des luttes politiques. En France, par exemple, l'État sans cesse affirme sa volonté de s'élever au-dessus des luttes religieuses, et l'Église affirme sa volonté de s'élever au-dessus des luttes politiques : cette double ascension, dont on parle toujours, ne se réalise jamais. M. Charles Périn, un économiste catholique, ennemi de l'intervention de l'État, disait, en 1886, au Congrès des œuvres ouvrières de Caen : « Ne commettons pas la faute d'armer l'État d'une puissance qui bientôt se tournerait contre nous [1]. » M. Périn se souvenait que, peu d'années auparavant, l'État, en Belgique, s'appelait Frère-Orban, et qu'au moment où il parlait, l'État, en France, s'appelait Goblet. Il n'y a qu'une loi, mais deux façons de l'appliquer : l'État, en France, a légiféré sur les syndicats ouvriers ; le parti qui représente l'État poursuit les infractions à cette loi, lorsqu'elles sont commises par des ouvriers catholiques du Nord ; il les néglige, lorsqu'elles sont le fait d'ouvriers radicaux de la Seine [2].

Il est un dernier épouvantail que les adversaires catholiques de l'intervention de l'État se plaisent à agiter. « Non contents, disent-ils, de fournir à l'État laïque, votre ennemi d'aujourd'hui,

1. Cité par Claudio Jannet, *Correspondant*, 1886, III, p. 1152.

2. Voyez à ce sujet certaines remarques du *Temps*, du 15 juin 1892.

un surcroît de puissance dont vous serez les premiers à pâtir, vous tendez les mains et frayez les voies à l'État socialiste, votre ennemi de demain. » Telle est la grande objection que M. Périn, M. Jannet et leurs amis opposent à M. de Mun. « Une fois qu'on a posé en principe que l'État a le devoir de réglementer en matière de production, quand une fois on a pris pour idéal de l'organisation économique cette immixtion de l'officiel dans les relations d'intérêt privé, l'entraînement vers l'organisation socialiste est fatal [1]. » Mais, par crainte de l'écueil, doit-on ne point naviguer ; et faut-il ne rien améliorer, pour ne rien risquer [2] ?

Au fond, il n'est aucun catholique qui n'estime justifiées, dans une certaine mesure, ces trois objections contre l'intervention de l'État ; il n'en est aucun, d'autre part, qui les juge décisives. Ceux mêmes qui sont les plus hostiles à ce qu'on appelle la *statolâtrie* désirent que des restrictions soient apportées à la liberté absolue du travail [3]. Tous les catholiques, qu'ils le veuillent ou non, sont interventionnistes : la seule différence

1. PÉRIN. *Le socialisme chrétien*, p. 28.

2. « Parce que des pères de famille ont abusé du droit de correction, déniera-t-on aux parents le droit de corriger leurs enfants dans une juste mesure ? » (KUEFSTEIN, *Sur la réglementation de la durée du travail*, p. 26).

3. Prenons l'exemple de M. PÉRIN : dans son livre sur *le Socialisme chrétien*, p. 4, il écrit : « C'est la liberté qui est de règle générale, et la réglementation n'est que d'exception. » Il admet pourtant (*La Richesse*, III, pp. 60-79) la protection législative du travail des femmes et des enfants.

qui les sépare est une différence de mesure et de degré. En 1888, M. Decurtins disait au Parlement suisse : « Le nombre de ceux qui dénient toute compétence à l'État pour venir au secours de l'ouvrier est de plus en plus restreint [1]. » En 1891, le comte de Mun, dans son opuscule : *Quelques mots d'explication*, écrit : « Il n'y a certainement pas de non-interventionnistes parmi les catholiques [2]. » Il en fut peut-être, jadis, qui se croyaient tels : la doctrine de la théologie au sujet du pouvoir et de la loi, la logique, les nécessités même de leurs rêves corporatifs, les ont contraints, à leur tour, de s'avouer interventionnistes. Entre ces deux affirmations extrêmes, l'une de Bentham : « Toute loi est un mal, car toute loi est une infraction à la liberté », l'autre de Lacordaire : « Dans le domaine du travail, c'est la liberté qui opprime et la loi qui affranchit [3] », nul catholique n'hésite à préférer la seconde.

IV

A l'origine, les idées interventionnistes n'étaient guère mises en pratique que par les catholiques

1. *Association catholique*, 1888, II, p. 321.
2. *Discours*, IV, p. 323 et 326.
3. Cf. P. WEISS, *Apologie du Christianisme*, VIII, p. 68 : le passage est consacré aux anciennes lois qui réglaient la concurrence. « La liberté ne reconnaît aucun obstacle dans les barrières que le droit lui impose, mais bien plutôt une protection contre l'injustice. »

anglo-saxons. Dans la terre classique du *self-help* et de la liberté individuelle, un mouvement énergique s'est développé, depuis soixante ans, en faveur de la protection des intérêts ouvriers par l'État. Ces pays ont été le berceau de l'industrie : à peine née, elle y conquit une prodigieuse force vitale. Les conséquences de ce régime industriel y furent brusquement senties ; et, brusquement, on dut improviser des remèdes.

Un sentiment domine les Anglo-Saxons et explique toute leur histoire : le soin jaloux de l'indépendance personnelle, le culte fervent de l'initiative individuelle, le respect du *self*, c'est-à-dire de l'activité autonome. Ils n'abdiquèrent pas ce sentiment, qui a passé dans leur nature même. « Cependant, affirme Disraeli, la liberté au sens moderne du mot, la liberté où les droits de l'homme remplacent ses devoirs, ne fut jamais désirée ni cherchée par la nation anglaise [1]. » En présence des forces colossales dont dispose le capitalisme actuel, ce serait une ironie de n'offrir aux individus opprimés que la maxime du *self-help* : « Aide-toi, le Ciel t'aidera. ». Même avec le concours du Ciel, l'individu resterait impuissant. Il importe donc, pour remédier à ce mal, de restreindre en droit le *self-help* du riche, de fortifier en fait le *self-help* du pauvre : l'Angleterre et l'Amérique le comprirent et firent intervenir la loi [2].

1. Cité dans l'*Association catholique*, 1891, I, p. 121.
2. Un discours prononcé par MACAULAY à la Chambre des

Un seul homme, en France, appela l'attention sur ce fait. Ce fut M. Dupont-White, dans son livre sur l'*Individu et l'État*, écrit en 1865[1] : « En Angleterre et en Amérique, disait-il, il semble que tout ce qui s'appelle centralisation, tutelle, règlement, se soit animé d'une vie nouvelle[2]. » Une longue note, confirmant cette

Communes, pour défendre le bill réduisant à dix heures la journée de travail des filles, a fait époque dans l'histoire de cette œuvre législative (*Assoc. Cathol.*, 1885, I, pp. 663 et suiv.). — Il faut citer en particulier, parmi les lois ouvrières de l'Angleterre, celles du 22 juin 1802 (*moral and health act.*) du 29 août 1833 et du 21 août 1867, sur le travail des enfants et des femmes, et celle du 27 mai 1878 sur le contrat de travail. Voir Bojanowski, *Die englischen Fabrik und Werkstattengesetze*, 1876, Kuefstein, *Monatschrift für christliche Social Reform*, 1884, p. 94-106, 149-160, et 205-222 ; et De Mun, *Discours*, IV, p. 251-260.

1. Dupont-White, qui peut être considéré comme un précurseur français des *Katheder-Socialisten*, a fait excellemment justice de cette fausse notion de *liberté*, qui donne prétexte à tant de sophismes, politiques et économiques. Il distingue trois sens du mot *liberté* : droit des nations à l'indépendance, droit des citoyens au gouvernement, droit des individus à n'être pas gouvernés (*L'État et l'individu*, p. 3). Il repousse cette dernière liberté, qu'on formule, en droit : « Le moins de gouvernement possible », et qui n'est en fait, que le pouvoir des individus sur leurs semblables. « Elle est essentiellement à limiter et à surveiller... Toute la dispute sur le règlement et sur la liberté se réduit à ceci : Lequel vaut-il mieux subir, d'un pouvoir capable d'équité ou d'un pouvoir égoïste, d'une magistrature ou d'une exploitation ? » (*Ibid.*, p. 281). — Citons encore, du même penseur, cette phrase caractéristique, qu'un disciple de Vogelsang pourrait signer : « Il ne suffit pas d'avoir mis le droit dans la condition des hommes ; il faut *construire l'ordre* dans leurs relations » (*L'État et l'individu*, p. 51).

2. Dupont-White, *L'État et l'individu*, p. 123. Il soutient,

réflexion, énumérait toutes les lois portées en Angleterre de 1828 à 1853, et qui conféraient à l'État, avec certains devoirs de protection, certains droits d'inquisition. Depuis cette époque, le mouvement, en Angleterre et en Amérique, s'est continué et accentué [1]. Un économiste anglais, M. David Syme, n'hésite pas à affirmer que le nombre des lois concernant le régime du travail peut être regardé comme un indice certain du développement industriel d'un pays [2].

Il n'y a donc pas lieu d'être surpris que les catholiques anglo-saxons se soient montrés moins défiants et plus immédiatement généreux, à l'é-

dans le même livre, que l'Angleterre doit sa fortune à l'acte de navigation et à la loi des pauvres, c'est-à-dire à deux mesures émanées de l'État.

1. LAVELEYE (*Le gouvernement de la démocratie*, I, pp. 28 et suiv.) approuve les remarques de DUPONT-WHITE et les confirme par la plus récente histoire du monde anglo-saxon. Je renvoie aussi à un article de M. LUZATTI (*Nuova Antologia* du 15 novembre 1892) : il montre que ce mouvement législatif fut dû, en grande partie, à l'initiative des classes riches ; le fait honore singulièrement l'Angleterre. Au sujet de l'Amérique, on peut consulter D'HAUSSONVILLE (*Revue des Deux-Mondes*, 1" juillet 1892). Depuis le Congrès des Trades-Unions de septembre 1892, on ne peut plus souscrire à cette opinion de M. de MOLY : « Parmi les membres des Trades-Unions, consultés directement, il ne s'est trouvé qu'une infime minorité en faveur de l'intervention de l'État » (*La réglementation du travail et les catholiques*, p. 5). Dès 1890, au Congrès de Liverpool, 193 suffrages contre 155 réclamaient la limitation légale de la journée de travail (Voy. Decrais, *L'Angleterre contemporaine*, p. 163-236).

2. Syme, *Outlines of an industriel science*, p. 182. — Voy. Lœsevitz, *Législation du travail*, première partie, p. 7-9.

gard de l'État, que les catholiques des autres pays. Pour accuser Manning d'être un partisan du césarisme, il faudrait avoir oublié le titre même d'un de ses ouvrages : *Ultramontanisme et césarisme*. De tout temps, néanmoins, cet ultramontain voulut conférer à l'État anglais, c'est-à-dire, dans l'espèce, à l'État anglican, des droits considérables pour la protection des travailleurs [1]. Dès le premier jour où les catholiques anglais se préoccupèrent des questions sociales, ils attendirent beaucoup de l'État [2].

V

On fut d'abord plus tiède, en Allemagne; mais on avança rapidement. Ketteler, à l'origine, demandait peu aux pouvoirs publics : partant,

1. Si l'on veut bien connaître la doctrine sociale de MANNING et l'influence que ce grand homme exerça, il faut lire l'ouvrage, éloquent et précis tout ensemble, de M. l'abbé Lemire, député : *Le cardinal Manning* (Paris, Lecoffre, 1893).

2. La notion de *liberté*, telle qu'elle est comprise et pratiquée par les Anglo-Saxons, s'éloigne tellement du sens que nous attribuons à ce mot, que Lord Rosebery, représentant de l'État anglais, n'a provoqué ni protestations ni défiances, lorsqu'il est intervenu en novembre 1893, pour terminer la longue grève des charbonnages. L'opinion publique anglaise ne condamna pas cette démarche comme un attentat aux droits des individus; elle l'approuva plutôt, comme un exercice naturel et légitime des fonctions d' « ordre » dévolues à l'État.

il leur accordait peu. Dans sa brochure sur la question ouvrière et le christianisme, parue en 1864, il semble surtout mettre son espoir dans l'association.

Il veut, comme Lassalle, assurer aux ouvriers, par le moyen des associations productives, une juste part des produits de leur travail; mais il demande à la générosité des particuliers, non point à l'Etat, les capitaux nécessaires à la fondation de ces sociétés. Une quatrième édition de ce livre parut, il y a peu d'années, avec une préface de Windthorst : certains regrettèrent que le chef du Centre allemand s'associât aux idées qu'exprimait cet ouvrage et qui paraissaient être d'une date trop ancienne. C'est que, du vivant même de Ketteler et en grande partie par son fait, l'idée d'une intervention directe de l'État gagna beaucoup de terrain en Allemagne. Dès le 27 février 1871, le chanoine Moufang, dans une réunion électorale, exposait les quatre articles suivants[1] :

1° L'État doit homologuer les règlements des métiers, régler la durée de la journée de travail, interdire le travail du dimanche, réglementer le travail des femmes et des enfants;

2° L'État doit faire des avances aux sociétés ouvrières;

3° L'État doit réduire les charges fiscales et militaires;

[1]. On trouvera le texte de ces articles dans l'*Association catholique*, 1887, II, pp. 381-384.

4° L'État doit limiter la tyrannie du capital.

Ketteler, à son tour, élu en 1873 au Reichstag, publiait le *Projet d'un programme politique*. Il demandait à l'État : 1° la prohibition du travail dans les fabriques pour tous les enfants au-dessous de quatorze ans; 2° la prohibition du travail des femmes mariées dans les fabriques et dans tout atelier industriel qui n'est pas un atelier de famille; 3° la prohibition du travail les dimanches et jours de fêtes dans les fabriques; 4° la fixation d'une journée normale de dix heures; 5° la création d'inspecteurs ou de « dikastères » pour contrôler l'application de ces lois [1].

C'est à ce programme, nettement interventionniste, que le Centre allemand conforme sa conduite depuis vingt ans [2]; cette attitude du Centre reçut, en 1886, l'approbation formelle du congrès catholique de Breslau, et, à plusieurs reprises, l'approbation formelle des électeurs allemands [3].

---

1. KETTELER, *Œuvres choisies*, préface, p. LVIII.

2. Voyez, en particulier, le texte de l'interpellation HERTLING, déposée en janvier 1882 : « Les gouvernements confédérés ont-ils l'intention de poursuivre la réforme de la législation concernant les fabriques, de manière à écarter, autant que possible, le travail du dimanche, à limiter davantage le travail des femmes, à empêcher que la durée du travail des hommes ne soit exorbitante, etc. » (*Association catholique*, 1882, II, pp. 179 et suiv.).

3. Il est curieux de comparer à l'affiche d'un candidat catholique « conservateur » de France, pris au hasard, le manifeste électoral que fit répandre le Centre allemand, en 1887, à l'occasion des élections de la Chambre des représentants en Bavière : « Protéger la religion et promouvoir efficacement les intérêts des classes rurales et industrielles, telle est

VI

La cause de l'intervention de l'Etat triompha beaucoup-plus malaisément parmi les catholiques de France et de Belgique.

Si l'on étudie l'activité du comte de Mun, de 1870 à 1890, on observera que, durant les dix premières années, l'idée corporative, presque exclusivement, fait l'objet de ses discours et de ses projets. Peu à peu, l'idée d'une législation d'État s'y juxtapose, puis s'y superpose. A l'heure actuelle, de Mun, pour l'avenir, rêve le régime corporatif, et pour le présent réclame en faveur des ouvriers la protection de l'État. Le projet de loi très complet qu'il a déposé, en 1890, sur la réglementation du travail, atteste l'évolution de ses idées et en marque la dernière étape. M. Claudio Jannet, M. Charles Périn ne l'ont pas suivi dans cette voie. M. Jannet [1] n'admettait la réglementation de l'État que dans les cas suivants : 1° pour faire respecter le repos du dimanche ; 2° pour réprimer le travail *excessif* des femmes et des enfants (non des adultes) ; 3° pour

la principale mission que nos représentants ont à accomplir. Que celui qui ne veut pas que la législation travaille exclusivement au profit du capitalisme et d'une liberté illimitée dans le domaine économique, qu'il vote pour le parti du Centre ! » (*Association catholique*, 1887, II, p. 196).

1. JANNET, *Le socialisme d'État*, pp. 79-83.

surveiller les usines qui mélangent les sexes; 4°
pour imposer des précautions au patron. En 1886,
Mgr Freppel, évêque d'Angers, allait beaucoup
plus loin : il déclarait, le 23 octobre, à l'Assemblée régionale de l'Œuvre des Cercles, qu'il
admettait la « protection sociale des pouvoirs
publics »; et voici comment il la définissait :
« Protection de l'enfance et de la mère de
famille; souci des conditions matérielles de l'atelier ou de l'usine; respect des jours de repos;
mesures de sauvegarde contre la vieillesse et la
maladie »; il demandait même que « l'État, d'accord avec la loi divine, empêchât d'abuser de la
situation précaire des ouvriers par un travail
dont la durée excéderait leurs forces. » Cette
hardiesse de l'évêque d'Angers fut courte : en
1891, il fut parmi les soixante-douze opposants
qui repoussèrent la loi sur le travail des femmes
et des enfants : d'après les propres termes par
lesquels il expliqua son vote, ce projet lui parut
« excessif, injuste, inefficace, inapplicable [1]. » Il
avait d'ailleurs, quelque temps auparavant, par
un nouveau discours, à Angers [2], laissé prévoir
cette nouvelle évolution.

Ces changements d'orientation, dont témoignait la conduite de l'évêque d'Angers, ne furent
qu'un accident isolé : ils ne reflètent, en aucune
façon, les attitudes successives des catholiques

1. *Association catholique*, 1891, I, p. 199.
2. Publié dans l'*Univers* du 6 janvier 1890.

français et belges à l'égard de l'intervention de l'État. Tout au contraire, de 1886 à 1891, on assiste à un progrès perpétuel des idées interventionnistes chez les catholiques de l'Europe occidentale.

En 1887, le Congrès catholique de Liége n'osa pas aborder franchement et envisager dans toutes ses conséquences cette question difficile du rôle des pouvoirs publics dans le domaine industriel. On tomba d'accord, seulement, pour décider que le travail des femmes et des enfants devait être réglementé par la loi : encore un ministre catholique belge, M. Woeste, dans un discours assez vague, confessait-il que durant longtemps il avait été l'ennemi d'une semblable réglementation [1].

Trois ans après, en 1890, la ville de Liége abritait un nouveau congrès catholique. Il fut marqué par la défaite des non—interventionnistes. Ils avaient trouvé pour défenseurs deux Jésuites [2], le P. Forbes et le P. Caudron, et un Capucin, le P. Ludovic de Besse. Mgr Korum, de Tréves, Mgr Doutreloux, de Liége, Mgr Bagshawe, de Nottingham, l'abbé Winterer, de Mulhouse, furent pour eux de robustes adversaires. « Il me semble que l'heure de mettre en doute ici les droits de

---

1. *Association catholique*, 1887, II, p. 410.

2. Il serait imprudent de conclure, de ce fait, que les jésuites, en général, sont hostiles à l'intervention de l'État. Le jésuite autrichien LEHMKUHL proteste contre cette assertion et affirme que la majorité des jésuites est dévouée au « socialisme chrétien ». (*Maria-Laachs Stimmen*, novembre 1890).

l'État est passée [1] », déclarait Winterer. « Ce point, consacré par le pape en principe [2], ne peut être mis en question [3] ». Ainsi parlait Mgr Doutreloux. Et l'évêque Bagshawe, s'indignant contre les non-interventionnistes, leur disait : « Vous reconnaissez que l'industriel doit entretenir ses machines, ses chevaux en bon état, et que l'État peut prendre des mesures pour empêcher ces machines de sauter ; et l'industriel ne devrait pas entretenir l'être humain qui s'emploie pour lui ; l'État ne pourrait veiller à ce qu'il n'en abuse pas au détriment de la société ! La justice, l'intérêt public légitiment donc l'intervention de l'État pour prévenir des abus condamnables [4] ».

Trois ans seulement s'étaient écoulés depuis ce premier Congrès de Liège, où l'on osait à peine mettre en discussion la question réputée très épineuse de l'intervention de l'État ; cette question revenait, en 1890, devant un second

1. *Association catholique*, 1890, II, p. 425.

2. Il faisait allusion à la réponse qu'avait adressée LÉON XIII, le 20 octobre 1889, à Mgr LANGÉNIEUX, lui présentant un pèlerinage ouvrier : « Ces ouvriers, disait l'archevêque de Reims, en appellent à la justice des pouvoirs publics, auxquels il appartient de sauvegarder les intérêts des citoyens et particulièrement des petits et des faibles. » Et LÉON XIII répondait qu'il importe aux détenteurs du pouvoir de garantir les intérêts des classes laborieuses, de protéger le jeune âge, les ouvrières, le repos du dimanche. « Le bien public, non moins que la justice et le droit naturel, réclame qu'il en soit ainsi » (*Association catholique*, 1889, II, p. 519).

3. *Association catholique*, 1890, II, p. 403.

4. *Association catholique*, 1890, II, p. 408.

Congrès ; elle était nettement énoncée et résolue, dans un rapport du comte Kuefstein, spécialement préparé pour le Congrès [1] ; et, d'un coup, l'on mettait hors de discussion le principe même de cette intervention. Ce Congrès de Liége, de 1890, marque une date précieuse dans l'histoire du mouvement social catholique. Pendant vingt ans, les assemblées catholiques avaient multiplié les vœux en faveur du rétablissement des corporations ; elles cherchaient dans le passé des remèdes au présent. Le Congrès de Liége proclamait « la nécessité d'*étudier* l'organisation corporative de la société » : il indiquait le problème, au lieu de le considérer comme résolu ; puis il se tournait vers l'État, c'est-à-dire qu'il cherchait dans le présent des remèdes au présent.

VII

Nous venons de constater qu'aux yeux d'un grand nombre de catholiques l'intervention de l'État apparaît, non point certes comme le remède par excellence, mais comme le seul remède actuellement efficace.

Qu'il faille apporter quelque discrétion dans l'usage de ce remède, cela n'est contesté par

1. *La réglementation de la durée du travail.* Rapport présenté au Congrès social de Liège (7-10 septembre 1890) par le comte François DE KUEFSTEIN. Saint-Pölten, 1891.

aucun. Mais si, pour observer la discrétion requise, on soustrait à la vindicte des pouvoirs publics un certain nombre d'abus que seuls ils pourraient guérir, alors on renonce, par là-même, à corriger actuellement ces abus. Par défiance de l'État, fera-t-on durer la souffrance ? Pour tenir à l'écart le médecin, renoncera-t-on à évincer le mal ? Ici, pratiquement, la réserve à ses périls, en même temps qu'elle a sa raison d'être, théoriquement. S'inquiétant surtout des faits, sollicités par le spectacle quotidien des abus et des souffrances, les catholiques, à l'heure présente, aiment mieux exagérer l'intervention de l'État que la restreindre : à des précautions stériles, ils préfèrent de généreuses imprudences. Dans la *Civiltà cattolica* du 1er novembre 1888, le P. Liberatore établit que l'autorité publique peut intervenir dans la production, dans la distribution, dans la consommation. Dans sa brochure : *Pitié et justice envers les pauvres*, Mgr Bagshawe écrit : « Le devoir de l'État de promouvoir le bien commun et de réprimer tout ce qui peut nuire au bien général embrasse, d'un côté, toutes les choses nécessaires auxquelles il doit être pourvu ; de l'autre, tous les abus qui ne peuvent être réprimés sans une action publique et législative [1]. » On a lu plus haut la définition de M. Claudio Jannet sur les droits de l'État en matière industrielle. M. Clau-

---

[1]. *Association catholique*, 1885, II, p. 11.

dio Jannet procédait par énumération : cette énumération était courte et restrictive. Mgr Bagshawe et le P. Liberatore énoncent des principes vastes, compréhensifs : le complément qu'on rêve à ces définitions, ce n'est pas une énumération des droits que possède l'Etat dans le domaine du travail, mais une énumération, plutôt, des droits qu'il ne possède pas.

Les non-interventionnistes de jadis, qui sont, aujourd'hui, des interventionnistes de mauvaise humeur, ne peuvent cacher leurs alarmes. Les idées marchent, en effet : on a tour à tour admis que l'État doit régler le travail des enfants et celui des femmes, qu'il doit fixer la durée, au moins maximale, de la journée du travail des adultes [1]. Il restait, pourtant, quelques terrains, sur lesquels les plus hardis admettaient malaisément l'intervention de l'État : de nouveaux venus la sollicitent.

Je prends pour exemple la question du salaire, De Mun écrivait, en 1891 : « Je ne pense pas que le salaire minimum puisse être déterminé par une loi de l'État, mais par une loi corporative [2]. » Manning avait écrit au Congrès de

[1]. « Il n'est pas difficile pour les autorités de fixer un temps maximum au-delà duquel l'ouvrier ne serait pas tenu de travailler, » écrit à M. DE MUN le cardinal GIBBONS (*Association catholique*, 1891, I, p. 429). Il faut consulter à cet égard le rapport du comte de KUEFSTEIN sur la réglementation de la durée du travail, présenté au Congrès de Liège en 1890.

[2]. DE MUN, *Discours*, IV, p. 338. — Il admet de même,

Liége : « Je ne crois pas qu'il soit jamais possible d'établir d'une manière efficace et durable des rapports pacifiques entre patrons et ouvriers, tant qu'on n'aura pas reconnu, fixé et établi *publiquement* une mesure juste et convenable réglant les profits et les salaires, mesure d'après laquelle seront régis tous les contrats libres entre le capital et le travail [1]. » Appelé à expliquer cette parole, il se défendit d'avoir entendu *publiquement* dans le sens de *législativement;* il déclara qu'il demandait simplement « une convention ouverte et reconnue. Le recours au législateur, disait-il en terminant, doit être évité en ces matières, *autant que possible* [2]. »

Déjà le cardinal Manning paraissait admettre, lorsque cela seul était possible, c'est-à-dire à titre de pis aller, la fixation des salaires par l'État. Le prince de Liechtenstein, s'emparant de cette idée, la développe au lieu de l'insinuer, l'approuve au lieu de la tolérer, dans un discours

page 336, que l'assurance obligatoire ne doit pas être contractée par le recours à une caisse de l'État; il veut des caisses corporatives. En octobre 1892, il demandait qu'au moyen de caisses de ce genre des indemnités fussent allouées aux ouvrières en couches, mais il a repoussé l'amendement DENIAU, qui étendait aux femmes employées dans les champs le bénéfice de ces indemnités et les mettait à la charge des caisses publiques (*Discours*, V, p. 221-227). Il convient d'observer tous ces faits pour bien apprécier la distance entre DE MUN et les socialistes.

1. *Association catholique*, 1890, II, p. 397.
2. *Association catholique*, 1890, II, p. 632.

prononcé en 1891. Que l'État dise : « Comme médiateur souverain et comme arbitre, je détermine le minimum de salaire [1], » et qu'ayant dit il agisse : cela semblerait au prince de Liechtenstein une amélioration des misères actuelles. C'est aussi l'avis du P. Liberatore [2], du P. de Pascal [3], du P. Lehmkuhl ; et M. Helleputte vient de déposer à la Chambre belge un projet de loi d'après lequel l'État déterminerait, pour chaque métier, la durée maxima de la journée de travail après avis des conseils de l'industrie et du travail.

1. *Association catholique*, 1891, I, p. 308.

2. *Principes d'économie politique*, trad. De Sacy, p. 271-272.

3. Appendice au *Traité de philosophie scolastique* de l'abbé BLANC, III, pp. 604 et suiv.

4. Dans un travail destiné à l'*Union de Fribourg*, le P. LEHMKUHL s'exprimait comme il suit : « En thèse générale, le pouvoir public doit s'abstenir d'une intervention directe et avoir soin, plutôt, que le partage équitable et juste se produise de lui-même en vertu de l'organisation légale des rapports économiques. Partout, néanmoins, où le contrat libre entre patron et ouvrier entraîne, soit l'oppression, soit le danger d'oppression de celui-ci par le premier, le pouvoir public peut et doit même, suivant les circonstances, fixer un salaire minimum et en surveiller l'application. Dans les circonstances actuelles, la réglementation directe et indirecte du salaire paraît s'imposer à la sollicitude du pouvoir public ». Les catholiques de Belgique applaudissent à l'initiative du conseil provincial de la Flandre orientale, qui a introduit la clause d'un minimum de salaire dans les cahiers des charges relatifs aux adjudications publiques; on voit la portée sociale de cette mesure, et les résultats économiques ont été excellents, (*Assoc. cath.*, 1894, II, p. 668 et sq).

VIII

L'intervention de l'État, admise en principe, doit-elle, en fait, et dans tel cas particulier, s'exercer ou s'effacer? Voilà le genre de questions qui divise les interventionnistes [1].

S'agit-il, en revanche, de déterminer la méthode de cette intervention, et, si l'on peut ainsi dire, d'en régler la procédure? Tous sont d'accord, à peu près. « L'État, dit le P. de Pascal, ne peut prendre que des mesures générales : c'est

1. On discute beaucoup, par exemple, si les ateliers de la petite industrie doivent être soumis à une réglementation, à l'égal des grandes fabriques. M. Loesevitz le réclame, et allègue deux raisons principales : d'abord les ouvriers de la petite industrie sont parfois plus pressurés que les travailleurs de l'usine, et l'enquête de 1866 a permis de constater que dans certains ateliers de famille le père montre des exigences si tyranniques que l'intervention de la loi est nécessaire pour la protection des enfants ; en second lieu, lorsque la petite industrie est soustraite à toute loi, la grande industrie, à son tour, parvient trop souvent à s'affranchir de la réglementation dont elle est l'objet ; ainsi, comme en Suisse la loi sur le travail des fabriques n'était applicable qu'aux établissements contenant au moins trois métiers à broder, on découvrit, en 1882, que la moitié des entrepreneurs du canton de Saint-Gall, distribuant leurs métiers en divers endroits, échappaient à la loi. C'est pourquoi M. Decurtins a fait admettre, en 1890, par le congrès ouvrier d'Olten, que la loi sur les fabriques serait étendue à tout atelier de plus de trois ouvriers, et que le travail des enfants à domicile devait être réglé par l'état. Voyez, pour plus de détails, Loesevitz, *Législation du travail*, deuxième partie, p. 17-33.

aux associations, c'est à leurs conseils syndicaux, qu'il appartient, sous sa garantie et sous son contrôle, de pourvoir aux détails [1]. » On lit de même dans la *Civiltà catholica* du 21 février 1891 : « L'État n'aura pas lui-même à fixer le minimum (de salaire); mais qu'il énonce la nécessité inéluctable de ce minimum, quitte à le laisser déterminer par des arbitres honnêtes et experts ou par des groupes corporatifs [2]. »

En France, c'est l'idée corporative qui se présenta la première aux catholiques désireux d'une réforme sociale; en Suisse, ce fut l'idée de l'intervention de l'État. L'exemple inverse de la France et de la Suisse atteste nettement la solidarité naturelle de ces deux idées. Afin que l'idée corporative devienne efficace et praticable, de Mun souhaite une législation industrielle; afin que la législation industrielle puisse réglementer avec compétence certains détails des métiers, et qu'en même temps elle n'exagère pas au-delà

---

1. *Association catholique*, 1892, II, p. 31. Par exemple, le P. de PASCAL admet que la loi fixe la journée maximale et que la corporation fixe la journée normale (*id.*, p. 142); c'est aussi l'avis de DE MUN (*Discours*, IV, p. 328), et tel est précisément le vœu émis par le Congrès catholique de Bruxelles, en septembre 1892. Cf. KUEFSTEIN, *Sur la réglementation de la durée du travail*, p. 27 : « L'État ne pourra pas d'ordinaire réglementer ces matières d'une façon nettement déterminée, comme cela se faisait autrefois par l'organe de la corporation. Il pourra pour la durée du travail, comme pour le reste, fixer simplement quelques *limites extrêmes* et frapper les transgresseurs ».

2. *Civiltà catholica*, 1891, I, p. 396. L'auteur de cet article adopte en général les conclusions du comte KUEFSTEIN.

de toute borne la puissance de l'État, Decurtins a récemment sollicité le Conseil fédéral de mettre à l'étude les projets de restauration corporative [1].

Ainsi, de même que les partisans les plus ardents de l'esprit d'association sont conduits à invoquer la protection souveraine et nécessaire de l'État, de même les partisans les plus ardents d'une législation ouvrière sont contraints, pour compléter et préciser cette législation même, d'emprunter les ressources du régime corporatif.

L'un et l'autre remède sont unis et solidaires ; ils se complètent et se supposent mutuellement. Le pape Léon XIII, dans l'encyclique *Rerum Novarum*, les recommande l'un et l'autre.

---

1. Voici un extrait de cette proposition, déposée par DECURTINS de concert avec le libéral FAVON et le démocrate VOGELSANGER : « Le Conseil fédéral est particulièrement invité à étudier les points suivants : Est-il utile d'organiser des corporations obligatoires ? Vaut-il mieux conférer aux corporations libres le pouvoir légal de réglementer dans chaque profession la journée normale de travail, le minimum de salaire, les conditions de l'apprentissage, enfin le pouvoir de surveiller l'application de la loi sur les fabriques et sur l'hygiène dans les ateliers »... (*Association catholique*, 1892, I, pp. 346-348).

IX

La doctrine de l'Encyclique, au sujet de l'intervention de l'État, a subi des commentaires extrêmement divers. Négligeons ces commentaires et regardons le texte même :

« Ce qu'on demande d'abord aux gouvernants, dit le pape Léon XIII, c'est un concours d'ordre général, qui consiste dans l'économie tout entière des lois et des institutions. Nous voulons dire qu'ils doivent faire en sorte que, de l'organisation et du gouvernement de la société, découle spontanément et sans effort la prospérité tant publique que privée [1]. »

Pour que cette prospérité règne, la justice exige « qu'à chacun soit rendu ce qui lui est dû ». Si donc les lois et institutions de l'État, soit par l'intention qui leur a donné naissance, soit par les conséquences qui en résultent, servent l'intérêt de quelques-uns au lieu de servir l'intérêt de tous, la société est mal constituée ; car, en vertu même de son office, l'État doit « avoir soin également de toutes les classes de

---

1. *Per quos civitas regitur, primum conferre operam generatim atque universe debent tota ratione legum atque institutionum, scilicet efficiendo ut ex ipsa conformatione atque administratione reipublicæ ultro prosperitas tam communitatis quam privatorum efflorescat.*

citoyens, en observant rigoureusement les lois de la justice distributive [1]. »

Mais ce n'est pas en un jour ni en un an qu'un État transforme et peut transformer une société. Lorsque « l'économie tout entière des lois et des institutions » est vicieuse, ce « concours d'ordre général », que l'Église exige de l'État, sera singulièrement imparfait et précaire. Pour recouvrer leur dignité d'hommes, pour manger et pour cesser de souffrir, les travailleurs devront-ils attendre que cette « économie » soit corrigée et que ce « concours d'ordre général » soit devenu possible ? L'attente serait cruelle et inique, car, « le travail étant la source unique d'où procède la richesse des nations, il importe souverainement que des hommes qui sont pour la nation le principe de biens aussi indispensables ne se trouvent point continuellement aux prises avec les horreurs de la faim [2]... La situation comporte des « mesures promptes et efficaces [3]. » Mais alors que faire ? Alors « on aura besoin de recourir à d'autres expédients pour remédier à la condition des travailleurs [4]... S'il n'y a pas d'autre façon

1. *Illud in primis eminet, ut unumquemque civium ordinem principes æquabiliter tueantur, ea nimirum, quæ distributiva appellatur, justitia inviolate servandâ.*

2. *Non aliunde quam ex opificum labore gigni divitias civitatum... Non esse omnibus modis eos miseros, a quibus tam necessaria bona proflscuntur, prorsus interest reipublicæ.*

3. *Infimæ sortis hominibus celeriter atque opportune consulendum.*

4. *Oportebit alias ad opificum salutem experiri vias.*

d'obvier au mal, il faudra de toute nécessité recourir à l'autorité publique [1]. »

Léon XIII souhaite que l'ordre et la prospérité résultent spontanément de l'organisation sociale, et que « la *providentia generalis* de l'État produise le plus grand nombre d'avantages [2] ». Lorsque ce souhait ne peut être immédiatement exaucé, il invoque alors, en faveur des faibles, et sans délai, la *providentia singularis* de l'État [3]. Il va de soi qu'une prospérité « découlant sans effort des institutions elles-mêmes » est préférable à une prospérité laborieusement créée par des mesures spéciales. On prétend que Léon XIII est un interventionniste à contre-cœur, un interventionniste de mauvaise humeur : est-il un seul partisan de l'intervention de l'État qui ne préfère le règne spontané de la justice au règne légal de la justice ?

La nécessité de l'intervention une fois reconnue, il reste à en fixer les circonstances et la mesure.

L'État, pour intervenir en faveur du bien, ne doit point attendre que le mal se soit fait sentir ; il doit prévenir le mal. Léon XIII fait appel à l'État lorsque certains intérêts se trouvent ou

1. *Si quid igitur detrimenti allatum sit, quod sanari aut prohiberi alia ratione non possit, obviam iri auctoritate publica necesse est.*

2. *Quo commodorum copia provenerit ex hac generali providentia major, eo minus oportebit alias ad opificum salutem experiri vias.*

3. *Mercenarios debet cura providentiaque singulari complecti respublica.*

lésés, ou « simplement menacés [1] », et non pas seulement pour repousser les abus, mais aussi pour « écarter les dangers [2] ». Telle est la double « fin, qui appelle le secours des lois » ; et cette fin même détermine les limites que l'intervention de l'État ne doit pas dépasser [3]. Il suffit d'un simple péril pour que cette intervention soit requise. Lorsque ce péril n'existe pas, elle est une tyrannie.

Elle doit respecter l'individu et la famille tant que leur libre action n'atteint pas le bien général et ne porte préjudice à personne [4] : c'est ce qui distingue l'État, tel que le conçoit Léon XIII, de l'État socialiste, qui absorbe l'individu et qui absorbe la famille.

Précisant plus encore, Léon XIII donne la liste de ces abus, dont la simple menace impose aux pouvoirs publics le devoir d'intervention.

Il en est qui peuvent léser surtout les riches, comme la violation des propriétés privées. Il en est, en plus grand nombre, qui lèsent les pauvres ; ce sont :

1. *Si quid igitur detrimenti allatum sit aut impendeat.*
2. *Incommodorum sanatio vel periculi depulsio.*
3. *His in causis plane adhibenda, certos intra fines, vis et auctoritas legum. Quos fines eadem quæ legum poscit opem, causa determinat : videlicet non plura suscipienda legibus nec ultra progrediendum, quam incommodorum sanatio vel periculi depulsio requirat.*
4. *Non civem, non familiam absorberi a republica rectum est : suam utrique facultatem agendi cum libertate permittere æquum est, quantum incolumi bono communi et sine cujusquam injuria potest.*

Le relâchement des liens de la famille parmi les travailleurs [1];

Le refus du repos dominical à l'ouvrier [2];

La promiscuité des sexes dans les usines [3];

La violation de la dignité du travailleur par « des conditions indignes et dégradantes [4] »;

L'attentat à la santé de l'adulte chargé d'un travail excessif [5];

L'attentat à la santé de la femme et de l'enfant, chargés de travaux qui devraient être réservés aux hommes [6].

Contre tous ces abus, Léon XIII invoque, dans les limites déterminées plus haut, l' « autorité des lois ». Son appel est d'autant plus pressant que ces abus engendrent souvent des grèves, plaie commune et dangereuse. Or, quand éclate une grève, Léon XIII ne permet pas aux dépositaires du pouvoir de marquer à l'égard de cette plaie, par le vote de l'ordre du jour pur et sim-

1. *Si fiat ut naturalia familiæ nexa apud proletarios relaxentur.*

2. *Si fiat ut religio in opificibus violetur non satis impertiendo commodi ad officia pietatis.*

3. *Si periculum in officinis integritati morum ingruat a sexu promiscuo.*

4. *Si fiat ut opificum ordinem herilis ordo iniquis premat oneribus, vel alienis a persona ac dignitate humana conditionibus affligat.*

5. *Si valetudini noceatur opere immodico... Primum omnium eripere miseros opifices e savitia oportet hominum cupidorum, personis pro rebus ad quæstum intemperanter abutentium.*

6. *Si valetudini noceatur opere non ad sexum actatemve accommodato.*

ple, une dédaigneuse insouciance : « Il appartient au pouvoir public, dit-il, de porter un
remède[1]. » Il ajoute ensuite : « Il est plus efficace et plus salutaire que l'autorité des lois pré-
vienne le mal et l'empêche de se produire, en
écartant avec sagesse les causes qui paraissent
de nature à exciter des conflits entre ouvriers et
patrons[2]. » Là encore, nous saisissons ce que
certains interprètes ont appelé, en un langage
inexact, les « oscillations » de Léon XIII. Il pré-
férerait et il souhaiterait que des lois antérieures
eussent empêché la grève d'éclater. Mais si ces
lois manquaient, l'État doit-il se désintéresser de
la grève elle-même, résultant de cette lacune?
Léon XIII en juge autrement : parce que l'État
n'a point fait son devoir en négligeant de prévenir le mal, doit-il y faillir une seconde fois en
négligeant d'apporter le remède? Léon XIII n'est
pas tour à tour confiant et défiant à l'égard de
l'autorité publique : seulement, pour les maladies
du corps social, il préfère l'hygiène préventive à
l'hygiène curative. Nous avons tous le même
avis, exactement, pour ce qui regarde la santé
des individus.

Il est un dernier abus auquel le Souverain

1. *Cui quidem incommodo usitato et gravi medendum publice.*

2. *Illud magis efficax et salubre, antevertere auctoritate legum, malumque ne erumpere possit prohibere, amotis mature causis, unde dominorum atque operariorum conflictus videatur exiturus.*

Pontife consacre un paragraphe spécial : c'est l'oppression de l'ouvrier qui, poussé par la faim, accepte, par un contrat sans valeur, un salaire insuffisant. Léon XIII souhaite qu'en principe la solution des questions relatives au salaire soit réservée aux corporations ou syndicats ; il craint que les pouvoirs publics n'interviennent inopportunément, vu surtout la variété des circonstances, des temps et des lieux. De même, il réserverait volontiers aux organismes corporatifs la fixation de la journée de travail et les règlements d'hygiène concernant le travail des mines [1]. Dans ce code ouvrier, dont l'absence est une honte, et dont la rédaction est urgente, il y aura deux séries de prescriptions : les unes, négatives, prohibitives, prévoyant des abus et les empêchant, seront simplement la sanction logique et naturelle de certaines grandes lois morales, qui sont à la base de l'économie sociale chrétienne ; ces prescriptions-là doivent être émises et maintenues par l'État, pouvoir d'ordre ; et il peut à très bon escient les émettre. Les autres, positives, fixant des coutumes, et diverses suivant les métiers, suivant les climats, suivant les conditions d'existence, auront le caractère d'une réglemen-

1. *In his similibusque causis, quales illæ sunt in unoquoque genere artificii quota sit elaborandum hora, quibus præsidiis valetudini maxime in officiis cavendum, ne magistratus inferat sese importunius, præsertim cum adjuncta tam varia sint rerum, temporum, locorum, satius erit eas res judicio reservare collegiorum.*

tation stricte et précise : l'État, alors, réduit à ses propres lumières, risque de n'être point compétent. Il peut et il doit, s'il est nécessaire, accorder son secours et son appui aux intérêts que protège cette seconde catégorie de lois [1], et en imposer la respectueuse observation ; mais il est plus prudent qu'il ne les rédige pas lui-même, lorsque la rédaction peut se faire autrement. En France, par exemple, si l'on entend les avis de Léon XIII, ces règlements ouvriers, au lieu d'émaner, par une sorte de vote au second degré, du suffrage universel du pays, émaneront, par un vote immédiat, du suffrage de chaque métier. En décidant ainsi, Léon XIII se défie moins encore de l'ingérence de l'État que de son ignorance : l'État ne saurait être un spécialiste universel.

De la nécessité de corporations ou de syndicats résulte un dernier devoir, qu'impose à l'État l'urgence du problème social : il doit favoriser le développement de ces associations, en respecter l'autonomie, ne point toucher aux ressorts intimes qui leur donnent la vie [2]. Toute immixtion de l'État doit être justifiée par quelque devoir de protection : il n'a le droit d'imposer une gêne

1. *Accedente, si res postulaverit, tutela præsidioque rei-publicæ.*

2. *Tuetur hos respublica civium cætus jure sociatos : ne trudat tamen sese in eorum intimam rationem ordinemque vitæ : vitalis enim motus cietur ab interiore principio ac facillime sane pulsu eliditur externo.*

et de dresser un obstacle qu'autant que l'exige l'accomplissement de ce devoir.

Tel est l'ensemble de la doctrine pontificale. Aux yeux d'un certain nombre de personnes, la police est la principale utilité et le but final de l'État : cette conception de « l'État veilleur de nuit » est exactement opposée à la conception chrétienne. Les idées interventionnistes sont le développement logique de cette dernière conception ; elles en résultent pratiquement, comme un corollaire résulte d'un théorème [1].

Déjà, au temps où les Souverains Pontifes étaient maîtres des États romains, ils admettaient et appliquaient les principes interventionnistes. Clément IV au xiiie siècle, Sixte IV au xve, Jules II, Clément VII et Paul V au xvie, Benoît XIV et Pie VI au xviiie, Pie VII au xixe créèrent des obstacles légaux à l'extension des grandes propriétés, que les seigneurs des États romains se dispensaient de cultiver [2]. De même que les papes ses prédécesseurs, à titre de princes temporels, intervenaient contre l'abus de la terre, de même Léon XIII invite les pouvoirs publics à intervenir contre l'abus de l'ouvrier.

1. C'est ce que reconnaît M. Anatole LEROY-BEAULIEU, si hostile qu'il soit aux idées interventionnistes : « Les interventionnistes catholiques, écrit-il, peuvent se vanter d'avoir pour eux la tradition. » (*La papauté, le socialisme et la démocratie*, p. 125).

2. Le livre de M. Gabriel ARDANT : *Papes et paysans* (Paris, 1891) est consacré à l'explication détaillée de ces édits pontificaux. Cf. ci-dessus, p. 71.

X

On a vu, dès le début de ce chapitre, que l'intervention de l'État, nécessaire pour réprimer l'injustice de certains industriels, n'est pas moins indispensable pour empêcher que les industriels honnêtes et scrupuleux « ne soient châtiés de leur vertu ». Si l'on envisage seulement le jeu naturel des lois économiques, les abus fortifient le patron qui s'en rend coupable, les scrupules affaiblissent le patron qui s'en embarrasse : l'État intervient et corrige ces lois économiques en faveur des lois morales.

Mais ces lois économiques reprennent leurs droits et trouvent une vengeance. Le temps est passé où le marché national était comme un enclos strictement barricadé et rigoureusement isolé des marchés extérieurs. De même que, dans chaque État, une concurrence existe entre les patrons du même métier, de même, dans le monde une concurrence existe entre les métiers des divers États. Il peut donc advenir, entre les nations, ce qui advient entre les patrons d'une même nation : l'État qui diminuera le total de production en fixant un maximum d'heures de travail, et qui augmentera les frais de production en fixant un minimum de salaire, sera puni de ses bienfaits. D'autres États, qui n'auront pas eu le même culte de la justice et ne se seront pas souciés du bien-être des masses, évinceront du marché international leur trop honorable concurrent. La richesse suivra l'iniquité, et l'appauvrissement résultera de la justice [1].

Cette loi économique est indéniable; on ne pense plus, aujourd'hui, qu'elle soit intangible. Plusieurs rivaux sont en présence; l'un d'eux emploie des moyens que, pour des raisons morales, les autres ne veulent point employer : qu'un législateur intervienne au-dessus de ces divers rivaux, réprime certains procédés de concurrence, qu'il règle l'usage et la puissance de leurs armes : l'harmonie sera restaurée, et la morale satisfaite. Lorsque ces rivaux sont des individus, l'État est ce législateur; lorsque ce sont des États, un pouvoir international remplira ce rôle.

Il existe entre les divers États, d'ailleurs, des conventions postales, des arrangements pour la protection de la propriété littéraire et artistique; et l'on discute beaucoup, à cette heure, sur l'opportunité d'une action internationale contre la propagande anarchiste. Il semble donc que de telles ententes ne compromettent en aucune façon la dignité des États et l'autonomie des

1. « Les fabricants autrichiens et suisses, en présence de la loi sur les fabriques, pourraient se plaindre avec apparence de raison de ce qu'on entrave, par là, au détriment de leur propre pays, leur concours sur le marché du monde » (DECURTINS, cité dans l'*Association catholique*, 1888, II, p. 323). — Cf. DE MUN, *Discours*, IV, p. 153-154.

« patries ». Elles marquent un progrès du droit international moderne ; pourquoi la classe ouvrière serait-elle exclue du bénéfice de ce progrès? Et de même que les nations veulent s'accorder entre elles pour protéger tous leurs citoyens contre la dynamite, elles pourraient entrer en rapports, aussi, pour protéger la majorité de leurs citoyens contre la faim.

A ces essais de réglementation, l'école libérale objecte par la bouche de M. Claudio Jannet : « Cette loi comporterait évidemment des dispenses, et il faudrait que chaque pays réservât à son autorité le droit de les accorder [1]. » En parlant de la sorte, on prévoit un détail de pratique, mais on n'adresse pas une objection. Si le pressentiment des dérogations nécessaires devait avoir pour conséquence la suppression de toute règle, on trouverait malaisément une seule loi qui résistât à cette épreuve. Ce ne serait même pas la législation du repos du dimanche, la seule, d'après M. Jannet, qui puisse revêtir un caractère international.

Une autre objection du même économiste est la suivante : « L'entente internationale pour régler les conditions du travail serait une préparation à l'accomplissement des projets de Karl Marx. L'association internationale des ouvriers a pu disparaître dans sa forme primitive, mais

---

1. Jannet, *L'organisation du travail d'après Le Play*, p. 30.

la pensée qui l'inspirait est toujours vivante ». A ces alarmes le P. Liberatore réplique : « *Il ne faut pas considérer comme faux a priori et comme injuste tout ce qui est, dit-on, proposé par les socialistes.* Tout faux système, pour se faire route, a besoin de l'appui de quelque vérité, qui fasse illusion aux moins clairvoyants. L'erreur pure ne trouverait pas accès dans l'esprit humain. La manière certaine de vaincre l'erreur est précisément de lui arracher cette arme des mains. Or, les inconvénients dont les socialistes se plaignent, comme provenant pour la classe ouvrière de la concurrence sans frein, sont incontestables; et la nécessité d'y trouver un remède est évidente; c'est à cela que tend la proposition d'un accord international[1] ». Cette réflexion du théologien Jésuite est précieuse à retenir : elle s'oppose, comme une réponse décisive, aux objections de certains catholiques, qui, toujours pressés d'applaudir au langage des économistes libéraux, reprochent aux chrétiens sociaux de parler quelquefois le langage des socialistes.

---

1. *Principes d'économie politique,* trad. de Sacy, p. 284-285.

X

Victorieuse de semblables chicanes [1], la nécessité d'une entente internationale au sujet des conditions du travail, qu'affirmait, dès 1841, l'Alsacien Daniel Legrand, paraît évidente depuis peu d'années. Elle a surtout été développée par des économistes et des hommes politiques du parti catholique.

En 1882, le Conseil des études de l'Œuvre des Cercles, en 1885 l'Association allemande des études sociales [2] réclamaient une semblable entente. Le 23 décembre 1887, M. Decurtins, conseiller national des Grisons, déposait la motion suivante, de concert avec son collègue M. Favon, libéral :

« Les soussignés, considérant qu'un grand

1. Les principales objections contre la possibilité d'une entente internationale au sujet du travail sont brillamment réfutées par BURRI, *Di una legislazione internazionale sul lavoro* (Rome, 1891), pp. 52-60.

2. Le texte adopté par cette dernière association contenait les affirmations suivantes : « Cette entente est absolument nécessaire ; elle est possible, et elle sera salutaire, comme le prouve le passé, alors que l'influence de l'Église était respectée et se faisait sentir dans les questions qui se rapportent à la vie matérielle de la grande république chrétienne » (*Association catholique*, 1885, II, pp. 505 et suiv.) Le texte allemand de cette décision est intégralement publié dans le *Jahrbuch der Freien Vereinigung Kathol. Socialpolitiker*, 1887, pp. 20-21.

nombre d'États possèdent ou préparent une législation sur le travail dont les principes concordent avec ceux de la législation suisse sur cet objet, présentent la motion suivante :

« Le Conseil fédéral est invité à se mettre en rapport avec ces États afin de régler par des traités internationaux ou une loi internationale les points suivants :

« 1° La protection du travail des enfants mineurs ;

« 2° La protection du travail des femmes ;

« 3° Le repos hebdomadaire ;

« 4° La journée normale de travail [1]. »

Un long mémoire, exposé des motifs qui militaient en faveur de cette motion, fut rédigé par M. Decurtins [2]. C'est le plaidoyer le plus complet en faveur d'un droit ouvrier international. Decurtins encore, devant le Parlement suisse, défendit sa motion par un discours prononcé le 27 juin 1888. Il remarquait « que les conditions économiques des pays civilisés se touchent et s'emboîtent de tous les côtés », et démontrait « que la législation internationale pour la protection du travail peut frayer la voie à la lutte contre l'anarchie de la production [3] ». Le Parlement suisse, à

---

1. *Association catholique*, 1888, I, p. 175.

2. *La question de la protection ouvrière internationale.* Mémoire présenté au département fédéral de l'Industrie et de l'Agriculture par le Dr G. DECURTINS, conseiller national (Berne, Imprimerie S. Collin, 1889).

3. *Association catholique*, 1888, II, pp. 323 et 324.

l'unanimité, ratifia les conclusions de l'orateur, en acceptant sa motion. Déjà l'on annonçait à Berne, d'abord pour le mois de septembre 1889, puis pour le 5 mai 1890, la réunion d'une conférence internationale, lorsque l'empereur Guillaume II en souhaita le transfert à Berlin. Le nouveau projet de conférence, exposé dans deux rescrits impériaux du 4 février 1890, et dans une circulaire de la chancellerie allemande, du 15 mars de la même année, rencontra dans le monde catholique cette approbation presque enthousiaste qu'on marchande d'ordinaire aux nouveautés [1]. Le cardinal Jacobini adressait à M. Decurtins les félicitations de la papauté; et, déterminant brièvement les divers points qui devaient attirer l'attention de la Conférence, il souhaitait que les adultes eux-mêmes fussent l'objet d'une protection [2]. Léon XIII, ensuite, s'adressant à l'empereur Guillaume, écrivait : « Il faut que ce difficile et important problème soit résolu selon toutes les règles de la *justice...* L'action combinée des gouvernements contribuera puissamment à l'obtention de la fin tant désirée [3]. » — « Je considère cet acte impérial, disait Manning au sujet des rescrits impériaux, comme le plus sage et le plus digne de ceux qui ont émané

---

1. Sur l'histoire de ces projets, et de la conférence de Berlin, on peut consulter avec fruit BURRI, *Di una legislazione internazionale sul lavoro*, pp. 39-52.

2. *Association catholique*, 1889, I, p. 679.

3. *Association catholique*, 1890, I, p. 440 (et cf. lettre du pape à l'archevêque de Cologne, I, p. 693).

jusqu'à présent de l'initiative des souverains de notre époque [1]. »

Dans les divers parlements, des voix catholiques s'élevèrent, pour demander aux gouvernements de se faire représenter à Berlin.

En Autriche, ce fut celle de M. de Liechtenstein [2]. En France, ce fut celle de M. de Mun : le 18 mai 1889, provoqué par une observation de M. Lyonnais, il rappela que, dès le 2 janvier 1884, et d'accord avec l'évêque d'Angers, il avait invité le ministère Ferry à préparer l'adoption d'une législation internationale [3].

On a dit que la Conférence de Berlin n'avait rien produit : comme si l'on pouvait attendre quelque résultat positif d'une Conférence réunie pour délibérer, non pour légiférer. Aucun acte fécond n'en pouvait sortir ; mais cette Conférence elle-même est un fait, et le fait initial d'un mouvement. Elle marquait la reconnaissance officielle, par tous les États représentés, de cette indéniable vérité, que la question du travail était devenue une question internationale [4].

La fondation de l'Internationale, en 1864, avait

1. *Association catholique*, 1890, I, p. 335.
2. *Association catholique*, 1889, I, p. 567.
3. DE MUN, *Discours*, IV, p. 160-163. — Voy. aussi, sur la conférence de Berlin, les pages 263-265 du même ouvrage.
4. Si l'on veut étudier par quels moyens se pourrait réaliser une entente pratique au sujet d'une législation internationale du travail, on devra se reporter à l'écrit du comte de KUEFSTEIN, *Sur la réglementation de la durée du travail*, pp. 30-32.

une portée que ne soupçonnèrent pas les gouvernements d'alors : ils n'y virent qu'une formation factice, issue du caprice des ouvriers ; ils méconnurent l'essentiel, c'est-à-dire que les intérêts de ces ouvriers étaient unis et solidaires par l'effet même des conditions de l'industrie moderne et de l'existence de marchés internationaux [1]. Cette solidarité naturelle préexistait à l'Internationale et lui survécut [2]. Parce que l'union qui existe entre tous les travailleurs du monde, bien loin d'être un simple expédient révolutionnaire, résulte de la force même des choses et d'une situation industrielle, elle est une de ces forces dont les gouvernements ne peuvent venir à bout, ni par des répressions isolées, ni par des répressions collectives que dirigerait une Sainte-Alliance des bourgeoisies.

L'abbé Winterer a fort bien dit au Reichstag, le 19 mai 1892 : « La situation créée par la production capitaliste a un caractère international ; le mouvement ouvrier est international ; l'alliance des partis socialistes est internationale ; il faut que les mesures prises pour la protection de la société soient de même internationales ».

---

1. Ce principe était formulé, dès 1847, par MARX et ENGELS, dans le manifeste qu'ils rédigèrent au nom des communistes allemands de Londres.

2. Signalons, par exemple, l'échange de subventions qui eut lieu, en 1889 et 1890, entre les *dockers* de Londres et les ouvriers de Melbourne : on trouvera d'instructifs détails sur cet épisode dans Decrais, *L'Angleterre contemporaine*, p. 197.

XII

Ce sera dans l'histoire un grand honneur, pour
l'Église de notre époque, d'avoir pressenti cette
solution et d'avoir voulu l'avancer. Lorsque l'empereur Guillaume, prince luthérien, appelait à la
Conférence de Berlin Mgr Kopp, prince-évêque
catholique de Breslau [1], les optimistes purent
espérer que quelque chose allait finir et que
quelque chose allait renaître : ce qui paraissait
finir, c'était cette exclusion systématique de toutes
les affaires temporelles et laïques, prononcée
contre le prêtre par les XVIIIe et XIXe siècles ; ce
qui paraissait renaître, c'était le rôle social du
prêtre. Ainsi pensaient quelques mystiques ; et
leurs prévisions, assurément, témoignaient d'une
certaine hâte. L'Église catholique reconquerra-t-
elle quelque jour cette puissance internationale
dont la dépouillèrent les laïcismes nationaux ? On
ne peut encore l'affirmer ; mais on doit dire qu'en
abordant la question sociale comme elle l'a fait,
elle s'est engagée dans la seule voie qui la puisse
acheminer vers cette conquête.

Voilà quatre siècles que l'idée de la chrétienté
et la « chrétienté » elle-même n'existent plus ; et

---

1. C'est sur les instances de Mgr Kopp, aujourd'hui cardinal, que le mémoire de M. Delahaye, délégué français et
ouvrier, fut inséré *in extenso* au protocole des délibérations.

voilà quatre siècles, aussi, que toute notion de désintéressement, de générosité, de justice, a disparu de l'histoire politique. Résumant l'histoire du XVIIᵉ et du XVIIIᵉ siècles, qui inaugurèrent, si l'on peut ainsi dire, le « laïcisme » diplomatique, M. Lavisse écrit : « Lorsque plusieurs centaines d'années se seront écoulées et que la perspective se sera faite sur ces belles guerres et sur ces beaux traités, l'historien ne fera pas une grande place, dans l'histoire générale du monde, à ces deux siècles que l'Europe a si mal employés » [1].

Où donc est le principe pacificateur qui amortira les conflits d'intérêts et rapprochera les nations ? On crut l'avoir trouvé, à la fin du XVIIIᵉ siècle : c'était le principe révolutionnaire. Comme une religion nouvelle, la Révolution française se propage à travers le monde ; et, par elle, le règne de la fraternité va sans doute renaître. Cette espérance fut trompée : était-elle chimérique, ou bien échoua-t-elle par la faute de Napoléon ? Toujours est-il qu'elle échoua ; et la Révolution française, en pénétrant dans chaque pays, surexcita le patriotisme des citoyens : certaines nationalités prirent conscience d'elles-mêmes ; des barrières s'élevèrent, qui n'existaient pas auparavant ; et, parmi les barrières existantes, bien peu tombèrent [2]. C'est au nom de certains rêves de

---

1. LAVISSE, *Vue générale de l'histoire de l'Europe*, pp. 179-180 (Paris, Colin).

2. Cf. LAVISSE, *Vue générale de l'histoire de l'Europe*, pp. 228-231.

cosmopolitisme que s'exerçait la propagande révolutionnaire ; et l'effet de cette propagande fut un démenti à ces rêves : avec son vigoureux talent, M. Sorel a mis ce fait en lumière. Plus près de nous, la France et l'Italie, qui sont par excellence les filles légitimes de la Révolution, sont engagées dans des combinaisons diplomatiques distinctes et hostiles.

Il ne reste donc aucun principe qui puisse remplir, dans le monde contemporain, l'office autrefois exercé par le principe de la chrétienté. Les catholiques applaudirent à l'arbitrage de Léon XIII entre l'Allemage et l'Espagne ; ils y virent un hommage à l'idée de chrétienté, une renaissance de cette idée. Un hommage, peut-être ; une renaissance, pas encore.

Si l'Église doit ressusciter cette idée, c'est la question sociale qui lui en donnera l'occasion. Les arbitrages politiques, lors même qu'ils se multiplieraient, ne seront jamais que des épisodes dans l'histoire de l'Église. C'est à titre de puissance sociale que l'Église peut et doit jouer un rôle international [1].

---

1. En des pages qui seront peut-être une prophétie, Buchez souhaitait, il y a cinquante ans, que les nations opérassent « volontairement, avec intelligence, l'œuvre de réalisation politique de la doctrine chrétienne, » que « l'Europe fût encore une fois unie dans le même esprit ». « Le salut de l'Europe sera assuré, disait-il, le jour où le clergé lui aura donné un nouveau Grégoire VII, et la France un nouveau Charlemagne. » (*Introduction à la philosophie de l'histoire*, II, pp. 506-508). En 1825, Saint-Simon, dans le *Nouveau Christianisme*, en 1878, le juif Isaac Pereire, ancien

XIII

International, catholique : les deux mots sont synonymes. Superbement, l'État monarchiste ou jacobin traitait l'Église romaine de « puissance étrangère »; une religion internationale le gênait. Et, pour éviter des crises mortelles, il faudra qu'il accepte un droit ouvrier international.

Partout, depuis cinq ans, dans les assemblées catholiques, retentissent des discours et des vœux en faveur d'une législation internationale du travail. Elle est souhaitée par le Congrès de Liége en septembre 1890 [1]; elle est réclamée par une assemblée du Centre allemand, réunie à Mayence le 14 décembre 1890 [2]; elle est prêchée dans une chaire de Vienne par le jésuite Kolb, qui consacra l'avent de 1890 à l'étude des questions sociales [3].

En avril 1893, au Congrès ouvrier de Bienne,

Saint-Simonien, dans son écrit : *La Question religieuse*, proposaient à l'Église romaine la direction de la réforme sociale universelle (Voy. Leroy-Beaulieu, *La Papauté, le Socialisme et la Démocratie*, p. 6-8. Paris, Lévy).

1. Sur la proposition de l'abbé Winterer, le Congrès vota que l'établissement, par convention internationale, d'une journée maximale, est désirable.

2. *Association catholique*, 1891, I, p. 76.

3. « La réglementation internationale, dit le P. Kolb, est un devoir, une obligation du temps présent : c'est une nécessité pour le marché du monde » (*Association catholique*, 1891, I, p. 341).

M. Decurtins proclama de nouveau l'utilité d'une entente internationale, et l'on projeta de convoquer, dans une ville de Suisse, des délégués de toutes les associations ouvrières de l'Europe [1].

C'est à la suite de ce Congrès de Bienne que le Saint-Siège a publié un important document en faveur d'une législation internationale du travail. L'Encyclique *Rerum Novarum* avait gardé le silence sur ce point; et les catholiques hostiles aux réformes sociales s'empressèrent d'en conclure que le rêve caressé par Léon XIII au moment de la conférence de Berlin était définitivement évincé par le Souverain Pontife. La lettre adressée par Léon XIII à Decurtins a démenti cette téméraire conclusion. « Il est évident pour tous, écrit le Pape, que la protection donnée au travail des ouvriers serait très imparfaite si elle l'était par des lois différentes que chaque peuple élaborerait pour son compte. Car les marchandises diverses, venues de divers pays, se rencontrant sur le même marché, certainement la réglementation imposée ici ou là au travail des ouvriers aurait cette conséquence que les produits de l'industrie d'une nation se développeraient au préjudice d'une autre »

Un évêque français écrivait en 1886 : « Jus-

---

1. Sur les raisons qui empêchèrent la réunion de ce Congrès international à Zurich en 1894, et qui forcèrent de l'ajourner à l'année 1896, on doit consulter un instructif article de la *Monatschrift* de Vienne, traduit par M. de Ségur-Lamoignon dans l'*Association catholique*, 1895, I, p. 8 et sq.

qu'ici l'Église n'a pas répondu à cet appel d'une législation internationale, et nous ne voyons pas qu'elle se prépare à y répondre [1]. » Que de chemin parcouru depuis 1886.

Déjà certains catholiques, exaltant leurs ambitions, observent qu'au-dessus de l'anarchie des nations il existe une puissance internationale, et une seule : l'Église. Si de cette anarchie aucune loi du travail ne peut sortir, ils se tourneront vers l'Église. En 1890, M, Helleputte, député catholique belge, demandait que les délégués de la Belgique à la Conférence de Berlin proposassent de soumettre à l'arbitrage du pape les conflits entre le monde du capital et le monde du travail [2].

Quelques mois après, le Congrès de Liège entendait un rapport de M. de Cepeda sur l'arbitrage international du Pape [3].

En l'année 1648, le nonce du pape quittait Munster. La papauté, ce jour-là, émigra de la scène laïque ; elle laissa les puissants de l'Europe se disputer entre eux ; et la guerre générale se termina sans elle. Rentrera-t-elle jamais sur cette scène, pour élever la voix, dans quelque conflit, en faveur des faibles de l'univers, pour terminer, peut-être, quelque grève générale ? C'est le secret du XX° siècle ou des siècles suivants !

1. Mgr Hugonin, *Lettre sur les œuvres ouvrières*, p. 42 (Caen, 1886).
2. *Association catholique*, 1890, I, p. 453.
3. *Association catholique*, 1890, II, p. 410.

CONCLUSION

L'AVENIR.

I. La force de l'Église, au XX⁰ siècle, sera dans le peuple. Cette considération convie l'Église à s'occuper des questions sociales. — II. Attitude de l'Église en présence du problème social : sa lutte contre deux doctrines inverses. — III. L'État moderne n'a ni le droit ni la force de combattre le socialisme ; l'Église seule a ce droit et cette force.—IV. « De quoi se mêle l'Église ? » Réfutation de cette objection libérale et conservatrice par le vote du congrès de Bienne (avril 1893). — V. Rapports réciproques entre l'Église et le socialisme actuel ; pourquoi ce sont des rapports hostiles.— VI. Préparatifs de la lutte : instruction sociale donnée au clergé. Succès de l'Église dans les premiers engagements (France, Belgique, Allemagne). — VII. Ce dont l'Église aura besoin pour cette lutte : plus de liberté à l'égard des gouvernements. Comment la vieille conception des rapports entre l'Église et l'État ne convient plus à la nouvelle activité de l'Église. — VIII. Quelques prévisions sur l'issue du mouvement social catholique et sur l'avenir de l'Église. — IX. *Deposuit potentes de sede, et exaltavit humiles.*

Au XX⁰ siècle, la force de l'Église catholique sera tout entière dans le peuple : l'Église ne vivra qu'en attirant le peuple à elle, elle ne peut l'attirer à elle qu'en allant à lui. « Jusqu'ici le monde a été gouverné par des dynasties ; désormais le Saint-Siège doit traiter avec le peuple et avec des évêques en rapports étroits, quotidiens et personnels avec le peuple [1]. » Voilà ce qu'écrivait Manning en 1887, dans la lettre qu'il adressait à Rome en faveur des Chevaliers du Travail. « Perdre l'influence sur le peuple, déclarait à la même époque le cardinal Gibbons, ce serait perdre l'avenir tout entier [2]. « Pour moi, j'avoue franchement, disait en 1888 Mgr Kean, évêque de Richmond et maintenant recteur de l'Université de Washington, que lorsque je parcours l'histoire et considère la manière dont César a traité la religion et l'Église dans le passé, j'accueille avec confiance l'avenir où nous n'aurons plus à traiter avec lui, mais avec le peuple, qui presque toujours, lorsqu'il est dans son bon sens, reconnaît que l'Église est sa meilleure amie et que ses intérêts sont les siens [3]. »

A Louvain, le comte de Mun disait à la jeunesse catholique : « Allons au peuple, Messieurs,

1. *Les Chevaliers du travail*, p. 14. — Cf. ces mots du même MANNING, écrits à la revue française le XXe siècle, le 26 décembre 1890 : « *The 20 th century will be for the people and for the laws of the christian commonwealth* » (XX° siècle, t. pp. 678-679).

2. *Les Chevaliers du travail*, p. 8.

3. *La mission providentielle de Léon XIII*, p. 13. Et Mgr Kean ajoutait : « Les notions de la vieille école sont de tous points contraires à celles-ci... C'était dans cette vieille école que s'était faite l'éducation de Léon XIII... Mais aucune influence d'école ne pouvait entraver et arrêter une intelligence telle que la sienne ».

c'est l'œuvre du siècle à venir [1] »! Et peu d'années après, à Lille, il saluait cette démocratie, « qui se lève, rude et violente, pour prendre possession du sceptre des rois [2] ».

De cette claire vision des nécessités futures résultait pour l'Église un double devoir. Il fallait que la papauté, par des actes expressifs, distinguât sa cause de celle des dynasties et fît siens les intérêts des masses populaires [3]. Il fallait que les catholiques de chaque pays, clercs et laïques, s'associassent à cette évolution, qu'ils en connussent et qu'ils en fissent connaître l'inestimable importance. La papauté a fait son devoir, entièrement [4]. Certains catholiques, dans

1. *Discours*, I, p. 465.

2. De Mun, *Discours*, IV, p. 180 et sq.

3. De Mun, dans son discours de Lille prononcé le 6 juin 1892, a très bien marqué le rapport qui existe entre les enseignements politiques et les enseignements sociaux de Léon XIII : « Sur cette page écrite par la papauté comme au frontispice du siècle nouveau, il manquait un dernier mot : Léon XIII l'a écrit, en invitant les catholiques français à accepter sans arrière-pensée la forme politique que la démocratie s'est donnée... Qu'est-ce que l'Encyclique sur la condition des ouvriers ; qu'est-ce que l'accueil fait au pèlerinage ; qu'est-ce que les derniers actes pontificaux, sinon le développement grandiose d'une même pensée et l'effort puissant du chef de l'Église pour briser les entraves sociales, économiques et politiques, que les habitudes ou les calculs intéressés des hommes avaient formées autour d'elle, et pour entrer en communication directe avec le peuple » (*Discours*, IV, p. 180 et sq.).

4. « C'est avec une profonde émotion que l'Église, en ce siècle, au détour de la route, a rencontré la Démocratie. Sans doute elle la connaissait depuis dix-neuf siècles, mais l'Église est servie par des hommes, et ceux-ci depuis un temps

chaque pays, ont depuis longtemps commencé à faire le leur ; ils forment le noyau d'un groupement ; partout ce groupement grossit, avec plus ou moins de rapidité, suivant l'intelligence et le zèle des chrétiens. « Il n'y a plus que deux forces sociales, écrivait récemment M. Harmel, le clergé et le peuple ouvrier ; c'est en les unissant que nous préparerons la société de l'avenir et les triomphes de Jésus-Christ [1]. »

II

Il est certain que, dans l'ancien monde et dans le nouveau, les masses populaires sont mécontentes. Ces sourdes colères, qui se traduisent par des grèves, par des congrès, par des menaces, ne résultent pas seulement de propagandes malsaines, comme le prétendent ceux qui auraient intérêt à le croire. Parce que ces propagandes s'exercent, le peuple cherche à ses souffrances des remèdes détestables : la propagande profite de ces souffrances, elle les allègue, mais

trop long, avaient cessé de comprendre leur rôle et son rôle vis-à-vis du peuple. On avait repoussé la mère loin de ses enfants ; la Révolution avait prétendu la détruire ; ceux qui continuaient la Révolution avaient prétendu l'isoler, et ils l'avaient enchaînée sur la hauteur, tandis que dans la plaine le peuple souffrait et gémissait. Mais voilà que l'Église est descendue vers le peuple, la main ouverte et le cœur sur la main » (Abbé Naudet, *La démocratie chrétienne*, p. 7).
1. *Assoc. cath.*, 1893, II, p. 228.

elle ne les crée pas. Le peuple est mécontent parce qu'il souffre. On lui marchande la charité, on lui refuse la justice : voilà pourquoi il veut réaliser sur la terre des rêves d'injustice.

Ces rêves méritaient les condamnations de l'Église : elles les a condamnés. Mais tant de misères, excuse de ces rêves, méritaient l'attention de l'Église : elle s'en préoccupe, de plus en plus.

Des esprits à courte vue s'étonnent. « Puisque le socialisme est à la fois condamné par l'Église et redouté par la société actuelle, pourquoi l'Église affaiblit-elle cette société en prétendant distinguer, dans l'organisation économique en vigueur, ce qu'il y a de tolérable et de mauvais, de juste et d'injuste ?[1] Appuyer certaines revendications des masses populaires tout en combattant le socialisme, c'est ébranler une partie de l'édifice contemporain : voilà, certes, une fort mauvaise politique. » Ceux qui tiennent ces raisonnements rêvent une Église oublieuse de ses devoirs, sans compter qu'ils sont singulièrement naïfs en adressant à la papauté des leçons de politique.[2]

---

1. A cette objection, M. de Mun a répondu :
« Prétendre combattre le socialisme en s'attachant au régime qui l'a engendré, c'est vouloir détruire l'effet en conservant la cause » (De Mun, *Discours d'Arras* du 30 avril 1893, p. 6).

2. Voyez à ce sujet les pages éloquentes de M. Anatole LEROY-BEAULIEU, *La papauté, le socialisme et la démocratie*, pp. 1-4.

L'Église, par l'encyclique *Rerum Novarum*, a refusé de monter la garde autour des abus de la société. Par sottise ou par égoïsme, certains de ses membres lui assignaient cette mission : l'Église l'a déclinée. Elle ne veut pas se consacrer à la défense d'une classe. En tout cas, si dans la lutte qui chaque jour devient plus violente, entre « la puissance de l'or et la puissance du désespoir », l'Église voulait intervenir comme partenaire et non comme médiatrice, ce n'est pas du côté de l'opulence que l'orienteraient les enseignements de son Évangile et les souvenirs de sa primitive histoire . Mais elle tendra ses mains à toutes les classes, pour les unir toutes.

Sans attaquer les riches et sans trahir les pauvres, l'Église combat deux doctrines. L'une est la bienvenue chez le pauvre : jusqu'ici on la prêche plus qu'on ne l'applique ; elle s'appelle le socialisme et se fractionne en une foule d'hérésies, qui concluent toutes à la suppression de la propriété privée. L'autre est la bienvenue chez le riche : on l'applique plus qu'on ne la prêche, on la maintient plus qu'on ne la soutient ; elle n'a

1. L'expression est d'Ozanam.

2. Il faut citer ici ces belles paroles de Mgr Simor, primat de Hongrie : « Quand, élu évêque, je m'approchai de l'autel, l'évêque consacrant m'a adressé, au nom de l'Église, cette question : Veux-tu être doux et compatissant envers les pauvres, les étrangers et les indigents ? Je répondis : Oui. C'est donc mon vœu d'évêque qui m'oblige d'intercéder en faveur de la solution de la question sociale » (*Association catholique*, 1885, I, p. 612).

même pas de nom avoué, mais on n'en désavoue pas la pratique; elle affirme que la propriété confère tous les droits et n'impose nul devoir, et que toutes les conditions du travail sont légitimes, par cela seul que l'ouvrier affamé les accepte; elle traite le travailleur comme une force mécanique, non point comme un homme.

III

De ces deux doctrines, la seconde succombera, car elle a contre elle tous les ouvriers, qui seront les plus forts dès qu'ils le voudront. La première se propage, comme une religion : elle se prépare à passer dans les faits.

En face de ces progrès, que peuvent faire les États modernes? Pas plus que l'État enseignant, lorsqu'il s'appelait Cousin, ne put faire sa part au scepticisme, l'État gouvernant, quel que soit l'homme qui l'incarne, ne peut faire sa part au socialisme. On passe à l'État son ton dogmatique, mais on laisse passer ses dogmes. Avant d'être un parti, le socialisme est une idée : l'État moderne n'a pas le droit de combattre des idées. Il a pour principe la liberté de penser, pour loi la volonté du nombre : à quel titre la majorité d'aujourd'hui peut-elle interdire à la majorité de demain d'être socialiste?

On dira que l'État moderne, s'il ne possède ce

droit, peut se l'arroger. Nonobstant son étiquette, il lui est bien arrivé de combattre certaines idées : l'idée catholique, par exemple.

Mais lors même que, manquant à son principe, il poursuit l'idée socialiste, la force lui manque pour livrer l'assaut. Contre les conceptions anarchistes, contraires à la notion même de l'État, il est suffisamment armé, — d'arguments tout au moins. Contre le socialisme, qui ne fait qu'exagérer cette notion, il est désarmé.

En face d'une doctrine qui tend à le supprimer, l'État moderne a ses coudées franches. En face d'une doctrine qui prétend le conquérir pour le fortifier plus encore et le faire rayonner toujours davantage, l'État moderne est fort embarrassé. Les socialistes ne représentent pas seulement un parti qui veut arriver aux affaires ; ils représentent un système dont le principe est la souveraineté absolue de l'État : beaucoup de pouvoirs laïques, que les socialistes alarment aujourd'hui, professaient ce principe avant eux [1]. Remarquez que, plus l'État est césarien ou jacobin, plus le socialisme y pousse de vigoureuses racines : je citerai l'Allemagne et la France. C'est devant les États qui ont tout voulu courber devant eux que le socialisme se courbe le moins : ainsi le comporte la logique ; et, pour s'en éton-

---

1. Sur les rapports de filiation qui existent entre le socialisme et le « libéralisme », voir le livre du P. Pachtler, S. J. : *Le but du socialisme et les idées libérales*, trad. Fritsch (Louvain, 1893).

ner, il faudrait ignorer ce qu'est le socialisme, ou bien ce qu'est l'État moderne.

En dehors et au-dessus des États, impuissants à lutter contre le socialisme, il subsiste, dans le monde, un organisme fécond et robuste : c'est l'Église. Elle fut assez strictement fidèle à son principe — on disait jadis : assez intolérante — pour refuser toujours d'être *dans l'État* : grâce à cette attitude, elle conserva sa suprématie autonome ; elle ne consentit jamais la servitude que certains gouvernements lui voulurent imposer ; multipliant les protestations, elle ne laissa jamais prescrire ses droits à la liberté : on appela cela cléricalisme, et c'est au « cléricalisme » que le catholicisme fut redevable de son originale vitalité.

Il reste sur terre, à l'heure actuelle, deux sortes de puissances : l'État moderne, qui, malgré ses prétentions, n'a point d'autorité pour inculquer à ses sujets des habitudes d'esprit ou des habitudes de volonté ; et l'Église catholique, la grande puissance morale de l'heure présente[1]. « L'Église, écrivait naguère M. de Vogüé, est la première personne morale et intellectuelle de ce

[1] Dans son livre sur *la Démocratie et le régime parlementaire*, pages 215-216, M. PRINS, « libéral » belge, constate avec tristesse que « l'Église est, dans notre société réduite en poussière, la seule puissance qui soit restée debout ; et elle trône, plus superbe et plus fière que jamais ». — Cf. M. Anatole LEROY-BEAULIEU, admirant le « paradoxe vivant que présente la Rome papale » (*La papauté, le socialisme et la démocratie*, pp. II-III).

monde. Tous ceux qui regardent devant eux sont
persuadés que rien ne peut préserver le monde
de la crue démocratique et du socialisme qui
l'accompagne ; on chercherait vainement en
dehors de l'Église une force capable de limiter
cette crue et de la diriger [1]. »

IV

Dans la pensée de beaucoup de catholiques, un
doute pouvait subsister. Indifférentes ou hostiles
aux croyances religieuses, les masses ouvrières
daigneraient-elles attacher quelque prix à cette
intervention de la papauté ? en témoigneraient-
elles quelque reconnaissance ? même, en auraient
elles connaissance ? Entre elles et l'Église, en
plusieurs pays, un fossé semblait creusé ; en France
par exemple, c'est parmi les classes élevées que
l'Église, depuis une certaine date, cherchait ses
appuis politiques, et elle les y trouvait, encore
que parfois chancelants et souvent inefficaces ;
on pouvait craindre que par la force des choses,
l'Église et le peuple ne se fussent pour longtemps
réciproquement oubliés, et que les prêtres, dénon-
cés aux masses comme les aumôniers du capital,

1. DE VOGÜÉ, *Spectacles contemporains*, pp. 68-73. — Cf.
discours de Mgr KORUM au Congrès de Liège, en 1890 : « Le
socialisme sait que l'Église catholique est ici-bas la seule
force capable de lui résister » (*Association catholique*, 1890,
II, p. 510).

ne fussent éconduits par des ricanements lorsque, se présentant eux-mêmes, ils s'annonceraien t comme les aumôniers du travail. Et les mêmes observateurs qui, sincèrement, admiraient le langage tenu par le Pape aux ouvriers, émettaient volontiers de pessimistes augures, au sujet de la réponse que les ouvriers renverraient au Pape.

Ces diseurs de mauvaise aventure, en avril 1893, furent contraints d'espérer et de se rassurer. A cette date, les fédérations ouvrières de la République Suisse tenaient à Bienne leur Congrès annuel. Nous avons dit, plus haut, comment le quatrième État Suisse est organisé; chaque année ses délégués s'assemblent en Congrès ; catholiques, protestants, socialistes, s'y coudoient et s'y concertent ; dans ce Parlement plébéien, les opinions sont multiples, et les croyances bigarrées, comme dans la masse dont ce parlement est l'expression ; car il est, à proprement parler, la représentation, véridique et loyale, des travailleurs suisses. Decurtins, à Bienne, proposa à l'ensemble du Congrès d'inviter les associations ouvrières catholiques à répandre les enseignements sociaux de l'Encyclique *Rerum Novarum*. Et le Congrès y consentit.

Ce congrès était comme un confluent, où toutes les idées, diverses, hétérogènes, qui agitent les masses populaires, s'étaient pour quelques heures donné rendez-vous; le seul lien qui unît ces troupes de délégués, était un commun dévouement au bien commun. Il n'en fallait pas plus pour que Decurtins se réputât assuré du succès : les protestants firent litière de leurs préjugés religieux, les socialistes de leurs préjugés anti-religieux; envisageant exclusivement les intérêts ouvriers, les uns et les autres constatèrent qu'entre les doctrines du Pape et les désirs du monde des travailleurs, il y a concordance : et le vote qu'ils rendirent en faveur de la proposition Decurtins traduisit cette constatation.

« Des milliers d'ouvriers, venus de lieux éloignés, différant d'opinions et de religion, ont acclamé notre lettre Encyclique; reconnaissant qu'elle renferme des enseignements tout à fait propres à protéger leurs droits légitimes et à préparer des bases solides sur lesquelles soit édifié un ordre social équitable ». C'est en ces termes que Léon XIII, dans une lettre au docteur Decurtins, commenta la manifestation de Bienne. Historiquement, cette manifestation apparaît comme un hommage à la Papauté, hommage d'autant plus précieux, pourrait-on dire, qu'il n'était pas formellement voulu par les manifestants. Extérieurs aux considérations religieuses, ils recherchaient le relèvement des petits; et par un de ces contre-coups dont l'histoire de l'Église offre quelques exemples, la chaire apostolique fut elle-même relevée. Un pape légiférant exclusivement pour les dévots, songeant plus à l'humanité mourante qu'à l'humanité vivante, et laissant sommeiller ce magistère d'arbitre social et de représentant de la morale, que le moyen-âge respectait et aimait : voilà la conception « libérale » de la papauté, conception inconsciemment acceptée par un certain nombre de catholiques « conservateurs », qui volontiers objecteraient aux prétendues « intrusions » de Léon XIII : « Votre royaume n'est pas de ce monde. De quoi l'Église se mêle-t-elle? » La voix du peuple, à Bienne, proclamait implicitement que Léon XIII avait quelque chose à dire en ce monde, qu'il avait bien fait de le dire et qu'il l'avait fort bien dit [1].

V

Cependant certains organes de l'école libérale exposent complaisamment qu'entre le « socialisme chrétien » et le « socialisme radical » aucune différence fondamentale n'existe [2]; et peu s'en faut qu'ils n'empruntent à des chroniqueurs fantaisistes cette affirmation bizarre, que le pape Léon XIII, en écrivant l'encyclique *Rerum Novarum*, s'est fait socialiste [3].

1. On peut consulter, sur la portée du Congrès de Bienne, Henri Lorin, *Assoc. Cathol.*, mai 1893, et un article du *Journal des Débats* reproduit par Mgr de T, Serclaes, au tome II de son livre sur *Léon XIII*, dans le chapitre consacré au congrès de Bienne (Lille, Desclée).

2. Ils condamnent l'un et l'autre le régime du travail issu de la Révolution. Mais cette haine commune est à peu près le seul lien qui rapproche les deux socialismes.

3. D'autres, en revanche, gênés par les hardiesses pontificales, n'ont voulu voir dans l'encyclique *Rerum novarum* que la défense du droit de propriété.

Dans son encyclique sur les erreurs modernes, publiée le 28 décembre 1878, Léon XIII avait tracé « un tableau effrayant du socialisme et de ses dangers [1] »; il était alors sous l'impression terrible de ces attentats nihilistes, qui firent trembler la Russie. Cette œuvre de jeunesse — jeunesse de pontificat, s'entend, — n'a reçu de l'encyclique *Rerum Novarum*, aucun démenti.

Il semblerait, à entendre certaines gens, qu'on ne peut guère s'occuper des questions sociales, s'associer, surtout, à certains jugements des socialistes, sans être socialiste soi-même [2]. Il faut les abandonner à leur erreur, d'autant plus amusante que ces estimables personnes, ignorant profondément le socialisme, le conçoivent sous la forme concrète d'un attentat à leur coffre-fort, et dans tout socialiste redoutent un voleur

---

1. LAVELEYE, *Lettres d'Italie*, p. 370 (Paris, Alcan). Il est curieux, aujourd'hui, de relire les réflexions que cette encyclique inspirait à M. de LAVELEYE : « Léon-XIII oubliait toutes les traditions du christianisme... Il foulait aux pieds Lazare, exaltait Divès et tous les privilégiés. » Et M. de LAVELEYE prévoyait que la papauté, se mettant franchement à la tête de la réaction, allait se rallier les classes riches !

2. Le 23 février 1868, MERMILLOD disait à Sainte-Clotilde : « Oserons-nous reprocher à l'ouvrier de ne pas travailler le lundi, si nous ne faisons rien de toute la semaine ? On ne saurait condamner les joies publiques de l'ouvrier et aller, en même temps, voir des nudités sur le théâtre. Pour lui interdire d'aller battre des mains à la chanteuse populaire, il ne faut pas la faire applaudir dans son salon » (*Association catholique*, 1888, 1, p. 6). A la suite de ce discours, il fut taxé de socialiste !

sans respecter en lui le propagateur désintéressé d'une idée.

Ketteler, en 1869, empruntait à Lassalle ou à Fritsche certains développements sur la puissance excessive du capital, et sur l'imperfection des salaires [1]. Ireland, en 1889, déclarait que « le fondement de beaucoup de réclamations socialistes s'appuie sur la théologie catholique [2] ». D'autre part, un rédacteur de la *Revue socialiste*, M. Benedict, écrivait en 1885, au sujet d'un mandement de Mgr Bagshawe : « C'est de la bonne critique socialiste [3] », et, parlant de M. Albert de Mun, il signalait « ce débordement de généreuse éloquence qui honore singulièrement le catholicisme déclinant [4] ». Constatons cet échange d'aveux, de compliments, de services même si l'on veut; mais gardons-nous bien d'en exagérer la portée.

Entre l'Église de Léon XIII et le socialisme de M. Bebel ou de M. Malon, aucune conciliation ne peut être réalisée, aucune ne doit être prévue. La qualification de « socialiste chrétien » est en général répudiée par les catholiques auxquels on l'applique [5]. M. de Mun disait en 1882 : « Ce que je ne comprends pas, c'est qu'on nous oppose ce nom de socialisme, qui veut dire la négation la plus absolue des droits

1. Voy. *Œuvres choisies*, trad. DECURTINS, 3e sermon.
2. *L'Église et le Siècle*, p. 88.
3. *Revue socialiste*, 1885, p. 1105.
4. *Revue socialiste*, 1885, p. 1017.
5. DE MUN, *Discours*, p. 370-371.

de Dieu, et la proclamation des droits sans limite de la créature [1]. » Il écrivait en 1886 : « Ce serait, dans ma conviction, une périlleuse illusion que de chercher dans le socialisme un principe vrai, et, par conséquent, de lui emprunter, pour notre œuvre, une dénomination, quelque corrigée qu'elle pût être par l'épithète de chrétien [2]. »

Inversement, les socialistes actuels observent à l'égard du christianisme une attitude qui ne laisse aucun doute sur leurs intentions. « Le salut de la société, l'espérance unique pour le libre et entier développement de la famille humaine, est dans l'évangile de la fraternité, dans la parole divine du Christ [3]. » Ces mots, qui pourraient être de Saint-Simon, l'auteur du *Nouveau christianisme*, même de Proudhon ou de Louis Blanc, furent prononcés par Henry George,

1. Voyez dans LEMIRE, *Le cardinal Manning*, p. 210, comment MANNING répondait au reproche de socialisme. — VOGELSANG, de son côté, écrivait en 1887 : « Avec toute la force de mes souvenirs, de mes sentiments, de mes réflexions, de toutes mes conceptions sociales, je suis un adversaire déclaré de cette omnipotence de l'État, de cette suppression byzantine de toute liberté, de toute vie intellectuelle, qui serait la conséquence nécessaire d'un régime où l'État serait seul propriétaire du sol » (*Monatsschrift für christliche socialreform*, août 1887).

2. *Association catholique*, 1886, I, p. 245.— Comparer ses réponses à M. LAFARGUE (*Discours*, V, p. 75-80), à M. Schneider (id., p. 191-195), et son discours à l'Œuvre des Cercles en juin 1893 (id., p. 334 et sq.).

3. Cité dans le *Correspondant*, 1886, I, p. 813.

le socialiste américain. Mais Henry George est une exception.

Le socialisme actuel est bien loin de « christianiser [1]. » Ses dispositions à l'égard des prêtres sont franchement attestées par ce *Streemrecht*, que chantèrent dans les rues de Bruxelles, le 15 août 1886, les manifestants ouvriers :

> Qui peut faire disparaître prêtres et tyrans ?
> Le suffrage universel [2].

Les dispositions à l'égard des religions sont clairement indiquées par des sermons laïques et socialistes qu'adresse M. Bruno Wille à la population berlinoise : il établit dans ces discours le rôle désastreux de toutes les religions [3]. Le socialisme actuel, enfin, a une philosophie [4]; et cette philosophie est l'athéisme. « Nous voulons en politique la république, en économie le socialisme, et en religion l'athéisme », a dit Bebel le 31 mars 1881 [5]. Bakounine écrivait en 1872,

[1]. Comme SCHAEFFLE conseille aux socialistes de répudier leur matérialisme et leur irréligion, Benoît MALON réplique que précisément les socialistes français du temps de Louis-Philippe échouèrent, parce qu'ils « christianisèrent ».

[2]. Claudio JANNET, *Le socialisme d'État et la réforme sociale*, p. 22.

[3]. DE WYZEWA, *Le mouvement socialiste en Europe*, p. 84 (Paris, Perrin).

[4]. Les liens qui rattachent le socialisme allemand à l'humanisme de FEUERBACH sont indiqués avec une grande précision par JOHN RAE, *Il socialismo contemporaneo* (traduit de l'anglais par BERTOLINI. Florence, 1889), pp. 117-129. Voir aussi, au sujet des liens entre l'hégélianisme et le socialisme, DE PASCAL, *Philosophie morale et sociale*, 1, p. 313-317.

[5]. Voyez WINTERER, *Trois années de l'histoire du socialisme*, p. 10 (Paris, Lecoffre). Lire aussi les discours de MOST

dans la *Theologia politica di Mazzini :* « Il faut émanciper le peuple de la croyance en Dieu et en la vie éternelle. » Vainement, depuis le Congrès de Halle, le socialisme allemand dépense-t-il quelques efforts pour rendre moins éclatante cette étiquette antichrétienne : elle était l'exacte révélation de sa nature. Et c'est à juste titre qu'en 1886 l'abbé Winterer a dit au Congrès de Liège : « Le socialisme, c'est l'athéisme pratique [1]. »

VI

Entre l'Église catholique et le socialisme athée, une lutte se prépare. Dans les pays où l'Église est libre, elle dresse ses clercs pour ce nouveau combat. Dès 1869, les évêques allemands réunis à Fulda prenaient la décision suivante : « Dans l'instruction que l'on donne aux membres du clergé, en philosophie, et concernant leur mission pastorale, il ne faut pas négliger plus longtemps la question ouvrière : il est désirable que certains ecclésiastiques s'adonnent spécialement à l'étude de l'économie politique [2]. » Au Congrès

et de Mme HAHN contre la « prêtraille », cités dans LAVELEYE, *Socialisme contemporain,* pp. 124-126.

1. Sur les dispositions des socialistes belges à l'égard du christianisme, voir notre article de l'*Assoc. cathol.*, 1893, II, p. 399.

2. Cité par DE PASCAL, *Controverse,* avril 1887, p. 195. — Le rapport présenté à Fulda est résumé dans LAVELEYE, *Socialisme contemporain,* p. 156. L'enseignement de la

de Liége de 1890, l'abbé Hitze, l'évêque Doutreloux, rappelèrent cette même nécessité : celui-ci
demandait « que le clergé étudiât les applications
de la justice et de la charité du Christ à l'économie sociale [1] », et celui-là disait nettement : « Si
vous voulez vous mettre à la hauteur de vos missions, il vous faut étudier les problèmes sociaux
du siècle présent [2]. » Manning en Angleterre, Gibbons et Ireland [3] en Amérique, ont multiplié de
semblables conseils. Longtemps les prêtres de
France négligèrent ces questions ; l'archevêque
Mermillod, dans un discours prononcé le 26 janvier 1881 [4], en apportait l'excuse suivante : « Le
clergé, depuis le Concordat, n'a pu s'occuper de
ces questions, qui cependant sont vitales ».

science sociale a été introduit dans beaucoup de séminaires
autrichiens, dans tous les séminaires allemands, dans les
séminaires belges (voy. *Association catholique*, 1888, I,
p. 312).

1. *Association catholique*, 1890, II, p. 8.

2. *Association catholique*, 1890, II, p. 9. — Cf. discours de
Mgr KORUM au Congrès de Liège de 1886 : « Ah ! nous n'a-
vons peut-être pas assez étudié les socialistes, et nous avons
été obligés d'apprendre beaucoup d'eux ».

3. Voyez en particulier le discours de l'archevêque IRELAND
aux prêtres de Paris, prononcé en juin 1892 (*Questions
actuelles* XIV, pp. 181 et sq.).

4. *Association catholique*, 1881, I, p. 266. — Comparer
les réflexions de Mgr SCHEICHER, de Saint-Polten, au Congrès de Fribourg-en-Brisgau, en 1888 : « Notre clergé (celui
d'Autriche) conforme sa conduite aux *ordres de la bureaucratie*, reste indifférent aux misères sociales qui l'environ-
nent, et par cette apathie ébranlé sa position vis-à-vis du
peuple » (Cité par KANNENGIESER, *Catholiques allemands*,
p. 264).

Mais certaines initiatives attestent que le clergé de France reprend enfin l'ambition de jouer un rôle social. Le *XXe siècle* à Marseille, la *Sociologie catholique* à Montpellier, la *Démocratie chrétienne* dans le Nord [1], propagent les doctrines de ce « christianisme social », qu'on pourrait appeler, aussi bien, christianisme intégral, ou christianisme tout court.

La *Justice sociale*, fondée à Bordeaux par l'abbé Naudet en juillet 1893 [2], fut en France le premier organe catholique exclusivement consacré à la défense des travailleurs et prêtant une tribune à leurs revendications; le *Peuple*, à Lille, s'est fondé, quotidien, avec un programme analogue. L'*Univers* et le *Monde* recommandent journellement l'application des enseignements de l'Encyclique *Rerum Novarum;* et les témoignages de satisfaction qui leur sont accordés par le Saint-Siège démontrent que ces journaux interprètent l'Encyclique comme le pape veut qu'elle soit interprétée. L'alerte et confiant appel adressé au clergé par l'abbé Naudet sous ce titre : *Notre œuvre sociale*, est de nature à encourager les vaillants, à éclairer les « prudents », et à faire taire les lâches. L'abbé Garnier, depuis plusieurs années, parcourt la France, éparpillant les ger-

1. Voir la brochure : *De quel côté vont les encouragements du Pape ?* extraite de la *Démocratie chrétienne.*

2. En octobre 1894, l'abbé Naudet, conformément au désir exprimé par le Pape, a pris la direction du journal le *Monde.*

mes d'organisations ouvrières; et l'une des circonscriptions de Montmartre, dans laquelle le candidat conservateur, après une escarmouche qu'il trouvait fatigante, recueillait d'habitude quelques centaines de voix, récompensa le prêtre conférencier, en octobre 1893, par 4.000 voix. Enfin l'élection de l'abbé Lemire par les ouvriers et les petits métiers d'Hazebrouck a marqué l'avénement du jeune clergé démocrate à la vie politique[1]. Ce jeune clergé cherche encore, en beaucoup d'endroits, une formule pour ses aspirations, un programme pour son dévouement. Mais ce qui dès maintenant est certain, c'est que l'inaction lui pèse et que l'action stérile lui répugne; c'est que les succès superficiels, et les constructions dont la façade seule est brillante, ne suffisent plus à le satisfaire; et c'est enfin qu'ambitieux d'initiative, dégagé des coteries, il rêve — qu'on nous passe l'expression — de faire sortir Dieu parmi les hommes[2].

---

1. M. l'abbé Lemire a déposé à la Chambre un projet de loi sur le bien de famille et un projet de loi sur l'utilisation des relais de mer, qui, tous deux, ont pour objet de faire rentrer dans les lois la conception chrétienne de la propriété. Il demande que chaque paysan chef de famille possède une maison et une pièce de terre, incessible, insaisissable, indivisible : ce sera « le vêtement de pierre et de terre de la famille » (Voir *Assoc. cathol.*, 1894, II, p. 297). — M. l'abbé Lemire a commencé une série de conférences en faveur de la liberté d'association.

2. Rien de plus frappant, à l'heure actuelle, que le fervent et brusque retour de certaines œuvres religieuses vers leur primitive mission sociale. Témoin le Tiers-Ordre. En 1894,

En Angleterre, en Belgique, en Allemagne, lorsque sortent les ministres de Dieu, les hommes écoutent.

Dans la protestante Angleterre, Manning octogénaire, en septembre 1889, termina la grève de 250,000 *dockers* en faisant triompher leurs réclamations ; il reçut les félicitations du pape et celles de l'agitateur John Burns ; et les malheureux *dockers*, au lieu de marquer la fin de la grève par des manifestations socialistes ou des chansons révolutionnaires, songèrent tout de suite à se cotiser pour offrir au cardinal une somme d'argent ; elle servit à fonder un lit d'hôpital pour un ouvrier [1].

En Belgique, les démocrates chrétiens rattachent au catholicisme les ouvriers que le socialisme athée n'avait pas encore conquis ; ils ont la confiance du peuple. En leur présence, l'ouvrier ne se tait pas, comme il persiste à se taire

le Congrès du Tiers-Ordre franciscain, réuni à Paray-le-Monial,

« Considérant que, si le socialisme est devenu le danger imminent de notre société, le capitalisme, c'est-à-dire la prédominance injuste du capital et les abus qui en sont résultés sont les vraies causes du désordre social actuel,

Demande que les tertiaires travaillent par l'enseignement oral et écrit et par l'exemple à réformer les idées fausses et les pratiques vicieuses trop généralement acceptées sur ces matières » (*Assoc. cathol.*, 1894, II, p. 554). Ce vœu était émis à l'instigation de M. Harmel, revenu de Rome peu auparavant.

1. Voyez, pour les détails, LEMIRE, *Le cardinal Manning*, p. 114.

devant certains patrons, qui, malgré le bien qu'ils font ou peut-être par la façon même dont ils le font, inspirent toujours la crainte, quelquefois le respect et jamais l'affection. Dans les réunions qu'organise le jeune parti, l'ouvrier joue vraiment un rôle ; il fait son éducation, et s'en va ensuite dans les meetings hostiles pour que l'opinion catholique y trouve une voix. La minorité de travailleurs liégeois qu'a groupée le professeur Pottier est une force d'assaut contre le socialisme. A la différence de certaines sociétés catholiques dans lesquelles le travailleur conserve la contenance, et aussi la torpeur de l'homme sur qui on agit, la Société Saint-Alphonse de Liège et les associations similaires transforment leurs ouvriers en champions, et non point en captifs du christianisme social [1].

En Allemagne, les candidats du Centre sont les plus sérieux ennemis des candidats socialistes [2].

---

[1]. Dans notre région de Reims, M. Léon Harmel a déjà donné la première impulsion à un mouvement analogue, en rassemblant deux Congrès proprement ouvriers, où les travailleurs eux-mêmes ont discuté sur leur situation et sur l'application des doctrines sociales chrétiennes. Les comptes rendus de ces deux congrès forment de volumineuses brochures, publiées à Reims en 1893 et 1894.

[2]. Le *Volksverein*, qui compte plus de 140.000 membres, est un excellent instrument de lutte, créé par le Centre. Cette association publie des brochures de propagande, et, huit fois l'an, sous le titre : *Stimmen aus dem Volksverein,* un bulletin très répandu. Voyez Kannengieser, *Ketteler,* p. 196-249, et le rapport du vice-président Trimborn, résumé dans l'*Assoc. cath.,* 1893, II, p. 669-670.

Au lendemain des élections allemandes de 1890, le *Berliner Tagblatt*, journal libéral, reconnaissait que « jusqu'ici les vagues du socialisme se sont brisées contre le roc de l'Église catholique [1] ». Presque tous les progrès des socialistes en Allemagne ont lieu dans les districts protestants : les statistiques qu'a dressées l'abbé Kannengieser [2] attestent ce phénomène d'une façon lumineuse. Il avait frappé, du reste, le *Reichsbote*, organe du pasteur Stoecker : « Si l'Église catholique, disait ce journal, a prouvé qu'elle seule est capable d'exercer une influence sérieuse sur le peuple, il n'y aura pas lieu de s'étonner que son rôle grandisse dans l'État [3]. » Avec des armes égales, les catholiques allemands livrent au socialisme des batailles plus efficaces que ne le faisait naguère Bismarck avec des armes supérieures [4] : là où l'État apparut impuissant, l'Église paraît devoir être puissante.

C'est qu'en s'élevant contre le socialisme l'Église ne fait qu'ajouter un nouvel épisode à la lutte que depuis longtemps elle soutient contre les empiétements de l'État. Pour attaquer ce qu'il y a d'erroné dans le socialisme, l'Église n'a qu'à se continuer ; pour attaquer ce qui le gêne dans le socialisme, l'État doit se démentir.

---

1. Cité par KANNENGIESER, *Catholiques allemands*, p. 107.
2. KANNENGIESER, *Catholiques allemands*, pp. 61 et suiv.
3. Cité par KANNENGIESER, *Catholiques allemands*, p. 59.
4. Voir sur le résultat des élections allemandes de 1893, Kannengieser, *Ketteler*, p. 442-447.

VII

Ainsi l'État, s'il veut vaincre, aura besoin de l'Église [1]. Les conséquences de cette nécessité seront extrêmement graves.

Qu'on y réfléchisse en effet : l'Église se renouvelle, se rajeunit, reprend d'anciennes ambitions, recherche un rôle social [2]. Si l'État moderne demeure ce qu'il est, s'il reste gallican, fébronien, joséphiste, s'il conserve, dans cette ère nouvelle, les idées de l'ancien régime et les armes d'un absolutisme défunt, il paralysera l'Église.

La monarchie dite très chrétienne, depuis Philippe le Bel, les divers gouvernements de la

1. Le P. WEISS écrit à DECURTINS, en 1889 : « Sans une entente entre l'État et la société, d'une part, et l'Église, d'autre part, il n'y a pas à songer à une solution quelconque de la question sociale » (*Association catholique*, 1889, I, p. 302 et suiv.).

2. Mgr Ireland applaudit à cette évolution, et déplore que durant une partie de ce siècle certains ministres du Christ « se soient retirés dans leurs sacristies et dans leurs temples comme dans des quartiers d'hiver, où, entourés d'un petit nombre de fidèles, ils pourraient se préserver, eux et leurs amis, de la contagion universelle ». Il engage le clergé à ne point s'inquiéter de ces hommes « dont les nerfs souffrent des trépidations du vaisseau qui, sous la main de Léon XIII, s'avance avec accélération de vitesse... Ne vous occupez pas de ces réactionnaires ; passez outre, avec le Christ et la vérité ! ».

France, depuis 1789, conçoivent et traitent le clergé comme s'il était une institution d'origine laïque. Un ornement de cour, s'il ne résidait pas ; un préfet mitré, s'il résidait : tel devait être l'évêque dans la pensée de nos rois absolus et de leur successeur Bonaparte. Les curés, depuis plusieurs siècles, sont regardés — et parfois se regardent eux-mêmes [1] — comme des officiers de mariage et d'inhumation, dont l'usage obligatoire avant 1789 devint surérogatoire après cette date, comme des pourvoyeurs de sacrements qui ne doivent pas trop vanter l'efficacité de leurs bénédictions : car certaines apologies du mariage religieux paraissent intolérables à la justice civile.

La législation qui régit les rapports de l'État et du clergé, particulièrement en France, semble avoir pour intention, pour but et pour résultat d'interdire à l'Église tout rôle social. La *fonction sociale* du prêtre, que l'Évangile lui impose, est contrariée par sa condition de *fonctionnaire*, dont l'État moderne l'habille : celle-là suppose liberté à l'égard de tout ce qui n'est pas Dieu ; l'autre suppose servilité.

Le pouvoir civil reconnaît à l'Église *une place dans l'État* et la définit comme il suit : l'Église

---

1. « Il me souvient, raconte Mgr IRELAND, d'un bon directeur de séminaire qui me disait dans ma jeunesse : « Que le prêtre soit seulement à l'autel, au confessionnal, au lit du mourant, arrêtez-vous là. » Si je l'avais écouté, je n'aurais pas été bien loin » (*Discours aux prêtres de Paris*, dans les *Questions actuelles*, XIV, p. 183).

doit user de son pouvoir sur certaines conscien-
ces pour assurer à Bonaparte, à Louis XVIII ou
à leurs successeurs républicains la docilité de
ses fidèles. Suivant la pittoresque expression de
Vogelsang, l'Église, ainsi conçue, devient « un
gendarme noir au service de la bureaucratie,
récompensé de son abaissement et de son inaction par des privilèges d'État[1]. » Pour régner,
l'État requiert deux sortes de moyens : des moyens
de coercition matérielle, comme la police ; et
des moyens de persuasion ou de coercition morale, comme l'Église. Cette conception nuit à
l'Église beaucoup plus qu'elle ne sert l'État.

Il en est de l'Église servante du pouvoir civil
comme d'un aumônier de collège qui passerait
pour l'agent officieux de l'administration : ni
cette Église ni cet aumônier ne possèdent quelque influence. Tant pis pour l'Église ; mais aussi,
tant pis pour l'État.

Avec ses deux bataillons : police disciplinée,
clergé discipliné, l'Etat paraîtra de plus en plus
impuissant contre la marée montante du socialisme. Mais à qui la faute ? Ce n'est certes pas à l'É-
glise. Harcelé par l'ennemi socialiste, l'État libéral et bourgeois voudrait appeler à son secours la
puissance de l'Église, et commence par rendre

---

1. *Association catholique*, 1888, I, pp. 453-454. — Taine,
Le Régime moderne, II, p. 8, cite ce mot de Bignon, fami-
lier de Napoléon : « Le serment imposé au clergé par le concordat faisait du clergé une sorte de gendarmerie sacrée ». —
Cf. Leroy-Beaulieu, *La papauté, le socialisme et la démocratie*, pp. 24-25.

l'Église impuissante ; il prend ombrage de toute activité indépendante de la part de l'Église et s'étonne, ensuite, que ces armées de prêtres, qu'il entretient, n'arrachent pas les masses au socialisme.

« Le prêtre dans son église, le maire à la mairie, l'instituteur à l'école. » Défense aux prêtres d'aller aux masses.

« La chaire pour les mystères, le club pour les questions sociales. » Défense aux prêtres de traiter ces questions, sous peine de tumulte légalisé.

Ainsi l'État désarme l'Église. Il demeure entendu, d'ailleurs, que cette Église doit contribuer à la conservation de l'ordre, au maintien de ces grands principes qui fondent les sociétés [1]. Cela est urgent, déjà ; l'État, très menacé, cherche des armes. « Rends-moi celles que tu m'as prises, dit alors l'Église, et cesse de crier que j'empiète, dès le premier jour où j'agirai [2]. » Mais

---

1. « On enferme le prêtre dans un réseau de lois qui mutilent son activité ; on ferme à double tour sur lui les portes de la sacristie, puis, quand on le tient ainsi bien loin du peuple, on va à l'ouvrier et on lui demande : « Où sont-ils donc, tes prêtres, et que font-ils pour toi ? » (De Mun, *Discours de Tours*, publié comme supplément à la *Correspondance hebdomadaire de la Ligue catholique et sociale* du 10 mai 1893).

2. Léon XIII écrivait, en 1878, dans son encyclique sur les erreurs modernes : « Lorsque les États auront reconnu que l'Église de Jésus-Christ possède, pour détourner le fléau du socialisme, une vertu qui ne se trouve ni dans les lois humaines, ni dans les répressions des magistrats, ni dans les

l'État se laisse malaisément convertir : il multiplie les dénonciations contre les empiètements de
l'Église. Au lendemain de ces dénonciations, le
bruit de quelque sauvage explosion, œuvre d'un
bras anarchiste, est renvoyé par l'écho. Place à
la police, alors, mais cela est un expédient coer-
citif [1], non un remède préventif.

Le développement immense des aspirations
socialistes est un grand fait, avec lequel il faut
compter [2]. L'État qui voudra les discipliner
sera impuissant ; l'État qui voudra leur donner
quelque satisfaction sera absorbé, parce que toute
autorité lui manquera pour dire aux socialistes :
« Vous n'irez pas plus loin. » L'Église seule a le
droit et le pouvoir de les discipliner et de les

armés des soldats, qu'ils rétablissent enfin cette Église dans
la condition et la liberté qu'il lui faut pour exercer, dans
l'intérêt de toute la société, sa très salutaire influence... » Il a
repris la même idée dans l'encyclique *Rerum Novarum*.

1. KELLER a fort bien dit : « L'Église ne voit dans la force
coercitive qu'une arme secondaire et purement défensive
contre le mal... Elle se flatte de limiter et de restreindre
l'emploi des moyens coercitifs » (*L'Encyclique de 1864 et les
principes de 1789*, pp. 289-291). — Cf. DE MUN, *Discours*,
I, p. 376 : « Laisser faire et envoyer des troupes, je comprends que ce soit un moyen, mais je ne trouve pas que
ce soit une solution ».

2. Rapprochez ces deux paroles de GAMBETTA : « Il n'y a
pas de remède social, parce qu'il n'y a pas *une question
sociale* » (Discours du Havre, 18 avril 1872) : — et : « Le
péril social, c'est le cléricalisme » (Discours de Romans,
18 septembre 1878). Moins de vingt ans après, on ne professe
plus la première idée, et on n'avoue plus la seconde.

satisfaire, dans la double mesure où le requiert la justice [1].

Elle considérerait comme un mal le triomphe du socialisme; elle considère comme un mal, aussi, le maintien et la pratique d'une conception égoïste, étroite, exclusive de la propriété et de la richesse [2]. Il faudra que les riches renoncent à cette conception, ou qu'ils se laissent arracher par les socialistes leur richesse elle-même. Il faudra, s'ils veulent l'appui de l'Église, qu'ils usent de leur fortune et traitent les infortunés comme l'exige la doctrine sociale de l'Église [2]. Ils n'auront, pour eux, la force des enseignements chrétiens que si, tout d'abord, ils ont mis le droit de leur côté. Ce qui fut vraiment nouveau dans l'encyclique *Rerum Novarum*, c'étaient les invitations aux riches et les invitations aux États. En feignant de ne les point entendre, et en ne les observant point, les riches et les États s'acheminent vers le règne socialiste [3].

1. En prendre la vérité, en éliminer l'erreur, voilà le meilleur moyen de combattre le socialisme démocratique », a dit l'abbé Hitze, en 1889, au Congrès de Fribourg-en-Brisgau (*Association catholique*, 1889, I, p. 330).

2. « Lors même que l'action de l'Église recouvrerait son ancienne efficacité, elle ne s'exercerait plus pour protéger un ordre social qui n'a pas tenu compte de ses principes ». (De Vogüé, *Heures d'histoire*, p. 453).

3. Aucune obligation, aucun lien n'attachent l'Église au régime de l'individualisme... Nous ne prétendons pas être les derniers soutiens d'un édifice qui tombe » (De Mun, *Quelques mots d'explication*, pp. 30-31).

4. « La civilisation moderne a son ombre : cette ombre, c'est le socialisme. Et l'ombre ne disparaîtra pas tant que la

Un jour viendra — et peut-être est-il proche
— où la « société civile » n'aura plus qu'un
moyen de salut : se rapprocher elle-même de
l'idéal chrétien, au lieu de professer à son égard
une ignorance toute laïque, et rendre une liberté
plus grande à la société ecclésiastique, qui travaille pour cet idéal. Avec quelle rapidité se
pressent les événements, avec quelle brusquerie
les contrastes se succèdent, dans l'histoire de la
question sociale !

VIII

Il y a juste quarante ans, Louis Reybaud écrivait : « Il n'y a plus de socialisme. » Aujourd'hui,
les socialistes ne savent pas, d'une façon précise,
si c'est demain ou après-demain qui amènera leur
victoire.

En 1883, on lisait dans le journal *le Temps* :
« Dans cette série d'œuvres où se mêlent à doses
variables les ambitions de la politique et les ins-
pirations de la religion, il n'y a pas une simple
machine de guerre. *C'est comme une réserve
que le catholicisme garde encore ; mais, le jour
où il développerait cette force latente et romprait*

civilisation moderne restera ce qu'elle est » (Discours de
JOERG, député du Centre, prononcé au Parlement allemand le
23 mai 1878. Cité dans Laveleye, *Socialisme contemporain,*
p. X).

avec la réaction politique, il pourrait déployer une force d'action dont on n'a pas l'air de se douter. » L'auteur de ces lignes était bon prophéte des évènements. Il était, en revanche, mauvais prophète de leur date : « Il est vrai, ajoutait-il, que nous sommes bien loin encore de ce moment [1]. »

En 1884, je trouve dans la *Patrie hongroise*, de Mme Edmond Adam, l'expression perspicace d'alarmes extrêmement vives : « Le péril est menaçant, écrivait-elle, car Léon XIII prépare la croisade, qu'un pape plus jeune peut conduire et faire triompher. La constitution de l'Église, le dévouement individuel, que le christianisme exalte, il faut en convenir, dans une proportion plus large que la philosophie de M. Paul Bert, sont faits pour provoquer un de ces grands mouvements de réforme morale qui s'appuient toujours sur un mouvement social [2]. » La « croisade », qu'un vieux pape préparait en 1884, est conduite en ce moment par lui-même [3].

---

1. Voyez les numéros des 30 mars, 4, 8 et 19 avril 1883.

2. Mme ADAM, *La patrie hongroise*, p. 200 (libr. de la *Nouvelle Revue*). — Cf. p. 192, où elle déplore la désinvolture de GAMBETTA à l'égard de la question sociale.

3. Cf. la *Revue socialiste* de 1885, II, p. 1013. M. BENEDICT cite ce mot de M. LEROY-BEAULIEU : « Le catholicisme se montre plus vivant et plus agissant qu'à la veille de la Révolution ; il est tout équipé pour les combats du siècle qui vient ». Et M. BENEDICT ajoute : « Il y a malheureusement du vrai dans cette appréciation. » — Cf. LAVELEYE, *Revue internationale*, 1890, I, p. 31 : « Aujourd'hui le catholicisme est plus vivant, plus actif, plus puissant qu'il y a cent ans ».

En 1887, M. de Vogüé écrivait : « Le jour où le courant portera sur le trône de saint Pierre un pape animé des sentiments du cardinal Gibbons, du cardinal Manning, l'Église se dressera dans le monde comme la plus formidable puissance qu'il ait jamais connue [1]. » Cinq ans seulement ont passé, et M. de Vogüé nous fait précisément admirer, dans la personne de Léon XIII, « ce Pape dont le geste large et audacieux, écartant trois siècles de diplomatie de cabinet, va ressaisir aux origines la tradition des grands pontifes rassembleurs de foules, émancipateurs de peuples, législateurs sociaux [2] ».

Non sans amertume, M. Eugène Spuller écrivait tout dernièrement : « Ce qui est certain, c'est que la théocratie n'a peut-être jamais eu plus de chances d'asseoir sa domination que dans notre époque de transition si difficile et si inquiétante, où nous voyons le vieux monde s'abîmer, sans que le nouveau monde, avec ses conditions d'existence et de durée, nous apparaisse encore [3]. » Partout, dans les pages qu'il vient de consacrer à l'*évolution politique et sociale de l'Église*, je rencontre l'expression de la même crainte.

Si perfides sont les tournants de l'histoire que l'invraisemblance y devient aisément réalité. Nous

1. DE VOGUÉ, *Spectacles contemporains*, p. 68 (Paris, Colin).
2. DE VOGUÉ, *Heures d'histoire*, p. 311 (Paris, Colin).
3. SPULLER, *Lamennais*, p. XVII (Paris, Hachette). — Cf. l'*Évolution politique et sociale de l'Église*, p. IX (Paris, Alcan).

en aurions certes un bel exemple, si l'héritage de la bourgeoisie passait à la théocratie.

IX

Sans porter mes regards aussi loin, j'aperçois seulement trois étapes dans la voie nouvelle que l'Église romaine commence à parcourir.

La première étape, déjà presque atteinte, sera la plus pénible, — je dirais presque, en songeant à certains membres du clergé, qu'elle sera cruelle. Elle se pourra définir ainsi : froissement et brouille entre la papauté et une certaine oligarchie de catholiques riches. Déjà vous les voyez s'inquiéter, en France, en Belgique, des hardiesses sociales de l'Église ; dissimulant leurs anxiétés personnelles sous le couvert d'anxiétés théologiques, ils objectent au pape Léon XIII la condamnation de Lamennais par le pape Grégoire XVI. L'Églisse passe, sans écouter.. comme jadis elle laissa passer Lamennais. Ils avaient fondé des réunions ouvrières, ils soutenaient une « bonne presse » ouvrière, pour qu'on entretînt l'inférieur de ses devoirs, exclusivement; ils n'aiment pas que certains échos de l'encyclique *Rerum Novarum* lui viennent révéler ses droits. Dans cette oligarchie dont je parle, se produira, tôt ou tard, une scission : les uns cesseront de servir l'Église et ne la gêneront plus ; les autres continueront de la servir, mais s'attacheront à elle au lieu de l'attacher à eux. Et, de cette première crise, l'Église sortira plus pauvre, mais plus libre.

Et, forte de cette liberté même, émancipée des mauvais riches, ne parlant au nom de personne sur terre, l'Église du Christ sera entendue des pauvres, c'est-à-dire de la majorité des hommes. Elle se présentera devant eux, avec son escorte de bons riches, qui lui continueront leurs services, sans lui demander sa servitude. Vainement alors ceux qui auront quitté l'Église, joints à ceux qui n'y étaient jamais entrés, s'efforceront-ils d'effrayer le peuple en lui signalant les « empiétements du cléricalisme ». Le peuple se demandera, naïvement, pourquoi l'Église retarda si longtemps ces sortes d'empiétements. Et les nefs se rempliront ; et parce que certains riches, pour cause, auront cessé de dire que la religion est *bonne pour le peuple*, les pauvres sentiront que la religion est *bonne*, absolument.

Dès que cette seconde étape sera définitivement atteinte, la troisième suivra. Ces masses, qui feront la loi, supprimeront pour l'Église les innombrables entraves dont l'embarrassèrent les régimes anciens. Jadis les masses étaient catholiques, mais les légistes gouvernaient : de là les premières défaites de l'Église. Aujourd'hui les masses gouvernent, mais elles ne sont plus catholiques : de là les dernières défaites de l'Église.

Pour réparer cette double série d'échecs, il

suffit que l'Église, sans secousse, mais sans défection, suive la marche que je viens de décrire et d'annoncer.

A l'heure présente, elle en parcourt le premier stade. *Deposuit potentes de sede, et exaltavit humiles.* Entendez, sous ce nom de *puissants,* ceux qui possèdent les droits que donne la richesse sans exercer les devoirs qu'elle impose.

Parmi ces puissants, quelques-uns s'indignent, et chez beaucoup de sourdes colères s'amassent. Mais de leur déposition rien ne les relèvera, ni l'Église, que Dieu chargea, dans tous les temps, de faire la loi religieuse, ni les humbles, que Dieu chargea, dans notre siècle, de faire la loi civile.

L'ascension parallèle de l'Église et des humbles a commencé.

FIN

DOCUMENTS

I

Vœu voté au Congrès de Bienne (8 avril 1893).

« Le Congrès exprime le vœu que le prochain congrès ouvrier international à Zurich s'occupe de la question de la législation internationale sur la protection des ouvriers. On compte également que les sociétés catholiques ouvrières défendront avec énergie les postulats concernant la protection ouvrière énoncés dans l'encyclique de Léon XIII. »

II

Lettre de Léon XIII à M. Decurtins.

A notre cher fils, Gaspard Decurtins.

Cher fils, Salut et Bénédiction apostolique.

Nous n'avons rien tant à cœur que d'avoir l'occasion d'exprimer hautement Notre sympathie et Notre sollicitude pour la classe ouvrière, car Nous voulons améliorer sa condition malheureuse, la rendre digne des nations civilisées, la mettre sous la protection de la justice et de la charité dont le christianisme a établi et étendra de jour en jour davantage le règne bienfaisant sur la terre. En effet, une des raisons d'être de Notre ministère Nous fait porter aussitôt Notre présence et Notre secours partout où les affligés attendent des consolations, les faibles un appui et les malheureux un adoucissement à leurs maux. Pénétré de la conscience de cette sublime mission, Nous souvenant des enseignements du divin Sauveur au genre humain, Nous avons, par Notre Lettre Encyclique : *Rerum novarum*, adressé au monde catholique des paroles d'amour et de paix. En étudiant la condition des ouvriers, Nous avons cherché à éteindre ce funeste conflit qui tourmente et menace cette société humaine au-dessus de laquelle pèse, comme un ciel noir, le courroux des passions populaires, annonçant par des éclairs terrifiants, le déchaînement d'une tempête grosse de naufrage. Nous n'avons pas négligé de traiter, devant les autorités souveraines de la société civile, la cause de la classe ouvrière, ne voulant pas qu'une multitude si grande et si utile fût abandonnée sans défense à une exploitation qui transforme en fortune pour quelques-uns la misère du grand nombre.

Aussi, avons-Nous appris avec satisfaction, cher fils, qu'au récent Congrès de Bienne, en

Suisse, des délégués représentant des milliers d'ouvriers, et venus de divers pays, séparés par leurs opinions et leurs croyances, ont approuvé et acclamé Nos Lettres Encycliques ; ils ont reconnu, d'eux-mêmes, qu'elles renferment les éléments les plus précieux pour la défense de leurs droits légitimes et pour la préparation, tant désirée, des fondements solides où puisse s'élever un ordre de choses conforme à la justice, ordre de choses qui assurera la paix dans la société humaine en détruisant l'antique défiance entre patrons et ouvriers.

La puissance de l'action de l'Église catholique pour le succès d'une telle entreprise est démontrée par une expérience de tous les temps et de tous les pays, et ceux-là mêmes ne la méconnaissent point qui se déclarent pourtant opposés à son enseignement. Par sa nature et ses institutions, l'Église mérite d'une manière merveilleuse le nom de mère et d'institutrice des peuples, elle tient à sa disposition des ressources admirables pour aider les hommes associés selon le droit, à augmenter le bien-être de leur existence sans nuire à l'honnêteté et à la sainteté de la vie. Aussi, l'Église ne peut-elle s'abstenir de travailler avec affection maternelle et générosité à soulager la misère et adoucir toutes les infortunes.

A la lumière de l'histoire et de la tradition, il est beau de la voir arriver à guérir la plaie d'une servitude séculaire.

Elle a pu, de ses seules forces, enlever cette

tache déplorable de la société humaine qui l'avait pénétrée comme l'huile; le spctacle d'une telle œuvre permet de juger de ce qu'elle peut pour dégager la classe ouvrière des maux où l'a conduite la condition actuelle de la société. Il est facile aussi de comprendre que, pour arriver à l'accomplissement de ce grand chef-d'œuvre de charité et de véritable humanité, la meilleure méthode à suivre est de travailler à graver profondément dans les esprits les préceptes du christianisme et à faire accepter, comme règle douce et forte de conduite, la doctrine de l'Évangile.

C'est pourquoi, Nous estimons aussi heureux et pratique que louable le projet que vous avez conçu de profiter des Congrès pour faire pénétrer dans l'âme du peuple, de la classe ouvrière en particulier, les principes développés dans Nos Lettres Encycliques : *Rerum Novarum*. Par l'intelligence parfaite de ces principes puisés dans les saintes doctrines de l'Église, les hommes se persuaderont que la réalisation de leurs vœux légitimes s'obtiendra, non par la perturbation inconsidérée de l'ordre social, mais sous la direction puissante, salutaire et sainte de cet esprit de sagesse que Jésus-Christ Notre-Seigneur a fait descendre du ciel sur la terre pour conduire l'humanité.

Nous avons appris également avec satisfaction que le Congrès de Bienne a avisé aux moyens de réunir bientôt un nouveau Congrès d'ouvriers plus important encore ; son but est d'attirer l'attention des autorités civiles sur la nécessité de faire partout des lois égales, protectrices de la faiblesse des enfants et des femmes, contre les excès du travail, et d'appliquer les conseils que Nous avons donnés dans notre Encyclique. En effet, si les autorités publiques ont un intérêt grave et incontestable à s'occuper de défendre les droits des ouvriers, cet intérêt est bien plus grand et plus sérieux lorsqu'il s'agit de venir au secours de la faiblesse des enfants et des femmes. Ils sont le commencement ou l'espoir de la génération suivante, et c'est sur eux que la nation doit compter, en grande partie, pour son avenir et sa prospérité. D'autre part, il est évident pour tous que la protection donnée au travail des ouvriers serait très-imparfaite si elle l'était par des lois différentes que chaque peuple élaborerait pour son compte. Car les marchandises diverses, venues de divers pays, se rencontrant sur le même marché, certainement la réglementation imposée ici ou là au travail des ouvriers aurait cette conséquence que les produits de l'industrie d'une nation se développeraient au préjudice d'une autre.

Ces difficultés et d'autres du même genre ne peuvent être surmontées par la seule puissance de la législation humaine. Elles ne le pourront être que si la règle de conduite donnée par le christianisme est comprise et mise en honneur, et si les hommes conforment leurs actes aux enseignements de l'Église. Dans ces conditions, le bien général trouvera un puissant auxiliaire dans la sagesse conciliante des lois et dans le concours de toutes les forces dont dispose chaque nation.

Pour vous, cher fils, qui consacrez avec un zèle ardent toutes les ressources de votre âme et votre activité intelligente à atteindre un si noble but, Nous avons voulu vous donner un témoignage public de Notre bienveillance. Nous avons la confiance certaine que vous avancerez courageusement dans la voie où vous êtes entré ; vous travaillerez à répandre chaque jour davantage et faire mieux comprendre encore les doctrines exposées dans les Lettres émanées du Siège Apostolique, pour le soulagement des infortunes et le raffermissement de l'ordre social.

Comme gage de la faveur céleste que Nous appelons sur vos efforts, Nous vous accordons affectueusement, à vous et aux vôtres, la bénédiction apostolique.

Donné à Rome, près Saint-Pierre, le 6 août de l'an MDCCCXCIII de notre Pontificat le seizième.

Léon XIII, Pape.

III

Discours de M. le comte Albert de Mun à Saint-Etienne en 1892 (Fragments).

« Mais ce n'est pas, ce ne doit pas être tout le programme des catholiques.

La question sociale et la question religieuse sont intimement liées, et elles constituent ensemble toute la question politique. J'ai toujours cru que les catholiques ne pouvaient se désintéresser de la question sociale, sous peine de manquer à leurs obligations vis-à-vis du peuple : aujourd'hui, depuis l'Encyclique sur la condition des ouvriers, je crois qu'ils n'en ont pas le droit et que leur programme social est là, tout écrit, magistralement tracé, comme leur programme politique l'a été par l'Encyclique du 16 février.

Sur ce terrain aussi, je n'indiquerai que les grandes lignes, mais je crois nécessaire de le faire.

A mes yeux, l'ensemble de nos revendications doit tendre à assurer au peuple la jouissance de ses droits essentiels méconnus par le régime individualiste ; la représentation légale de ses intérêts et de ses besoins, au lieu d'une représentation purement numérique ; la préservation du foyer et de la vie de famille ; la possibilité pour chacun de vivre et de faire vivre les siens du produit de son travail, avec une garantie contre l'insécurité résultant des accidents, de la maladie, du chômage et de la vieillesse ; l'assurance contre la misère inévitable ; la faculté pour l'ouvrier de participer aux bénéfices et même, par la coopération, à la propriété des entreprises auxquelles il concourt par son travail ; enfin la protection contre les agiotages et les spéculations qui épuisent les épargnes du peuple et le condamnent à l'indigence, pendant que, suivant les paroles de l'Encyclique « une fraction, maîtresse absolue de l'industrie et du commerce, détourne le cours des richesses et en fait affluer vers elle toutes les sources. »

Deux forces doivent concourir à la réalisation de ce programme : l'organisation professionnelle et la législation.

L'organisation, pour laquelle nous demandons la liberté la plus large, donnera le moyen d'assurer la représentation publique du travail dans les corps élus de la nation, de déterminer dans chaque profession industrielle ou agricole le taux du juste salaire, de garantir des indemnités aux victimes d'accidents, de maladies ou de chômages, de créer une caisse de retraite pour la vieillesse, de prévenir les conflits par l'établissement des conseils permanents d'arbitrage, d'organiser corporativement l'assistance contre la misère, enfin de constituer entre les mains des travailleurs une certaine propriété collective à côté de la propriété individuelle, et sans lui porter atteinte.

La législation protègera le foyer et la vie de famille par la restriction du travail des enfants et des femmes, l'interdiction du travail de nuit, la limitation de la journée de travail, l'obligation du repos dominical ; dans les campagnes en rendant insaisissables la moisson et le champ du cultivateur, les instruments et le bétail de première nécessité.

Elle facilitera la vie de l'ouvrier et du paysan par la diminution et la réforme des charges fiscales, particulièrement des impôts qui frappent la subsistance.

Elle favorisera la participation aux bénéfices, la constitution des sociétés coopératives de production ; dans les campagnes, l'association de métayage.

Enfin elle protègera la fortune nationale, l'épargne populaire et la morale publique par des lois sur l'agiotage, sur le jeu et les opérations de bourse, sur le fonctionnement des sociétés, sur l'exclusion des étrangers de l'exploitation et de la direction des grands services publics, sur l'interdiction pour les fonctionnaires, les représentants de la nation et les agents du pouvoir, de participer aux spéculations financières. Tels sont les principaux articles du programme social que je conseille aux catholiques d'adopter. Ils ne sont autre chose que l'application des principes posés dans l'Encyclique sur les conditions des ouvriers.

Mais j'y reviens, pour bien établir le lien étroit

de la question religieuse et de la question sociale : ces réformes seraient vaines, inefficaces ou irréalisables, si elles n'étaient fondées sur l'éducation chrétienne, qui est la base de la morale ; sur l'enseignement du catéchisme, qui apprend à connaître et à respecter les droits de Dieu, seule garantie des droits de l'homme ; sur la doctrine de l'Évangile, qui enseigne la pratique des devoirs réciproques en même temps que le respect des droits naturels, qui commande aux hommes de s'aimer les uns les autres et leur fait une obligation de la charité aussi bien que de la justice, qui montre aux pauvres comme aux riches, au-dessus de la poursuite légitime des biens matériels, leur immortelle destinée comme le but suprême de la vie, et le sacrifice volontairement accepté comme le moyen d'y parvenir ; si elles n'étaient fondées enfin sur la liberté de l'Église, condition nécessaire de son apostolat, de ses œuvres d'enseignement ou de miséricorde, de toute action morale ou matérielle.

Voilà donc notre programme... »

IV

Lettre de Léon XIII à M. le comte Albert de Mun (Fragment).

A notre très cher fils le comte Albert de Mun.

Très cher Fils,

Nous avons reçu par l'entremise de Notre Cardinal secrétaire d'État, un exemplaire du discours prononcé par vous récemment à Saint-Etienne, dans une assemblée de catholiques. Nous l'avons lu avec grande satisfaction. Bien qu'en effet Nous ayons eu souvent l'occasion d'apprécier vos remarquables qualités d'orateur chrétien et le zèle infatigable que vous apportez à la défense de la cause catholique, Nous avons, à propos de ce dernier discours, ressenti avec un singulier plaisir quel amour sincère de la religion et de la patrie recouvre le riche vêtement de votre noble éloquence. Unis ensemble ces deux amours ont rendu jadis la France grande et glorieuse; tandis que les séparer, comme certains le voudraient, ce serait préparer sa décadence en faisant disparaître le plus puissant élément de la force et de la grandeur d'un peuple, ce serait ruiner le sens moral et ébranler les fondements mêmes de la société civile...

L'étude des questions sociales, si grosses partout à cette heure de préoccupations et de craintes, n'est pas moins digne d'attirer l'attention des catholiques.

Le peuple a toujours été particulièrement cher à l'Église, qui est mère ; l'ouvrier qui souffre, soit parce qu'il est abandonné, soit parce qu'il est opprimé, doit être entouré des soins les plus continus et les plus affectueux pour se relever et sortir de la condition malheureuse à laquelle il est réduit, sans recourir aux violences et chercher le renversement de l'ordre social. C'est en cette pensée, en dehors de toute préoccupation purement terrestre et uniquement pour accomplir le devoir de Notre charge, que Nous avons récemment publié Notre Encyclique *De conditione opificum* et ensuite donné à l'occasion, sur ce même sujet, divers avis et enseignements paternels.

Et maintenant, cher Fils, vous comprendrez sans peine que, connaissant votre piété filiale et le zèle intelligent avec lequel vous vous employez à seconder Nos desseins, à rendre Nos enseignements populaires et à les faire pénétrer dans la pratique de la vie sociale, la lecture de votre discours Nous ait été souverainement agréable. Tandis que Nous Nous plaisons à vous donner des éloges justement mérités, Nous vous exhortons à poursuivre votre généreuse entreprise.

Puisse-t-il surgir des hommes qui, avec un dévouement pareil au vôtre et une grande lar-

geur de vues, se consacrent tout entiers au relèvement de la France!

Nous avons d'ailleurs pleine confiance, qu'en
des questions si graves et si importantes vous
serez toujours fidèle aux règles par nous tra-
cées.

Comme gage de Notre bienveillance, Nous
vous donnons de tout cœur la bénédiction apostolique.

Du Vatican, le 7 janvier 1893.

LÉON XIII, PAPE.

V

**Résolutions du congrès franciscain tenu à Paray-
le-Monial en 1894 (Fragments).**

Considérant que si le socialisme est devenu le
danger imminent de notre société, le capitalisme,
c'est-à-dire la prédominance injuste du capital
et les abus qui en sont résultés, sont les vraies
causes du désordre social actuel.

Le congrès demande que les tertiaires travaillent par l'enseignement oral et écrit et par
l'exemple, à réformer les idées fausses et les
pratiques vicieuses trop généralement acceptées
sur ces matières.

Le congrès émet le vœu:

Que les directeurs des Fraternités étudient dans

19

le détail pour chaque profession la *pratique de la justice et de l'équité*, et s'appliquent à enseigner dans les réunions du tiers-ordre les règles de probité spéciales à chaque état.

Que les tertiaires prennent l'initiative et se fassent les auxiliaires actifs de *réunions d'études* organisées pour rechercher les institutions qui peuvent assurer l'observation *des règles de la justice dans le commerce et dans l'industrie.*

Le congrès demande aux prêtres, membres du tiers-ordre, de s'appliquer spécialement à étudier *les règles de la justice et de l'équité privées* afin d'en instruire les fidèles d'une manière exacte, précise et pratique, comme aussi de rechercher les *conditions du rétablissement de la justice sociale.*

Il exprime le désir que ces sujets trouvent place, aussi bien que les sujets de piété, dans les entretiens des fraternités sacerdotales, il fait des vœux pour l'extension de ces fraternités.

VI

Lettre de Léon XIII au P. Jules à la suite du congrès de Paray-le-Monial.

« Très cher fils, salut et bénédiction apostolique.

« Votre lettre pleine de soumission, Nous a
« apporté les résolutions que naguère, vous et
« plusieurs membres du Tiers-Ordre franciscain,

« avez prises dans le congrès réuni sous les aus-
« pices du Sacré-Cœur de Jésus dans la ville de
« Paray-le-Monial. Elle Nous est parvenue au
« moment où Nous venions d'écrire en faveur
« d'une réunion semblable qui devait se tenir à
« Novare.

« C'est assurément pour Nous un sujet de joie
« et de grande espérance de voir avec quel zèle,
« quelle concorde, les membres de cet *ordre*
« s'efforcent de toutes parts de faire estimer,
« comme il le mérite, ce remède offert par la
« bonté divine ; de lui faire porter des fruits
« salutaires et propres à notre époque. Car il
« peut certainement les porter. Déjà et longue-
« ment Nous avons exposé l'opportunité de ces
« fruits. La similitude de notre temps avec celui
« dans lequel cet institut a pris providentielle-
« ment naissance, Nous a puissamment déter-
« miné à recommander cette même règle de vie
« à la piété des fidèles. Vos actes présents mon-
« trent avec évidence le grand cas que vous avez
« fait de Nos Encycliques et de Nos recomman-
« dations. Vous le prouvez surtout lorsque vous
« travaillez avec tant d'ardeur à faire revivre au
« profit de la cause sociale la puissance que le
« Tiers-Ordre avait à son origine.

« Vous vous appliquez à combattre les opi-
« nions fausses et les injustices signalées par
« Nous dans cette question ; à défendre et à
« propager les principes de la justice et de
« l'équité évangéliques ; à exciter la classe

« ouvrière aux pratiques de la vertu et de la reli-
« gion en même temps qu'à la relever de son
« affaissement et à pourvoir par des secours
« convenables à toute infortune, à resserrer
« entre vous les liens de la vraie fraternité et à
« vous unir pour l'action extérieure. Vous vous
« proposez tout cela comme un vaste champ sur
« lequel vous expérimenterez la profession de
« votre Institut et le dévouement qui est le pro-
« pre de votre patrie. C'est bien et c'est chose
« sainte. Les fruits auxquels vous prétendez ne
« vous feront certainement point défaut parce
« que, le regard fixé sur les exemples du bien-
« heureux François, et pleins de confiance en son
« secours, vous poursuivrez pleins d'ardeur,
« comme vous avez commencé. Pour Nous, Nous
« vous soutiendrons toujours dans vos entrepri-
« ses.

« En attendant, comme gage, recevez les
« abondantes bénédictions que Nous répandons
« sur vous, cher fils, et sur tous vos adhérents.

« Donné à Rome, près Saint-Pierre, le 22 sep-
« tembre 1894, de Notre Pontificat la dix-sep-
« tième année. »

LÉON XIII, Pape.

VII

Programme social des catholiques italiens.
(Congrès de Rome, février 1894).

PREMIÈRE PARTIE

LES RÉFORMES A RÉALISER.

1° Il importe de proclamer que la loi du devoir chrétien doit s'imposer souverainement à toutes les classes sans distinction; et que cette loi, dans ses rapports économiques, se traduit dans la loi du travail, dont nul n'est exempt, si ce n'est pour y substituer d'autres formes d'une activité plus élevée et plus profitable à l'universalité des hommes. C'est précisément cette loi commune du travail, c'est-à-dire d'une activité utile et méritoire, qui doit assurer la réciprocité de la stabilité des rapports entre les classes sociales aujourd'hui scindées et en lutte les unes contre les autres.

LA PROPRIÉTÉ. USAGE DE LA PROPRIÉTÉ. RÉGIME LÉGAL DE LA PROPRIÉTÉ.

2° Pour ce qui est de la propriété en général et, en particulier, de la propriété foncière, il faut au caractère essentiellement industriel et privé qu'elle revêt, ajouter des caractères et une organisation qui puissent eu développer en même temps la fonction sociale et collective. Il est, partant, nécessaire : de réintègrer la conscience du devoir moral chrétien, en vertu duquel l'usage de la propriété privée, une fois qu'il a satisfait les besoins respectifs de la classe des propriétaires, doit être consacré à l'avantage commun, notamment à celui des pauvres et des déshérités; de sauver les derniers restes et, autant que possible, de reconstituer l'existence des corps moraux juridiques, des œuvres pies, des corporations religieuses de l'Église, qui ont toujours été considérées comme le trésor en réserve pour le peuple; aux biens de ces corps moraux peuvent être ajoutés les biens et les propriétés collectives des communes, des provinces, de l'État, qu'il faut conserver et faire fructifier à l'avantage public, ou céder aux prolétaires pour qu'ils les cultivent; de favoriser la diffusion de la petite propriété, tout en la préservant des périls du fractionnement et des charges hypothécaires, qui ne la dispersent que trop rapidement; et pour cela il faut modifier le régime de succession et exonérer un minimum de propriété de toute expropriation coactive pour crédits de particuliers ou du fisc ; quant aux propriétés moyennes ou grandes, il importe de faire participer, autant que possible, la classe des travailleurs à la stabilité et au développement progressif de production de la propriété foncière, moyennant la diffusion du système de métayage ou moyennant le fermage à

long terme des petits lots, avec droits d'indemnité
pour les améliorations qui y seraient réalisées,
ou enfin moyennant l'emphythéose à introduire
dans les vastes propriétés, même par voie coactive et par la force de la loi, à titre d'utilité publique; et tout cela garanti par l'exemption des
impôts pour la partie du revenu strictement nécessaire pour vivre.

RÉFORMES DANS LA PROPRIÉTÉ INDUSTRIELLE.

3° Quant à la propriété industrielle et à ses
entreprises, il importe de mettre directement en
contact le capitaliste fournissant les fonds avec
l'entrepreneur industriel, et à son tour l'entrepreneur industriel avec les ouvriers. Il importe de
même de transformer le capitaliste qui prête à
l'industriel en un associé d'industrie partageant
avec lui tous les risques de l'entreprise, à l'instar
d'une société en commandite, afin de restreindre
ainsi la catégorie des capitalistes simples four-
nisseurs de fonds. — Pareillement il convient de
restreindre la classe précaire et misérable des
simples salariés; c'est pourquoi, une fois admis
en premier lieu, un juste salaire, répondant au
produit du travail, il convient d'accorder à l'ouvrier une partie de sa rémunération, plutôt que
sous une forme fixe, sous la forme de participation
aux bénéfices; et d'élever ultérieurement l'ouvrier jusqu'à la co-participation au capital de

l'entreprise, moyennant l'emploi de l'épargne ouvrière en actions nominatives de l'entreprise elle-même.

RÉFORMES DU CRÉDIT DE LA FINANCE.

4° Dans le mouvement complexe et vertigineux de la vie commerciale, il faut se prémunir contre le monopole du crédit, qui tournerait au profit d'un petit nombre de spéculateurs et à la dépendance de la grande majorité vis-à-vis d'eux. Il importe donc : d'appliquer à nouveau, sous une forme moderne, la répression légale de l'usure; — de soumettre les Bourses à une loi sévère sur les opérations; — de faire de la dispensation du crédit, moyennant les banques d'émission, une fonction sociale, qui ne soit pas confiée à une société de spéculateurs, mais à un institut autonome, avec patrimoine impersonnel à administrer pour des fins d'utilité publique.

DEUXIÈME PARTIE

LE BUT ET LES MOYENS.

Dans quel esprit, par quels moyens, pour quelle fin, travaillons-nous à la réalisation de ce programme?

1° C'EST UNE ŒUVRE DE JUSTICE. Les catholiques le défendent d'abord et surtout comme une œuvre de justice, et ensuite comme une œuvre de charité sociale. Catholiques, nous n'avons garde d'amoindrir les attributions de la charité dans les relations sociales. Seuls les catholiques savent combien la charité est nécessaire, essentielle, féconde dans la vie sociale, particulièrement dans les temps où s'enveniment les conflits sociaux. Mais l'ordre des devoirs, ainsi que le sentiment de la dignité personnelle déposé dans nos cœurs par le Christianisme, sentiment très vivace aujourd'hui dans le peuple, comme il apparaît de tant de regrettables commotions populaires, demandent qu'on ne donne pas à titre de libéralité, condescendante et peut-être intéressée, ce qui est dû en rigoureuse justice. C'est là un aspect caractéristique et remarquable de notre époque actuelle.

2° MOYENS : *A.* INTERVENTION DE L'ETAT. Pour cela même, sans vouloir exagérer les attributions économiques des pouvoirs publics dans les conditions normales de la Société, et sans faire ainsi du socialisme d'état, les catholiques demandent que l'action des lois civiles intervienne d'une façon exceptionnelle et transitoire, avec une intensité proportionnée aux besoins d'un organisme social en décomposition, et au péril d'une immense conflagration. L'État lui-même a trop contribué depuis longtemps au désarroi actuel par des lois volontairement mauvaises, par des mesures sciemment funestes, pour qu'on ne réclame pas de lui une grande *restitutio in integrum du droit social*.

B. Syndicats mixtes et syndicats ouvriers. Mais la garantie la plus solide de cette restauration, les catholiques la placent dans la reconstitution des *Unions professionnelles* (ou corporations), au sein des populations des villes comme des campagnes. Dans ces groupements distincts, les grands et les petits trouveront une solidarité d'intérêts et d'affections pour tout ce qui touche aux fins communes de la vie civile. Les classes laborieuses en particulier y trouveront la protection de leurs droits et de leur dignité.

Ces *Unions professionnelles* par conséquent n'ont pas seulement un but économique, mais elles aspirent à avoir pour résultat la reconstitution organique de la société qui, aujourd'hui, est comme réduite en poussière par l'extension d'un malsain individualisme.

Mais si les classes supérieures des propriétaires et des capitalistes se refusent à s'unir aux classes inférieures dans des associations mixtes qui constituent l'idéal de l'organisation rêvée par les catholiques, ceux-ci acceptent que les ouvriers se groupent dans des *Unions professionnelles exclusivement ouvrières* et procèdent par voie de résistance légale à la revendication de leurs droits particuliers.

Ils n'entendent pas cependant en règle générale fermer pour l'avenir l'entrée dans le sein de ces corporations aux classes qui pour le présent s'y montrent peu disposées ou hostiles. En d'autres termes, en épousant la cause des travailleurs, nous ne perdrons jamais de vue la société entière et sa situation normale.

C'est pourquoi il ne faut jamais détourner le regard du but suprême que nous voulons atteindre, qui est la reconstruction de l'édifice magnifique et durable de l'*Ordre social chrétien catholique ;* mais de celui-là seulement, avec ses éléments immuables, son sublime idéal, ses bases industrielles, et son merveilleux développement d'autrefois.

Nous ne cherchons pas à étayer quelque petite partie de l'édifice social actuel qui branle, se désagrège et croule sous le régime honteux de la ploutocratie.

Nous ne demandons rien non plus au socialisme doctrinal qui, au lieu d'une mensongère émancipation, prépare l'asservissement universel le plus cruel.

Le nom même de socialisme catholique qu'on nous donne parfois, est un outrage sanglant ; nous le répudions, parce que le socialisme est la négation essentielle du christianisme, et son programme est l'antithèse du nôtre. Le socialisme est athée, et nous sommes religieux ; le socialisme détruit la propriété individuelle, et nous voulons l'affranchir et la répandre ; le but du socialisme est de détruire, le nôtre de construire l'*Ordre hiérarchique* et par là, d'assurer une légitime liberté, une égalité proportionnelle, la solidarité dans la poursuite du but commun de la vie civile.

Nous ne concédons rien non plus, à un récent *Néo-Christianisme* social, nuageux et trompeur, qui est une caricature du Christianisme véritable. Nous tendons à reconstruire cet ordre social que seule l'Église catholique peut nous donner; et pour cela, nous demandons qu'on lui rende cette *liberté sociale extérieure* par laquelle elle pourra remonter au gouvernement de la société de la civilisation.

Que si pour atteindre cet idéal, qui a pour lui les garanties de la plus glorieuse période de ces siècles qu'on a nommés les *Siècles du peuple*, il était, contre notre gré, nécessaire de ne marcher qu'avec le peuple, nous n'hésiterions pas un instant, entre les faibles et les souffrants d'un côté, les forts et les jouisseurs de l'autre.

Mais nous ne pourrons jamais oublier que notre but final, est, non la guerre, mais la paix, cette paix que doit nous apporter la *démocratie chrétienne du XXᵉ siècle*, dans lequel, raffermie au nom du Christ sur la large base du peuple, toute la hiérarchie sociale s'ennoblira en revendiquant les droits et en travaillant au relèvement des classes laborieuses.

Le comité directeur de l'Union catholique pour les œuvres sociales :

Professeur G. Toniolo de l'Université de Pise,
Comte S. Medolago Albani de Bergane ;

Marquis LORENZO BOTTINI de Lucques;
Comte CÉSAR SORDI de Lucques;
Professeur L. OLIVI de l'Université de Modè-
ne, *secrétaire*.

VIII

Lettre de Léon XIII au cardinal Parocchi sur le pro-gramme social des catholiques italiens.

A NOTRE VÉNÉRABLE FRÈRE

LUCIDO MARIA PAROCCHI

*Cardinal de la Sainte Église romaine, évêque d'Albano
notre Vicaire à Rome.*

LÉON XIII, PAPE

*Vénérable frère, salut et bénédiction apos-
tolique,*

« Le Congrès des catholiques d'Italie, fixé à
une date antérieure, mais qui, pour plusieurs
raisons, a vu changer la date et le lieu de sa
tenue, s'est très heureusement réuni, ces jours
derniers, sous votre présidence en cette Ville, et
a produit, en quelque sorte, des fruits plus abon-
dants de joie. Le sentiment d'une piété filiale
pleine de délicatesse envers Nous, vous a inspiré
de couronner par cette manifestation solennelle

d'une foi qui vit d'œuvres, les fêtes de Notre cinquantenaire épiscopal ; il Nous a été bien agréable d'avoir, pour ainsi dire sous Nos yeux, le spectacle de Nos fils rivalisant si noblement de dévouement envers l'Église et son Pontife.

« Quelle importance, quelle utilité ont à Nos yeux de telles assises : Nous avons plusieurs fois eu l'occasion de l'exprimer ; importance et utilité d'autant plus grandes lorsque l'autorité, la science, l'activité des membres de ce Congrès, leur zèle pour l'honneur de la religion sont au degré où Nous les voyons en vous, vénérable Frère, et chez ceux qui se sont réunis autour de votre personne. Aussi, avons-Nous appris avec joie, par les lettres qui Nous ont été généralement envoyées, que des personnages élevés par leur dignité, leur noblesse, leurs mérites se sont réunis en grand nombre, et que, dans des discussions sérieuses et complètes, ils ont traité de la cohésion et du développement des forces catholiques, de la défense des droits sacrés, de l'institution chrétienne du peuple et d'autres questions capitales pour sa véritable prospérité.

« Nous approuvons les vœux exprimés à cet effet, les moyens d'action proposés dans ce but, avec d'autant plus de satisfaction qu'ils Nous semblent bien choisis, et imprimeront efficacement dans les âmes ce que Nous-mêmes avons souvent prescrit et recommandé sur ces mêmes questions.

« Cette correspondance si parfaite de vos

âmes avec Nous, cette activité si intelligente pour
servir Dieu et l'Église, non-seulement Nous les
approuvons et les encourageons de tout cœur,
mais comme il est juste, Nous les recommandons
à Dieu afin qu'il daigne bénir et exaucer vos
vœux et favoriser vos entreprises avec succès de
jour en jour plus grand.

« Aussi, comme gage du secours céleste et
comme témoignage de Notre particulière bienveillance, Nous accordons affectueusement la
bénédiction apostolique à vous, vénérable frère,
et aux fils bien aimés qui ont réuni et organisé le
Congrès ou qui ont participé de quelque manière
à ses travaux.

« Donné à Rome, près Saint-Pierre, le 24
février MDCCCXCIV, l'an XVII de Notre Pontificat. »

Léon XIII, Pape.

IX

**Lettre de Mgr Doutreloux, évêque de Liège
(Fragments).**

« Le premier et le plus important conseil, dit-
« il, que nous avons à vous donner, c'est de vous
« appliquer à acquérir la connaissance la plus
« complète et la plus parfaite possible de l'Ency-
« clique Rerum Novarum; vous devez la relire,

« l'étudier, la méditer. A côté de l'Encyclique, il
« est un certain nombre de documents émanant
« de N. S. Père le Pape, *qui peuvent et doivent*
« *être considérés comme des compléments ou*
« *des commentaires de sa pensée sur cet im-*
« *portant sujet.*

« En présence de l'agitation qui règne dans la
« classe ouvrière et de ses aspirations à amélio-
« rer son existence matérielle, nombre d'entre les
« patrons craignent de voir ces aspirations dégé-
« nérer en esprit de révolte et en prétentions
« exagérées; de leur côté, les ouvriers craignent
« de rencontrer chez leurs maîtres des disposi-
« tions peu favorables à leurs espérances. Peut-
« on croire, dès lors, que les patrons prendront
« l'initiative d'associations où leurs intérêts se
« débattraient entre deux parties, les maîtres
« d'une part et les ouvriers de l'autre? Pourrait-
« on amener les ouvriers à entrer dans des asso-
« ciations où ils craindraient, même à tort, soit
« la partialité, soit la prédominance, soit le mé-
« contentement de ceux dont dépend leur pain
« quotidien? Nous estimons donc que là où les
« patrons sauront, grâce à des circonstances par-
« ticulières, organiser ces corporations mixtes à
« base religieuse, ils feront une excellente œuvre
« pour eux et pour leurs ouvriers et les prêtres
« de leur paroisse ne sauraient trop se dévouer à
« les seconder; mais là où, pour une cause quel-
« conque, elles ne seront pas établies, nous sou-
« haitons avec le Pape, qu'on puisse créer des

« associations entre ouvriers seulement. Que les
« patrons ne craignent pas de les voir se former;
« qu'ils s'y intéressent au contraire... Leur mon-
« trer de l'hostilité ou seulement de l'indifférence
« serait, dans les circonstances présentes, une
« erreur, un tort et une manière bien regretta-
« ble d'entendre ce qui peut sauver d'une crise
« redoutable, la Religion et la Fortune Publique,
« l'Église et la Patrie. »

« On entend dire parfois que le remède à ce
« qu'on appelle la question sociale, n'est que
« dans le retour de la société aux croyances et
« à la pratique de l'Évangile. C'est très vrai et
« le mal ne sera guéri qu'en proportion de ce
« retour. Mais comment opérer ce retour?
« Demandez-le à l'Encyclique. D'abord évidem-
« ment par tous les moyens religieux ordinaires
« et extraordinaires qui constituent le ministère
« sacerdotal... Tous ces moyens sont admirables
« et ils ne sauraient être assez approuvés, encou-
« ragés. Mais, on doit bien l'avouer... ces œuvres
« ont laissé, sans les atteindre, un trop grand
« nombre de ceux qui ont besoin de secours
« moral. Oui, malgré ces œuvres multiples, une
« véritable multitude reste exposée à l'irréligion
« et au vice... Ce sont cependant des âmes rache-
« tées au prix du sang de J-C... n'y a-t-il rien à
« faire pour les tirer de l'abîme du vice? Le
« moyen était difficile à trouver mais il existait,
« et Léon XIII nous l'a indiqué. *Le sort matériel*
« *de cette multitude doit être amélioré,* elle le

« sent, elle le réclame, la Justice et la Charité
« le commandent. Or, le prêtre est le défenseur
« de la Justice et le ministre de la Charité.

« Que la condition matérielle de la classe
« ouvrière doive être améliorée, c'est chose
« incontestable.

« Nous sommes persuadé, dit Léon XIII, et
« tout le monde en convient, qu'il faut par des
« mesures promptes et efficaces venir en aide
« aux hommes des classes inférieures, attendu
« qu'ils sont pour la plupart dans une situation
« d'infortune et de misère imméritée...

« Cette situation existe-t-elle en Belgique? Oui,
« dans la même mesure qu'en France, en Angle-
« terre, en Allemagne, en Hollande. Elle n'est
« certes pas universelle, mais assez étendue pour
« que l'on doive y appliquer les remèdes indi-
« qués par le Pape.

« On ne peut nier l'existence d'un mouve-
« ment démocratique universel. Le Saint-Père
« nous l'affirmait, au mois de mai dernier, dans
« les termes mêmes que nous venons d'em-
« ployer. Ce serait une fausse prudence...
« que de se refuser dans le choix des moyens
« d'action à tenir suffisamment compte de faits
« très réels et très graves qui dominent la situa-
« tion. Les principaux de ces faits sont... l'exis-
« tence et le développement rapide et irrésisti-
« ble d'un mouvement démocratique universel,
« socialiste ou non socialiste... Raisonner contre
« ces faits, c'est dépenser son talent en vaine

« besogne, perdre un temps précieux et occa-
« sionner des indécisions et des retards dans une
« situation qui, le Pape nous le dit, n'en permet
« pas. »

X

Programme social de l'abbé Oberdorffer.

« Les conceptions antichrétiennes du libéralisme au sujet de la liberté illimitée de l'homme et
de son droit de propriété sans restriction, ont
apporté dans la situation sociale et économique
de graves désordres. Ces principes réalisés dans
la législation ont abouti au droit du plus fort,
économiquement parlant, et à la méconnaissance
de la dignité et des droits du travail qu'ils ont
abandonné au bon ou mauvais vouloir du capital; ils ont détruit presque totalement la stabilité des classes moyennes; ils ont produit l'accu-
mulation des richesses terrestres dans les mains
d'un petit nombre et l'appauvrissement de la
grande masse, rendant le bien-être matériel à
peu près impossible aux classes laborieuses.

« Les sociologues catholiques estiment que
cette situation est *malsaine, intenable, qu'elle
conduit la société à la ruine et qu'elle exige
d'urgence un remède.*

Il rejettent les conceptions et les principes
du libéralisme qui ont créé cette situation.

« Ils rejettent aussi les tendances du socialisme, qui veut soustraire les moyens de production à la propriété privée pour les transférer à la société : ils les rejettent, parce qu'elles sont en contradiction avec le droit naturel qu'a l'homme d'acquérir pour lui-même, parce qu'elles déshonorent l'homme, et parce qu'elles rendent impossibles la paix et la prospérité de la société.

Ils estiment que les vices sociaux du présent ne peuvent être guéris que par l'application des principes du Christianisme à la vie économique, principes exposés dans l'Encyclique du Souverain Pontife sur la « *Constitution chrétienne des États* » et celle sur la « *Condition des ouvriers* ».

Ils considèrent comme une des plus importantes missions d'une société civile bien ordonnée, de favoriser les intérêts matériels de tous dans la mesure que comporte l'aspiration inhérente à la nature humaine vers la liberté et l'indépendance. Pour atteindre ce but, ils recommandent une répartition plus équitable des gains et de la propriété privée en faveur d'une classe moyenne embrassant le plus grand nombre possible de citoyens. Comme un des plus efficaces moyens de reconstitution et de conservation d'une classe moyenne ayant une existence indépendante, ils estiment nécessaire l'organisation par *états* des intérêts professionnels divers pour la protection et le développement des intérêts tant communs que respectifs.

« *Tous les sociologues catholiques envisagent donc comme but de leurs efforts pour la réforme sociale une organisation professionnelle de la société conforme au principe chrétien, adaptée aux conditions économiques et sociales des temps présents, avec des droits garantis par la Constitution aux corps d'états, une administration autonome et une représentation de leurs intérêts près des pouvoirs législatifs.*

« Pour rendre possible et faciliter l'accomplissement progressif de ce *desideratum*, les soussignés demandent à l'État de protéger et de favoriser tous les efforts qui tendent à l'organisation corporative des professions agricoles, industrielles, commerciales et libérales, et qui reposent sur les principes de la justice et de la charité chrétiennes.

« Ils formulent donc en particulier dans les circonstances présentes les revendications suivantes :

« 1° AGRICULTURE. — Organisation corporative des cultivateurs ; établissement légal d'un droit rural, réglant le crédit hypothécaire, sur la base de la responsabilité de l'association, le régime successoral, selon les convenances de la propriété rurale, la condition des ouvriers ruraux en rapport avec les besoins de l'époque présente ; encouragement aux établissements spéciaux de crédit, mesures pour obvier à la formation de *Latifundia* comme aux morcellements contraires à la saine économie, restriction des spéculations sur la terre tendant au démembrement des domaines ; fixation d'une limite pour l'endettement de la propriété rurale.

« 2º INDUSTRIES. — *a*) ARTS ET MÉTIERS. — Création de corporations obligatoires, avec des dispositions légales relatives aux certificats de capacité, aux apprentis, aux compagnons, à l'étalage et au débit des marchandises. Réglementation du travail des prisonniers et des militaires et restriction du commerce des intermédiaires pour garantir la classe des commerçants. Délimitation légale du métier, de la fabrique et de la grande industrie.

« *b*) GRANDE INDUSTRIE. — Dans la grande industrie, pour les grandes entreprises industrielles en voie de formation, exigence de garanties quant à la capacité et à la moralité de la direction, au versement du capital nécessaire, aux conditions de salubrité du lieu, ainsi qu'au respect des intérêts des populations environnantes ; perfectionnement des lois de protection ouvrière ayant pour but l'instruction professionnelle, le juste salaire, la situation stable, l'assurance d'une ascension hiérarchique et d'un traitement conforme à la dignité de l'ouvrier ; diminution du temps de travail correspondant aux conditions de la production ; suppression progressive du travail de fabrique des femmes mariées ; restriction dans les fabriques du travail des jeunes filles aux emplois correspondant à leur sexe, suppression du travail des enfants au service d'étrangers, réglementation et surveillance du travail à domicile au service de la grande industrie ; création de commissions ouvrières avec autorité légale ; garantie de la liberté d'association pour les ouvriers dans le but de protéger et de favoriser leurs intérêts économiques ; encouragement à la création d'organisations corporatives, comprenant les patrons et les ouvriers ; fixation d'une limite à l'extension d'une entreprise particulière dans les différentes branches d'industrie.

« 3° COMMERCE. — Restriction de la liberté commerciale ; fixation des règles à suivre pour s'assurer de la capacité et de la moralité du négociant ; restriction du colportage ; protection du commerce contre la concurrence déloyale, en particulier contre celle des déballages et des liquidations simulées, etc. ; transformation de la Bourse et retour de celle-ci à sa véritable destination économique, en particulier interdiction du jeu des différences sur les marchés à terme ; mesures pour rendre plus difficile l'émission de valeurs étrangères ; contrôle public des entrepôts.

« 4° DISPOSITIONS D'ORDRE GÉNÉRAL. — Introduction du repos du dimanche aussi complet que possible ; répression du vagabondage ; législation rigoureuse contre l'usure pour combattre toute espèce d'exploitation de la misère ou de l'inexpérience d'autrui ; répartition plus équitable du poids des impôts par une imposition plus forte des gros revenus et un dégrèvement corrélatif des petits revenus, mais en s'abstenant de les frapper doublement ; perfectionnement des établissements de l'État pour en faire des modèles. Fixation d'un salaire minimum répondant aux conditions locales dans les travaux exécutés pour le compte de l'État ou des communes ; bureaux de renseignements pour le travail dans les communes ; construction de logements convenables pour les ouvriers au service permanent de l'État ou des communes ; encouragements à des sociétés de construction d'utilité publique pour la création de logements d'ouvriers.

« Tel est le but final que se propose d'atteindre progressivement la sociologie catholique ; telles sont nos revendications actuelles.

« Puisse le monde se convaincre le plus tôt possible de la nécessité et de l'urgence de l'organisation de la société sur la base professionnelle chrétienne? Puisse l'État prendre immédiatement en main l'accomplissement d'une réforme efficace dans ce sens, pour conjurer une catastrophe menaçante, pour promouvoir le bonheur des classes laborieuses, pour la plus grande gloire et bénédiction de la patrie [1].

1. On trouve, parmi les signataires de ce programme, le P. Lehmkuhl, le P. Meyer et le P. Pesch, jésuites, le P. Weiss, des Frères Prêcheurs, le P. Mathias et le P. Léon, capucins.

XI

Programme du Congrès catholique de Cologne
(septembre 1894).

La quarante-et-unième assemblée générale des catholiques allemands — faisant abstraction de la rédaction d'un programme social plus général — fixe les points suivants comme but immédiat de l'activité en matière sociale.

1° Nous persistons dans la revendication de l'exécution sérieuse et du développement de plus en plus complet de la loi sur le repos dominical, spécialement aussi pour la grande industrie.

Nous exprimons l'espoir que les administrations publiques de l'empire et des États confédérés avanceront dans la voie du repos dominical accordé dans une mesure suffisante à leurs employés et ouvriers. D'autre part, il sera nécessaire de prendre des mesures contre l'abus qui se fait du repos dominical par l'augmentation exagérée des festivités publiques, et de créer des sociétés et des cercles pour les employés de commerce, etc.

2° Un des principaux devoirs de l'État est de garantir et de favoriser le développement d'organisation professionnelle. Nous espérons spécialement l'adoption du projet présenté à plusieurs reprises par le Centre concernant les associations professionnelles reconnues. Dans cet ordre d'idées nous apparaît comme une nécessité urgente l'organisation professionnelle des ouvriers dé l'industrie sur une basé adaptée á la diversité de la grande industrie et des métiers. Comme premier pas dans la voie de l'établissement d'une semblable organisation sur la base chrétienne, il faut saluer avec joie la division, dans certains cercles ouvriers, des membres en sections ou comités de métiers; ç'est une institution dont on désire vivement l'extension.

3° Pour l'instruction des ouvriers chrétiens, il convient d'organiser un enseignement social chrétien dans les associations ouvrières et des cours pratiques de science sociale pour les ouvrières particulièrement capables. En présence de la littérature populaire du socialisme répandue à profusion, il paraît désirable de voir établir et se répandre des sommaires instructifs et à bon marché concernant les principales questions sociales et religieuses.

4° En présence du développement inquiétant du nombre des sans-travail, nous exprimons l'espoir que les gouvernements confédérés de l'empire allemand, reprenant l'impulsion si importante donnée par les décrets impériaux du 4 février 1890, aviseront aux moyens d'amener une réglementation de la durée du travail, garantie et rendue possible par une entente internationale. En présence des dangers particuliers du travail dans les mines, il est désirable que l'on commence par là la réglementation de la durée du travail.

On devra chercher à réaliser l'assurance contre le chômage immérité sur la base de l'organisation professionnelle. Pour les grandes villes, la création de bourses du travail communales, avec l'intervention réglée des ouvriers, est un besoin urgent.

5° En présence de l'insuffisance générale des associations ouvrières contre la maladie, l'invalidité et la vieillesse, on recommande la création des caisses de secours libres, soit entre ouvriers de plusieurs établissements de la même industrie dans la commune, le district, la province, ou de tout le pays, avec l'intervention permanente de patrons.

6° Il convient de coopérer à l'amélioration des conditions du logement de l'ouvrier, par la création et l'administration aussi prudente que désintéressée de Sociétés de construction.

7° La grande importance de la classe des propriétaires fonciers comme soutiens de l'esprit chrétien et de l'ordre social et politique d'une part, et d'autre part la situation très critique de l'agriculture, exigent des mesures tant pour la conservation d'une classe stable de paysans que pour une représentation réglée de l'agriculture, qui s'occuperait de tous les intérêts de la population agricole, et spécialement de l'endettement du sol, du crédit agricole et d'un droit successoral conforme aux coutumes locales. C'est pourquoi il convient de poursuivre avec énergie la création, sur la base chrétienne, d'une organisation professionnelle sérieuse et réglée par la loi de la classe des agriculteurs.

8° Pour les petits métiers nous recommandons à nouveau l'établissement de l'organisation obligatoire des artisans avec des dispositions légales concernant le certificat de capacité et le droit de prendre des ouvriers et des apprentis.

9° Pour maintenir la bonne foi dans le commerce et l'industrie et réprimer les excès du droit de concurrence, nous demandons le vote immédiat d'une loi contre la concurrence déloyale dans le commerce et l'industrie.

10° L'assemblée générale adresse à nouveau aux patrons, dans toutes les branches de l'industrie, le conseil pressant de se souvenir toujours de leur devoir de s'occuper du bien-être moral et matériel de leurs ouvriers, et surtout d'entretenir de bons rapports entre patrons et ouvriers dans les grandes fabriques notamment par l'établissement de comités des ouvriers.

TABLE DES MATIÈRES

———

PREMIÈRE PARTIE

LA GENÈSE DE L'ENCYCLIQUE « RERUM NOVARUM » : ESQUISSE DU MOUVEMENT SOCIAL CATHOLIQUE.

I. Définition du mouvement social catholique. — II. Les précurseurs : Lamennais, Buchez, Huet, le Play. — III. L'initiateur : Ketteler. Le mouvement social catholique en Allemagne et l'histoire du centre allemand. — IV. Le mouvement social catholique en France. *L'Œuvre des Cercles* et le *Conseil de l'Œuvre des Cercles*. Le comte Albert de Mun. — V. Le mouvement social catholique en Autriche : le baron de Vogelsang. Caractère aristocratique de ce mouvement : les *féodaux*. — VI. Le mouvement social catholique en Suisse. Puissance du démocrate Decurtins parmi les ouvriers et parmi les catholiques. — VII. Groupements internationaux d'études sociales catholiques : groupe de Rome, Union de Fribourg. — VIII. Les idées sociales catholiques sont rattachées par leurs interprètes de Fribourg aux enseignements de Saint-Thomas d'Aquin, réhabilités par l'encyclique *Æterni Patris*. — IX. Les idées sociales catholiques sont une

DEUXIÈME PARTIE

LE DOGME SOCIAL DE L'ÉGLISE ET LA SITUATION ÉCONOMIQUE ACTUELLE.

TROISIÈME PARTIE

REMÈDES PROPOSÉS

CHAPITRE PREMIER

DEUX MOYENS DE FAIRE SUPPORTER L'INJUSTICE SOCIALE :
LA CONQUÊTE ÉVANGÉLIQUE, LA CHARITÉ.

CHAPITRE II

PREMIERS MOYENS POUR FAIRE RÉGNER LA JUSTICE SOCIALE : L'ASSOCIATION.

CHAPITRE III

SECOND MOYEN POUR FAIRE RÉGNER LA JUSTICE SOCIALE : LA
LOI, L'ÉTAT.

I. Ni la réalisation du rêve du *patronage* ni le fonctionnement d'une *organisation professionnelle* ne
dispensent le pouvoir public de tout devoir envers
l'ouvrier : cette réalisation et ce fonctionnement supposent, au contraire, qu'il remplit certains devoirs.
On peut concevoir, en outre, l'intervention directe de
l'État dans les questions ouvrières. — II. Objections
de principe contre l'intervention de l'État : elles
reposent sur une fausse notion de la *liberté* et sur
l'oubli de la notion de *société*. La fin de l'État est de
faire régner *l'ordre :* divers sens du mot *ordre*.
Devoirs qui s'imposent à l'État lorsque l'ordre résulte
de l'existence d'un certain nombre d'organismes autonomes. Devoirs qui s'imposent à lui lorsque ces organismes n'existent pas. Question pratique qui divise
les catholiques. Vivant sous un régime individualiste,
les faibles, provisoirement, n'ont qu'un recours contre
l'injustice : l'État. — III. Objections de fait contre
l'intervention de l'État : l'État moderne s'incarne dans
un parti ; l'État moderne est souvent anti-religieux ;
l'entraînement vers l'organisation socialiste est fatal.
Néanmoins il ne peut exister de non-interventionnistes parmi les catholiques. — IV. Les catholiques
anglais et les idées interventionnistes : étrange déve-

CONCLUSION

L'AVENIR

PIÈCES JUSTIFICATIVES

Mayenne

IMPRIMERIE DE L'OUEST

E. SOUDÉE